Martin Mourier

Neue Führungskompetenz
Selbstwertbasiertes
Führen in Unternehmen

Mathias Voelchert GmbH Verlag, edition **+ plus**

Impressum

Martin Mourier
NEUE FÜHRUNGSKOMPETENZ
Selbstwertbasiertes Führen in Unternehmen

NEUE FÜHRUNGSKOMPETENZ – Selbstwertbasiertes Führen in Unternehmen
von Martin Mourier
Titel der Originalausgabe: »Porten til det nye lederskab«
Copyright © Børsens Forlag, 2008
Børsens Forlag – ein Verlag der
Lindhardt og Ringhof Forlag A/S,
einer Gesellschaft im Egmont-Konzern

Übersetzung: Roland Hoffmann, München
Übersetzungslektorat: Nuka Matthies, Berlin
Verlagsredaktion: Mathias Voelchert GmbH
Umschlaggestaltung: Mathias Voelchert GmbH
Coverphoto: iStockphoto »close to the top«
Typografische Bearbeitung und Satz: Sead Mujić, München
Druck und Bindung: BoD
Printed in Germany
ISBN 978-3-935758-33-8

Copyright für die deutsche Ausgabe 2012
© by Autor und Mathias Voelchert GmbH Verlag, München, edition + plus
1. deutsche Auflage

www.scanlead.dk
www.familylab.de
www.mathias-voelchert.de

eMail: voelchert@familylab.de & mvg@mathias-voelchert.de

Inhalt

Vorwort des Herausgebers

Das Entscheidende in jedem Unternehmen sind die Menschen. Dieses Buch gibt Führungskräften und Managern das Rüstzeug an die Hand, um in unübersichtlichen Zeiten überlebenssichernde Entscheidungen für ihre Unternehmen zu treffen.

Bei der Arbeit mit den ins Deutsche übersetzten Texten von Martin Mourier habe ich über unser sonderbares deutsches Verhältnis zum Wort „Führen" nachgedacht. „Leadership" ist ein aktiver, freundlicher amerikanischer Begriff – im Deutschen wird dieser Begriff mit „Führerschaft" übersetzt, was für mich furchtbar klingt, da man „Führerschaft" sofort mit dem Nationalsozialismus assoziiert. Hinzu kommt, dass „jemanden anführen" im Deutschen ja auch „jemanden betrügen" bedeuten kann. Diese Doppeldeutigkeit lässt an Unverantwortlichkeit auf der einen und Misstrauen auf der anderen Seite denken – das sind genau die Gegensätze zu den Begriffen Verantwortlichkeit und Vertrauen, die im Zusammenhang mit einer neuen Führungskompetenz einen zentralen Stellenwert einnehmen.

> „Vertrauen ist gut, Kontrolle ist besser" bedeutet „Vertrauen für mich und Kontrolle für dich", und das funktioniert nicht mehr mit Menschen, die wir als gleichwürdig ansehen.

In diesem Buch geht es darum, Führungskompetenz auszuweiten und Führungsverantwortung zu übernehmen – für das eigene Leben und im Unternehmen als leitender Mitarbeiter oder Chef. Das Buch trägt dabei dem Umstand Rechnung, dass wir in unserem Leben weder ohnmächtig noch allmächtig sind, sondern handlungsfähig. Wir sind in der Lage, den Gang der Dinge zu beeinflussen, auf dass es uns gut miteinander gehen möge.

Hier kommen ein paar Ideen, warum es für Sie Sinn machen könnte, dieses Buch zu lesen. Wir brauchen eine neue Führungskompetenz, weil wir sowohl als Wissensmitarbeiter als auch als Menschen, die diese führen sollen, neue und andere Qualitäten brauchen. Der dumme Spruch „Vertrauen ist gut, Kontrolle ist besser" – also eigentlich „Vertrauen für mich und Kontrolle für dich" – funktioniert nicht mehr mit Menschen, die wir als gleichwürdig ansehen. Wie wir stattdessen mit unseren Mitarbeitern umgehen können, dazu finden Sie auf den nächsten 250 Seiten reichlich Material.

Es gibt Menschen, die an der Führung sind, und es gibt Menschen, die führen. Führungsmenschen haben eine Position, die mit Macht und Autorität ausgestattet ist. Aber Menschen, die wirklich führen, inspirieren uns! Solchen Führungspersönlichkeiten und Organisationen folgen wir nicht, weil wir müssen, sondern weil wir wollen. Wir folgen ihnen nicht um ihretwillen, sondern um unseretwillen. Dabei gibt es nicht den einen oder den besten Führungsstil für alle Situationen und alle Menschen. Gute Führung ist immer situativ und individuell. Das ist so in Familien, in denen sich die Familienmitglieder wohl fühlen, und das ist im Betrieb nicht anders. Menschen wollen sich wertvoll fühlen und wertvoll sein. Dafür zu sorgen, ist ein Merkmal neuer Führungskompetenz.

Wertschöpfung entsteht durch Wertschätzung. Mitarbeiter sind heute durch schlechte Führung viel schneller zu demotivieren als in Zeiten der traditionellen Industriegesellschaft. Wir haben heute in Unternehmen einen Reformbedarf, der historisch wohl nur mit dem Beginn der Industrialisierung verglichen werden kann. Wenn Unternehmensführungen es mittel- oder langfristig nicht schaffen, die berechtigten Forderungen der Menschen nach einer Vereinbarkeit von Familie und Beruf, nach persönlicher und fachlicher Entwicklung und nach echten Werten – um nur einige zu nennen – zu erfüllen, werden sie Schwierigkeiten mit einem Großteil ihrer Mitarbeiter bekommen.

> Menschen wollen sich wertvoll fühlen und wertvoll sein. Dafür zu sorgen ist ein Kennzeichen „Neuer Führungskompetenz".

Wir müssen unsere Unternehmen öffnen für das Individuelle und das Persönliche, weil das die Antriebskräfte für Kreativität und gemeinschaftlichen Erfolg sind. Der wissensgesteuerte Betrieb lebt von guten Beziehungen und von Fachleuten, die in der Lage sind, eine Führungskultur zu etablieren, die wachsendes Zutrauen in die fachlichen und sozialen Fähigkeiten jedes einzelnen zeigt. Daraus kann dann langsam gegenseitiges Vertrauen entstehen, der Schmierstoff für eine gute Atmosphäre im Unternehmen.

Wir reduzieren Führungsmenschen oft auf ihre fachlichen Qualitäten, die bei uns traditionell besonders gut entwickelt sind. Die fachliche Grundlagenausbildung ist beispielsweise bei Ingenieuren und auch bei Lehrern gut. Was dabei aber völlig außer Acht gelassen wird, ist der Ausbau von sozialen Kompetenzen, von Werte- und Beziehungskompetenz. Wofür stehe ich, was ist mit mir möglich, und was geht überhaupt nicht mit mir?

Warum dieses Buch? Fachleute gehen davon aus, dass jede dritte Führungsposition falsch besetzt ist. Das hat furchtbare Folgen für die Beteiligten: Schlechte Beispiele sind der Großteil unserer deutschen Schulen, aber auch unser Bankenwesen ist ins Gerede gekommen. Was bedeutet falsch besetzt? Ich bin der Ansicht, dass schon in der Auswahl zukünftiger Führungsmenschen oft der Wurm steckt. Die besten Fachkräfte sind nicht die besten Führungskräfte. Leider kommt es immer noch zu oft vor, dass Opportunisten, Machiavellisten, Narzissten und Menschen mit riesigen Egos statt wohlwollender Mitmenschlichkeit in Führungspositionen gelangen, weil sie ihren Durst nach Macht über das Wohl der Organisation und der Mitmenschen stellen durften. Was ist die Alternative? Ich schlage zwei Dinge vor: Zum einen sollte man die Bedeutung eines persönlichen übergeordneten Wertesystems in den Vordergrund rücken – als Leitlinie dafür, was ich als Mensch tun muss, um Führung zum Wohl aller Beteiligten zu übernehmen. Zum anderen sollte man Weiterbildung auf allen Ebenen etablieren, um insbesondere soziale Kompetenz und Wertekompetenz zu stärken und zu vereinen.

Wenn es ernst wird – das heißt in diesem Zusammenhang persönlich – ziehen sich die Teilnehmer von Seminaren oder Coachings oft mit Aussagen wie: „Das ist mir zu nah, damit habe ich nicht gerechnet, wozu soll das gut sein", zurück. Sie spüren instinktiv, wenn sie jetzt weitermachen, können sie nicht mehr so bleiben wie sie waren, und dann stellt sich über kurz oder lang vieles in Frage. Diese Einschätzung der Situation stimmt bei vielen, und ich kann ihr Zögern sehr gut verstehen. Ich selbst stand immer wieder vor der Frage „weiter oder zurück?". Ich habe es in 30 Jahren als selbstständiger Unternehmer nie bereut, immer weiter gegangen zu sein. War das leicht? Nein, aber es hat mich in meiner persönlichen und fachlichen Entwicklung voran gebracht.

> Das Entscheidende in jedem Unternehmen sind die Menschen.

Oft liegt dem Zögern auch eine fehlende Unterscheidung zugrunde. Wenn es persönlich wird, bedeutet das nicht, dass es privat wird. Ich kann mich persönlich äußern, indem ich beispielsweise klar sage, was ich will und was nicht. Und ich kann dabei trotzdem meine Privatsphäre schützen.

In meiner Seminarpraxis erlebe ich immer wieder, dass Frauen sich oft leichter tun, wenn es darum geht, sich selbst zu reflektieren oder über zwischenmenschliche Beziehungen zu sprechen. Das sind Fähigkeiten, die wesentliche Bestandteile einer neuen Führungskompetenz sind, und das ist ein Grund mehr, Frauen mit größerer Führungsverantwortung als bisher zu betrauen.

Der Grundstein zu sozialen Fähigkeiten und Wertekompetenzen wird in der Familie gelegt, und dem folgt ein lebenslanger Prozess, der immer wieder Zuspruch, Wegweisung und Stärkung braucht. Natürlich geht diese Entwicklung im Berufsleben weiter. Für persönliche Veränderung braucht man eine starke Antriebskraft und Mut.

Den größtmöglichen Gewinn an Erkenntnis wünscht Ihnen
Mathias Voelchert
Leiter von familylab.de

Vorwort

von Jørgen Vig Knudstorp (Vorstandsvorsitzender der LEGO Group)

Ich möchte dir, Martin, zuerst einmal herzlich danken, weil du deine Zeit, deine Energie und deinen Intellekt in das Schreiben dieses Buchs gesteckt hast. Ein Buch, dem ich gern ein paar Kommentare mit auf den Weg gebe.

Selten habe ich mich in diesem Maß mit der Storyline in einem Fachbuch identifiziert. In letzter Zeit habe ich kaum etwas gelesen, bei dem ich gedacht habe, „das hier, das trifft ja genau auf mich zu" oder „genau so habe ich mich gefühlt, gedacht und gehandelt – richtig oder falsch, gut oder schlecht".

Das Buch formuliert meine nächsten zehn Jahre als Führungskraft.

So oft ich beim Lesen auch dachte, „das ist ja genau das, was ich so tue und was einfach nicht funktioniert" oder „oje, mein Team und mein Führungsstil sind total ,abbauend' oder ,bewahrend' statt ,entwickelnd'", so oft kam mir auch so ein Gedanke wie „dieser Schritt 2 mit den selbstwertbasierten Eigenschaften ist doch genau das, worüber sich andere lustig gemacht haben und wo es hieß, ich hätte unrecht, obwohl es sich für mich richtig anfühlte".

Dies ist sicherlich der Weg, um in der Zukunft erfolgreich ein Unternehmen zu führen, anstatt an der Vergangenheit festzukleben.

Die Hauptbotschaft war für mich die Bedeutung des Beziehungsmanagements in Teams und in der Organisation, neben den rationalen und inhaltlichen Prozessen. Der zentrale Punkt dabei ist, dass die Beziehungsebene ebenso sehr eine Disziplin und Erfahrung ist, die nicht einfach zu erlernen ist, wie das Fachliche und das Inhaltliche. Das Buch formuliert meine nächsten zehn Jahre als Führungskraft und beweist, dass das Bauchgefühl tatsächlich eine Fähigkeit für sich ist. Ich finde, es gibt hier so viel Material und so vieles mehr, über das sich nachzudenken lohnt. Dieses Buch ist erst der Beginn vieler Einsichten im Management.

Ich habe noch einmal einen Blick in meine Notizen zu dem Buch geworfen – dort steht: "Mein Gott, wie toll ist das denn: Einfach ich selbst zu sein. Ich bin am besten, wenn ich einfach ich selbst bin. Je besser ich werde, desto mehr bin ich ich selbst, und umgekehrt." Daher sage ich TAUSEND DANK. Dieses Buch hat mir einen riesigen Dienst erwiesen und wird ihn noch vielen anderen Führungskräften erweisen.

Jørgen Vig Knudstorp (CEO LEGO Group)

Einleitung

Dieses Buch handelt von dem Zugang zu einem Sinn und einem Engagement, die tiefer gehen und schöpferischer sind als das, womit wir uns beim Führen bis dato begnügt haben. Führungskräfte können die Motivationsaufgabe nicht mehr bewältigen, ohne über das Gefühl zu arbeiten. Ein Mitarbeiter wird nur unwesentlich motivierter, wenn er mehr Lohn erhält, als kompetent gelobt wird und ein höheres Selbstvertrauen bekommt. Er fühlt sich nur geringfügig sicherer, wenn er gesagt bekommt, dass er gute Arbeit leistet.

Führen wird heute aufgrund der Vorstellung, dass es von Gefühl und Selbstwert getrennt werden könnte, als zwiespältig erlebt. Viele Führungskräfte führen einen verbissenen Kampf, um sich selbst und ihrer Umgebung vorzumachen, dass sie Gefühle aus der professionellen Arbeitsbeziehung heraushalten könnten. Auf der anderen Seite erleben wir Menschen, die das Persönliche und die Beziehung gewollt oder ungewollt vermischen. Das alles erleben Mitarbeiter und Führungskräfte täglich.

Gute Führung bedeutet heute immer mehr, den fühlenden Menschen in uns selbst und im anderen wahr zu nehmen. Es geht darum, entwicklungsfähige Beziehungsmuster zu schaffen, weil die Qualität der Beziehung für die Entwicklung des Selbstwerts und der Selbstwirksamkeit entscheidend ist. Wenn solche Bemühungen vernachlässigt werden, hat das immer hohe Kosten zur Folge – Kosten wie den Verlust an Gleichgewicht, Motivation, Verantwortlichkeit und Handlungskraft.

> Mit Menschen zusammenzuarbeiten, die einen als den sehen, der man ist, und nicht nur als jemanden, der etwas kann.

Selbstwertbasiertes Führen ist keine Wunderkur. Es ist harte Arbeit, aber auch ein seriöser Ausgangspunkt für einen persönlich fundierten Führungsansatz. Dieser Ansatz meistert Herausforderungen und eröffnet Möglichkeiten, und dieser Führungsstil trägt wesentlich zur Schaffung von Ergebnissen und Beziehungen im Unternehmen bei. Im Folgenden fasse ich meinen Ansatz kurz zusammen:

• Das Sinnstiftende ensteht aufgrund von Beziehungen. Es tut gut, mit Menschen zusammenzuarbeiten, die uns als die Person sehen, die wir sind, und nicht nur als die Person, die etwas kann. Man entwickelt sich, indem man durch die Reaktionen und durch das Feedback der anderen mehr über sich erfährt – jedoch nur, wenn dieser Zugang auf der Basis von Vertrauen und Anerkennung erfolgt und so den Selbstwert unterstützt.

- Die Fähigkeit, hervorragende Mitarbeiter anzuziehen und an das Unternehmen zu binden, kann enorm verbessert werden. Ein im Selbstwert verankerter Mensch kann zu einem anderen Menschen auf eine Art und Weise in Beziehung stehen, die für eine gegenseitige Entwicklung sorgt. Ein von Selbstvertrauen angetriebener und sehr leistungsorientierter Mensch hat in geringerem Maß die Fähigkeit, auf eine Art und Weise in Kontakt zu sein und für Rückmeldung zu sorgen, die der andere als schöpferisch empfindet. Zu häufig kommt es zum Wettbewerb. Deshalb ist es sinnvoll, mithilfe der sich in der Beziehung entwickelnden Elemente zu führen und mit dem ewig Argumentierenden, Überrationalen, Eingleisigen und Sinnentleerten im Management aufzuhören. Dieser Ansatz zieht Wissensarbeiter an und bindet sie.

> Die Entwicklung des eigenen Selbstwerts ist die unbewusste Antriebskraft des Menschen. Unsere Antriebskraft generiert sich daraus, gehört zu werden für das, was wir sind, und gesehen zu werden für das, was wir brauchen.

- Die Kundenbeziehung wird für das Erzielen von Ergebnissen immer wichtiger. Wenn die Organisation selbstwertentwickelnd wird, beeinflusst das den Mitarbeiter, was wiederum den Kunden beeinflusst. Jemandem wirklich zu begegnen und ihn zu „sehen" erzeugt einzigartige Kundenerlebnisse. Der Dienstleistungsbegriff verschiebt sich von der Unterordnung zur Selbstentfaltung. Das ist auch ein Kennzeichen richtig guter Beratung. Die sich entwickelnde Beziehung sorgt dafür, dass das Unternehmen näher an den Kunden heran kommt. Es entstehen Gegenseitigkeit und Vertrauen, was die Tür zu besseren Ergebnissen öffnet.

- Die Entwicklungskraft kann gesteigert werden. Die Entwicklung des eigenen Selbstwerts, die in einer sich entwickelnden Zusammenarbeit passiert, ist die unbewusste Antriebskraft des Menschen. Unsere Antriebskraft generiert sich daraus, gehört zu werden für das, was wir sind, und gesehen zu werden für das, was wir brauchen. Wir werden angeregt, indem wir als Menschen wachsen. Das fördert eine Kultur, die die Grundlage für die Entfaltung des Potenzials des Einzelnen bildet. Durch diese Kultur wird die Potenzialentfaltung in der täglichen Zusammenarbeit von Führungskräften, Kunden und Teams weniger gebremst und es entsteht eine Aktivität, die als Antriebswelle in dem sich entwickelnden Veränderungsvermögen des Systems wirkt.

- Die Bereitschaft zu Veränderungen kann erhöht werden. Der selbstwertbasierte Mensch hat einen relativ geringen Widerstand gegenüber Veränderungen. Die Entwicklung des eigenen Selbstwerts macht eine kontinuierliche Feinabstimmung des Selbstbildes erforderlich, und zwar verstanden als Blick auf sich selbst. Das Selbstwertbasierte macht den Menschen freier von eigenen Abwehrhaltungen, und das macht es leichter, Veränderungsmaßnahmen anzunehmen, wenn sie für den Menschen Sinn machen. Ein Mensch mit geringem Selbstwert wird gegenüber Neuem,

> Der Unterschied von Selbstvertrauen und Selbstwert ist wesentlich: Selbstvertrauen entsteht über das, was ich kann. Selbstwert entsteht über das, was ich bin.

das oft bedrohlich ist, immer eine Abwehrhaltung einnehmen. In den Fällen, in denen das Neue einfach so angenommen wird, passiert das häufig ohne tiefere Überzeugung und aus Angst vor Strafe, wenn man nicht mitmacht.

- Unser Gleichgewicht kann, auch in sehr stressigen Zeiten, verbessert werden. Ein guter Selbstwert trägt dazu bei, dass der Mensch im Gleichgewicht bleibt, wenn der Druck von außen zunimmt. Von außen kommender Druck wird von einer sich sehr nach ihrem Selbstvertrauen orientierenden Person als etwas erlebt, dass sie auf sich nehmen muss. Dem selbstwertbasierten Menschen fällt es leichter, den Druck von sich zu schieben oder vorbei gehen zu lassen, oder alternativ dazu mit verringerter Qualität in bestimmten, priorisierten Bereichen zu leben, um so das eigene Gleichgewicht zu bewahren und nicht durch Stress in die Knie gezwungen zu werden.

- Größere Verantwortlichkeit ist möglich. Der eher selbstwertbasierte Ansatz erhöht die Reaktionsfähigkeit in einer zunehmend von Veränderungen geprägten Welt. Dadurch fällt es leichter, Verantwortung zu übernehmen, an den eigenen Wert zu glauben und sich zu trauen, die Konsequenzen von Entscheidungen zu tragen. Das bildet das Fundament für das dezentralisierte, sich selbst besser steuernde Wesen – für einen selbstverantwortlichen Menschen, der reagiert und danach strebt, den Führungsstil zu bekommen, der benötigt wird. Ein solcher Mensch reagiert auf seine Umgebung und gibt so der Führungskraft das lebenswichtige, ehrliche und direkte Feedback. Er kann eigenständig im Einklang mit dem Erforderlichen reagieren – ohne unnötige Zeitverschwendung.

- Die Nachhaltigkeit wird gesteigert. So behält das Unternehmen im Laufe der Zeit ein gleichbleibend hohes Leistungsniveau bei. Viele Unternehmen fühlen sich durch die Forderung nach ständiger Entwicklung und gleichzeitig nach einem stabil bleibenden Betrieb herausgefordert. Es kommt zu Widersprüchen im Führungsstil und damit zu kulturellen Gegensätzen. Was wird in der Organisation geschätzt und hoch eingestuft, Entwicklung oder Betrieb? Selbstwertbasiertes Führen akzeptiert beide Bedürfnisse und die verschiedenen Interessen, die in diesem Kontext entstehen. Die Unterschiedlichkeit wird geschätzt und gepflegt, weil sie das Fundament für die Entwicklung des Selbstwerts ist. Das erzeugt Konflikte, aber auch Energie und damit Potenzial. Wichtig ist nicht, Konfrontationen abzubauen, sondern sich zu entwickeln und sich weiterzuentwickeln. Führung ist dann nicht mit der Vermeidung von Konflikten beschäftigt, sondern damit, aus dem Konflikt etwas zu erschaffen. Es wird wichtiger, die Verlierer einzusammeln, damit alle sich wieder trauen, Interesse und damit den potenziellen Konflikt zu suchen – so dass alle Beteiligten weiterhin am Engagement festhalten. Dieser Ansatz öffnet mehr, als dass er schließt, und er schafft neben einem sich entwickelnden Zugang zum Menschen einen starken Leistungsantrieb.

Um das hier beschriebene Potenzial verstehen zu können, ist ein Einblick in den Begriff des Selbstwerts von wesentlicher Bedeutung. Es ist wichtig, das Selbstwertgefühl getrennt von dem Gefühl von Selbstvertrauen zu sehen. Für mich ist die Unterscheidung zwischen den Begriffen Selbstwert und Selbstvertrauen viel mehr als nur eine Idee. Sie ist eine Einsicht und eine mögliche Erkenntnis, die wir im Management bisher nur zu Teilen erlangt haben – eine Entdeckung, die sich in Skandinavien wie Ringe im Wasser ausgebreitet hat, und die dagegen im Rest der Welt

Unser heutiger Führungsansatz basiert auf Selbstvertrauen. Die Zukunft erfordert einen eher selbstwertfundierten Führungsansatz.

überhaupt nicht verbreitet ist. Die Unterscheidung zwischen Selbstvertrauen und Selbstwert hat einen neuen Ansatz, wie ich und viele andere die potenziellen Entfaltungsmöglichkeiten des Menschen und die Fähigkeit zur Zusammenarbeit sehen, hervorgebracht. Der Unterschied zwischen Selbstwert und Selbstvertrauen trifft im Kern die menschliche Motivation.

Dieses Buch basiert auf den Ergebnissen von Beobachtungen. Es gibt hier keine dokumentierte Forschung, sondern nur die Praxis, die erprobt und in Ideen und Inspiration umgesetzt wurde. Ich habe zusammen mit meinen Kollegen die mögliche Kraft des selbstwertbasierten Führungsstils in der privaten Wirtschaft studiert, und wir haben mit einer Verknüpfung von selbstwertbasiertem und auf Selbstvertrauen basiertem Führungsstil gearbeitet. Ich habe als Führungskraft und als Coach von Führungskräften die Auswirkungen gesehen und die Folgen erlebt. Wir stehen heute vor einem industriellen Menschenbild und einer Reihe von Führungsgepflogenheiten, die alten mentalen Modellen entspringen. Unser heutiger Führungsansatz basiert auf Selbstvertrauen. Die Zukunft erfordert einen Führungsansatz, der selbstwertbasierter ist. Wir wollen mit diesem Buch nachweisen, dass die Orientierung hin zum Selbstwert das ist, was dem modernen Mensch fehlt. Diese Tatsache wird fälschlicherweise oft ausgelassen, wenn über den Sinn des Führens gesprochen wird.

Die primäre Zielgruppe dieses Buches sind Führungskräfte, doch es wendet sich auch an alle anderen, die sich für das Führen interessieren. Das Buch sucht Antworten in der Tiefe, weit weg von den schnellen und einfachen Beschreibungen, die die Managementliteratur bisweilen kennzeichnen. Es untersucht und beschreibt die Motivation beim leistungsorientierten Menschen unserer Zeit – bei der Führungskraft und bei denjenigen, die sie führen soll. Das Buch verwendet Fallbeispiele, um Wiedererkennungseffekte zu erzielen und um Pausen für Reflexion und Nachdenken zu bieten. Jedes Kapitel wird mit einer Zusammenfassung abgeschlossen. Wir empfehlen dem Leser, der nicht ganz in die Tiefe gehen und nur die Essenz des Buchs lesen will, wie folgt vorzugehen: Beginnen Sie mit der Einleitung, lesen Sie die Zusammenfassung am Ende jedes Kapitels und schließen Sie mit dem Kapitel „Die Tür zu einem neuen Führungsstil" ab.

> Dieses Buch sucht Antworten in der Tiefe, weit weg von den schnellen und einfachen Beschreibungen, die die Managementliteratur bisweilen kennzeichnen.

Dieses Buch stellt eine zusammengesetzte Idee dar – eine Idee, die sich aus mehreren Fachgebieten speist. Es holt sich Inspiration aus der Managementliteratur, der psychodynamischen und existenziellen Psychologie sowie aus der erlebnisorientierten Familientherapie. Es war eine Forschungsreise, bei der sich viele engagiert haben.

Ich habe das Buch zusammen mit Jørgen Lauge Sørensen, René Bach und Peter Mortensen geschrieben. Ein großer Beitrag wurde auch von meinen anderen Kollegen geliefert. Das Buch beschreibt, womit wir Coaches Tag für Tag arbeiten. Die größten Inspirationsquellen sind ohne Zweifel unsere Kunden und die über 2000 Einsätze als Coaches für Führungskräfte und Führungsgruppen, an denen meine Kollegen und ich mitgewirkt haben.

Neben den oben genannten gibt es einige weitere Personen außerhalb meines engsten Teams, die einen zusätzlichen Beitrag geleistet haben: Jesper Juul und Mathias Voelchert von familylab.

Als lebendige Ikonen für die in diesem Buch beschriebenen Werte waren Torsten Hvidt, Christian Løken Sparrevohn und Jakob Wedel Christensen – die beiden letztgenannten frühere McKinsey-Berater und derzeitige Partner im Beratungsunternehmen Quarts + Co – Sparringpartner für mich. Sie haben den Denkansatz in diesem Buch weiterentwickelt. Jørgen Vig Knudstorp, Vorstandsvorsitzender der LEGO Group, hat das Vorwort zu dem Buch geschrieben und davor das Manuskript kommentiert. Jørgen hat meinen Glauben daran gestärkt, dass dieses Projekt einen Wert hat. Ich bin dankbar für das Engagement und die große Anerkennung.

Kapitel 1

Ergebnisse und Beziehungen

Wir leben in einer Zeit voller Möglichkeiten, in der die bisher nur teilweise genutzte Schöpfungskraft des Menschen näher daran ist, vollständig verwirklicht zu werden, als je zuvor.

Menschen haben sich schon immer entfaltet, doch noch nie zuvor sind wir einer derart massiven Selbstentfaltung gegenübergestanden. Diese Selbstentfaltung kann Ergebnisse schaffen. Selbstentfaltung oder Selbstverwirklichung ist kein neues Phänomen; Abraham Maslow hat sie bereits 1954 in Verbindung mit seiner berühmten Bedürfnispyramide beschrieben. Sie ist das Streben danach, das eigene Potenzial zu entdecken und zu entfalten, wenn die grundlegenden Bedürfnisse befriedigt sind.

Das Sinngefühl ist ein Teil dieser Selbstentfaltung – ein Gefühl, das für den Menschen wichtig ist, weil es Motivation und Tatkraft erzeugt. Etwas als sinnvoll zu erleben, schafft Interesse und damit einhergehend Antriebskraft. Vielleicht ist es an der Zeit, wiederzuentdecken, was eigentlich Sinn ergibt. Wiederzuentdecken, was Selbstentfaltung ist, und wie wir mit Führung Motivation auslösen können, die tiefer und schöpferischer ist.

In dem alten industriellen Führungsparadigma benötigte die Führungskraft einen Arbeiter. Sie brauchte hauptsächlich die Hände des Arbeiters und nicht so sehr dessen Kopf. Heute sucht die Führungskraft einen „Mit-Arbeiter". Das „Mit" ist bei dem Wort wichtig, denn es ist das Maß an Engagement, das über die Qualität der Arbeit entscheidet. Der Mitarbeiter ist daher ein „Mitschöpfer", der sich entfalten soll, der Gedanken und Gefühle nutzt und der durch schöpferisches Engagement die Zusammenarbeit anstrebt.

Das Wesentliche am Glück sind nicht Reichtum und Genuss, sondern Tätigkeit, die freie Entfaltung der Fähigkeiten sowie die Freundschaft mit guten Menschen.

Aristoteles

Wir haben vielleicht zu eingleisig darauf gesetzt, was Aristoteles die Entfaltung der Fähigkeiten nennt und übersehen, was in der Freundschaft mit guten Menschen liegt.

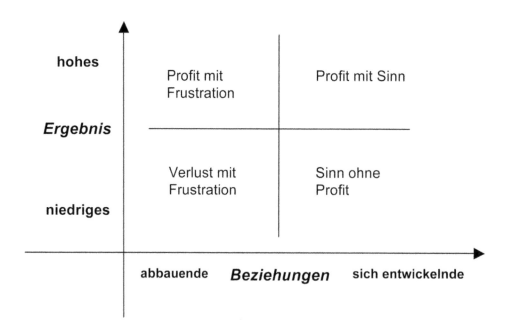

Abb. 1: E & B – Ergebnisse und Beziehungen

Dieses Schema zeigt, dass das Erzielen von Ergebnissen ohne die Schaffung gesunder Beziehungen zwar zu einem betriebswirtschaftlichen Gewinn und Lob von der Geschäftsleitung führen kann. Es wird jedoch häufig eine darunter liegende Frustration existieren. Frustration drückt sich auf verschiedene Weise aus, doch sie ist immer gleichbedeutend mit einem schlechteren Ergebnis als dem, das man hätte erzielen können. Frustration bedeutet bremsende Kräfte und Demotivation in unterschiedlichen Schweregraden. Auswirkungen von Frustration sind: nicht zu Ende geführte Aufgaben, Apathie, Stress, krankheitsbedingte Abwesenheit und Kündigungen. Das erlebe ich die ganze Zeit. Wenn die Beziehung verkümmert, funktioniert das Unternehmen noch immer, weil Ziele, Prozesse und Systeme die Räder am Laufen halten, doch die Leichtigkeit, die Geschwindigkeit und die Verantwortung verschwinden. Mit der Zeit beeinflusst dies das Erzielen von Ergebnissen, und das Unternehmen wird den Abbau von Ergebnissen und Beziehungen erleben.

Das Schema zeigt mehrere Möglichkeiten, darunter eine, vor der ich warnen muss: das Schaffen von Beziehungen ohne Erzielen von Ergebnissen – Sinn ohne Profit. Das Sinnorientierte ohne das Leistungsorientierte erzeugt oftmals eine Kultur, die ausschließlich das Beziehungsfördernde anerkennt. Das ist an sich schon beziehungshemmend, weil viel zu oft ein bewahrender

Pseudokonsens entsteht – eine Beziehung, bei der die Leute einander nicht ernsthaft zur Verantwortung ziehen und keine echte Aufklärung suchen.

Wenn das Erzielen von Ergebnissen jedoch mit sich entwickelnden Beziehungen kombiniert wird, werden beide Aspekte gestärkt. Das Sinnvolle wird aktiviert und weckt den Geist. Dieser Schritt bringt mehr Lustgefühl, Glücksgefühl und Engagement hervor. Sich in einer sich entwickelnden Beziehung zu befinden, bedeutet, dass man wächst. Man fühlt sich wertgeschätzt, und das unterstützt eine innere „Selbst-Wertschätzung".

Führen bedeutet daher Führen an zwei Fronten gleichzeitig: Führen des Ergebnisses und Führen der Beziehung. Das erste Thema wurde in der Managementliteratur bereits lang und breit behandelt.

Das zweite Thema ist in einem weitaus kleineren Umfang behandelt worden und soll in diesem Buch näher beleuchtet und vertieft werden. Es geht darum, durch Führung die Qualität der Beziehung zu beeinflussen, und wir können diesen Prozess verstehen, indem wir uns anschauen, was für den Menschen als bedeutungsvoll und sinnvoll funktioniert.

Wir sind der Meinung, dass sich Führungskräfte zu sehr auf Leistung und zu wenig auf Beziehung konzentriert haben. Menschenführung hat seit dem Ende der Industriegesellschaft und im Übergang zur Informations- und Wissensgesellschaft Leistungs- und Motivationsverbesserungen durch Belohnung auf der Basis von Messung, Steuerung und Kontrolle versucht. Gary Hamel beschreibt die Stärke des Managementparadigmas in vorbildlicher Weise in seinem Buch „Das Ende des Managements".[1] Es ist das Management, das ein Unternehmen zum Funktionieren bringt. Es sind die Führungsansätze, die Dinge in das System einbringen. Es geht darum, Ziele festzulegen, Kompetenzen zu schaffen und zu unterstützen, zu verfolgen und zu belohnen, was wirkt, und zu identifizieren, was nicht wirkt. So entsteht die Grundlage für Verbesserungen. Es entsteht ein konstanter Evaluierungs- und Verbesserungsansatz, der die ganze Zeit über verfeinert und optimiert wird.

Folgen von Frustration sind: Fehlende Ausführung, Apathie, Stress, krankheitsbedingte Abwesenheit und Kündigungen.

Dieses Managementparadigma hat viel Gutes geschaffen, unter anderem einen hauptsächlich auf Selbstvertrauen basierenden Ansatz, der auf Leistung und Ergebnisse fokussiert ist.

Eine einseitige Konzentration auf Selbstvertrauen im Management spricht den rationalen Teil des Menschen an. Sie aktiviert den Teil des Menschen, der Wert auf eine weitere Belohnung legt. Das aktiviert Begeisterung, jedoch kein tieferes Engagement. Anders gesagt: Dieser Ansatz lässt zu oft das tiefere

---

1 G. Hamel – 2007

Empfinden weg. Das beeinflusst Motivation und Sinngefühl. Selbstvertrauen ist schön und prickelnd und kann den Menschen weit bringen, vor allem, wenn man nie eine andere Form von Anerkennung kennengelernt hat. Selbstvertrauen wird jedoch selten als wirklich sinnvoll empfunden. Es erreicht nur eine gewisse Tiefe in uns. Es erzielt Ergebnisse, aber es erfüllt uns nicht.

Wenn wir mehr von uns selbst zeigen sollen, müssen wir Beziehungen erleben, die uns als Mensch wachsen lassen – Beziehungen, die Selbstwert und nicht nur Selbstvertrauen entwickeln. Wir müssen somit eine „doppelte Antriebskraft" aktivieren. Die Kraft der – wie wir es nennen – sich entwickelnden Leistung und der sich entwickelnden Beziehung. Dies ist unserer Ansicht nach der Teil der Führungsaufgabe, der der Führungskraft die größten Probleme bereitet. Die Führungskraft ist häufig dazu ausgebildet, mit dem Erzielen von Ergebnissen zu arbeiten, doch es fehlt ihr an Einsicht und Erfahrung bei der Schaffung von Beziehungen. Dies ist etwas, was die Führungskraft selbst erst lernen muss. Das bringt eine Reihe von Konsequenzen, aber auch Möglichkeiten mit sich, wenn die Führungskraft die Verantwortung übernimmt.

Fehlender Sinn in Beziehungen

Es hat Konsequenzen, wenn dem Beziehungsanteil in der Führung keine Bedeutung beigemessen wird. Wir begegnen immer mehr Führungskräften und Mitarbeitern, die nicht motiviert sind – Leuten, die sagen, dass sie den Glauben daran verloren haben, dass das Ganze die Mühe wert wäre. Sie können keinen Sinn darin sehen, zu arbeiten, um noch einen Bonus auszulösen, befördert zu werden und einen anderen Titel zu bekommen, das nächste Umsatzziel oder etwas anderes zu erreichen, was sie früher angetrieben hat. Sie haben Schwierigkeiten mit den langen Arbeitszeiten, dem steigenden Druck und dem fehlenden Gefühl, für sich und andere von wirklichem Wert zu sein. Viele wollen da nicht mehr mitmachen und setzen andere Prioritäten – eine Verschwendung, die es schon immer gab und die in einer Wettbewerbswirtschaft natürlich vorkommen darf, die sich in diesen Jahren jedoch drastisch erhöht hat. Wenn die Sinnlosigkeit anklopft, dann verkümmert der Mensch. Ein Teil der Sinnlosigkeit ist auf das Paradox zurückzuführen, dass wir beschäftigt sind wie nie zuvor. Das hohe Aktivitätsniveau hat eine Kehrseite, die die meisten Führungskräfte und Mitarbeiter nur zu gut kennen. Es fehlt an Zeit. Jede neue Aufgabe, jede neue Herausforderung tendiert dazu, noch ein Häppchen von meiner Zeit zu verschlingen. Zeitmangel ist eine Realität, auch wenn die Führungskraft ihr Zeitmanagement optimiert, Aufgaben streicht und sich auf die eigentliche Wertschöpfung konzentriert. Wenn der Mensch sich selbst nicht mehr begegnet, wird er einsam. Ich treffe viele, die die persönlichen Bedürfnisse zurückstellen, um der Aktivität mehr Raum zu geben, in der Hoffnung, dass das für die innere Linderung sorgt. Die Bedürfnisse, die beiseite geschoben werden, beginnen sich allmählich anzuhäufen und wollen ausgelebt werden. Das fühlt sich an wie eine schleichende innere Unzufriedenheit. Die Führungskraft ist häufig mental stark und entscheidet sich gegen eigene Bedürfnisse, weil Anforderungen ihre eigene Sprache sprechen und alles andere im Vergleich nur noch gedämpft zu hören ist. Dies erhöht die innere Spannung – eine Spannung, die andere oft nicht sehen, sondern nur spüren.

Wenn die Sinnlosigkeit anklopft, dann verkümmert der Mensch.

Es kann ein gesundes Zeichen sein, wenn die Leute krank werden, falls die Alternative wäre, sich selbst zu zwingen, etwas auszuhalten, was schlecht für einen ist. In der Lage zu sein, Leiden zu ertragen, ist auf einer niedrigeren Stufe der Bedürfnispyramide eines der charakteristischen Merkmale des Menschen. Diese Fähigkeit ist notwendig für das Überleben. In vielen Führungskulturen ist das Leiden ein Teil der eigentlichen Eignungsprüfung. Man betrachtet einander, um zu sehen, wer die Arbeitsstunden, die vielen Reisen, die harten Besprechungen aushält, und man klopft sich auf die Schulter – „gut gemacht". Häufig passiert es, dass wir uns in diesen Gruppen selbst entgleiten und nur noch ablesen, was von uns gefordert wird. Wenn wir krank vor Stress werden, dann hat das damit zu tun, dass wir über lange Zeit uns selbst und unsere tieferen Bedürfnisse nicht gespürt haben und nicht aus diesen Bedürfnissen heraus gehandelt haben. Durch die Krankheit kann uns der Körper somit zwingen, wieder uns selbst zu spüren. Das zieht uns weg von dem, was uns krank macht. Wenn wir uns selbst wegziehen und all das spüren, was nicht gut für uns war, taucht anschließend häufig das Gefühl der Sinnlosigkeit auf. Warum setze ich mich selbst dieser Form von Leben aus?

In dem alten Führungsparadigma war es gang und gäbe, eine Vision, eine Mission sowie eine Reihe von Unternehmenswerten zu benennen, um das Erzeugen von Motivation sicherzustellen. Wir brauchen Sinn und Orientierung. In vielen Unternehmen herrscht eine ausgeprägte Müdigkeit gegenüber diesen Ansätzen, und viele Führungskräfte schieben der schweren Kunst des Kommunizierens die Schuld in die Schuhe. Die Autoren des Buches „Funky Business", Jonas Ridderstrale und Kjell Nordström, erwähnen in diesem Zusammenhang, dass viele Führungskräfte aufgrund ihres bisherigen Tuns Glaubwürdigkeitsprobleme haben, wenn sie Sinnhaftigkeit in der Organisation implementieren sollen:

Wenn die Wahrheit ausgesprochen werden soll, müssen viele Führungskräfte überinformieren, weil sie früher so wenig Glück mit ihrer Kommunikation hatten, dass jedem neuen Gerede von Visionen und Missionen unweigerlich mit starker Skepsis und Zynismus begegnet wird. Die Leute wissen aus Erfahrung, dass Visionen nichts bedeuten und dass es in ein, zwei Jahren eine neue Vision geben wird.[2]

Oft wird Missions- und Visionsarbeit schlecht ausgeführt, ohne den beabsichtigten Effekt zu erreichen. Auch wenn diese Visions- und Missionsarbeit von der Führung her korrekt und durchgreifend ausgeführt wird, löst dies oft nicht die tiefer liegende Sinnlosigkeit im modernen Menschen auf. Das Abstecken eines neuen Ziels, das einfach nur größer ist als das vorherige und das ein bestimmtes Verhalten vorschreibt, erzeugt an sich keine Sinnorientierung oder Motivation. Das liegt daran, dass viele von uns bereits ein Leben voller Zielsetzungen und Anforderungen haben. Viele Menschen lassen sich nicht mehr davon antreiben, dass die Latte ständig ein wenig höher gelegt wird, sobald ihnen erst einmal bewusst geworden ist, dass genau das passiert. Viele Menschen grübeln über den Widerspruch nach, den man erlebt, wenn man sich freut, ein Ziel erreicht zu haben und die Freude verschwindet, sobald das Ziel durch ein neues Ziel ersetzt wird.

Wir brauchen Sinn und Orientierung.

Es kann angsteinflößend sein, den Sinn dessen zu hinterfragen, was man tut. Für viele gelten solche Gedanken immer noch als eine Art von Luxus. Das ist etwas, was sie sich selbst nicht erlauben, eine Denkweise, die nur für privilegierte oder unsichere Menschen gedacht war. Die meisten von uns starten durch und versuchen den Gedanken an eine Alternative auf Abstand zu halten. Es entsteht eine Art kollektives Unbewusstes, das aus einem fehlenden Inneren und Äußeren entsteht.

Die richtigen Fragen werden nicht gestellt, und dennoch wird immer von dem „Traum" gesprochen. Wenn ich nur ein halbes Jahr frei nehmen könnte. Wenn ich nur zehn Millionen gewinnen würde. Vielleicht müssen wir unser Leben umkrempeln und ganz andere Prioritäten setzen. Die Möglichkeit, man selbst zu sein, wird dem Selbst als eine ständige Option vor Augen gehalten. Wir wählen nicht uns selbst, und das hält eine entkräftende Situation aufrecht.

Wir glauben daran, dass es eines Tages besser wird, ohne dass wir selbst die Verantwortung übernehmen und den Kampf mit dem Leben beginnen müssen. Jeden Tag werden neue Menschen von der diffusen Angst, der Sinn-

---

2 J. Ridderstråle und K. Nordström – 2000

losigkeit, der Einsamkeit, dem Stress oder der Ohnmacht getroffen – von dem Gefühl fehlenden Sinns, das sich in den heutigen Menschen einschleicht.

Das ist die Herausforderung für Führungskräfte wie Sie: das ungenutzte Potenzial, das Menschen gehört, die voller Ressourcen stecken, die sie nicht entfalten können. Das sind Leute, die sich nicht wohl fühlen oder Leute, die sich dafür entscheiden, ohne echtes, kraftvolles Engagement einfach auszuhalten. Es sind Leute, die vielleicht funktionieren, die jedoch nicht wirklich erfüllt sind und daher eine abfallende Leistungskurve aufweisen. Es sind Menschen, die Ergebnisse erzielen, die jedoch leicht mehr und effizienter schaffen könnten, wenn sie sich selbst besser einbringen würden.

Die Familie ist der Ort, an dem wir zum ersten Mal mit Führung Bekanntschaft machen.

Ein neuer Beziehungsansatz

Der Mensch reagiert nicht mehr wie früher. Wir tun nicht mehr vorbehaltlos das, was Autoritäten von uns fordern. Wir haben gelernt, uns selbst zu fragen: Was ist gut für mich? Erziehungsmuster in der Familie haben sich verändert.

Die Familie ist der Ort, an dem wir zum ersten Mal mit Führung Bekanntschaft machen. Wir, die wir heutzutage Kinder erziehen, haben im Gegensatz zu unseren Eltern eine Erziehung erhalten, die Einbeziehung und Gleichwertigkeit mehr integriert hat. Wir erziehen auch selbst gleichwertiger, und die meisten wünschen sich heutzutage, dass Selbstwert und Integrität der Kinder in der Erziehung bewahrt und gestärkt werden.

Heute geht es, wie der Familientherapeut Jesper Juul es beschreibt, mehr um Einbeziehung als um Erziehung. Das sorgt für einen andersartigen Ansatz – für eine andere Qualität in Beziehungen.

Die Fundamente des neuen Führungsstils

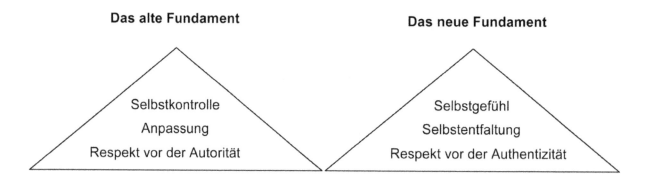

Das alte Fundament

Selbstkontrolle

Anpassung

Respekt vor der Autorität

Das neue Fundament

Selbstgefühl

Selbstentfaltung

Respekt vor der Authentizität

Abb. 2: Die Fundamente des alten und des neuen Führungsstils

Das oben stehende Modell zeigt, wie sich die Fundamente des neuen Führungsstils von denen des alten unterscheiden. Eine Führungskraft, die die Führungsrolle übernimmt, ohne die persönliche Authentizität dafür zu haben, kann uns nicht mehr motivieren. Wir wollen einer Führungskraft begegnen, die aufgrund ihres Selbst und nicht aufgrund ihrer Rolle führt. Früher haben wir Autorität akzeptiert. Heute besteht immer noch ein gewisser Respekt vor gewissen Autoritäten, doch generell gesehen hat sich der Respekt verringert. In der Generation unserer Eltern war es wichtig, dass man seinen Platz kannte und Teil des Systems war. Heute fühlt sich niemand mehr für einen Platz im System verantwortlich, den er nicht selbst gewählt hat.

Nirgendwo lässt sich dieser Unterschied bezüglich Motivation und Antriebskraft so deutlich feststellen wie bei der heutigen Jugend. Der Jugendliche – und auch der Jugendliche in uns selbst – will raus aus den Begrenzungen, die Menschen fesseln. Wir wollen in Freiheit und Verantwortlichkeit leben, doch zugleich einen Rahmen und Ziele haben. Dieser neue Mensch will nicht durch Anweisung geführt werden, sondern selbst zur Wertschöpfung beitragen. Es ist ein Mensch, der nicht angetrieben wird, weil er beim Meister in die Lehre geht, sondern der den Meister in sich selbst spüren will. Es ist ein Mensch, der seine Beraterkarriere nicht damit beginnen will, sechs Monate nach Basel in die Schweiz geschickt zu werden – zu einem Aufenthalt, bei dem er in einem Keller sitzen und eine SAP-Lösung programmieren soll –, wenn seine Familie und seine Freunde in Hamburg sind. Das ergibt keinen Sinn, wenn er eigentlich Projektleiter in einem IT-Beratungsunternehmen werden will. Vor 15 Jahren war es für dasselbe Unternehmen kein Problem, junge Menschen zu finden, die gern halbe oder ganze Jahre den „Wasserträger" spielten. Wir erleben heute einen neuen Menschen, der nach Rahmenbedingungen sucht, die dafür sorgen, dass sein Potenzial ausgelöst werden kann – und das am liebsten schnell. Das bedeutet nicht, dass es keine Rahmenbedingungen geben soll. Es ist noch immer wichtig, an den Teilen des alten Führungsstils festzuhalten, die funktionieren.

Über den Punkt, an dem wir gerade stehen, kann viel Schlechtes gesagt werden, und viele beziehen sich gerade jetzt auf das Alte oder das, was einmal war. Meine Kollegen und ich sehen das anders. Lasst uns vom Alten das nehmen, was wirkt, und im Neuen das weiterentwickeln, was diese Entwicklung wert ist. Wir begegnen heute jungen Menschen, die gut ausgebildet und ressourcenstark sind und häufig mehr Selbstverantwortung

> Maslow hat uns gezeigt, dass sich unsere Bedürfnisse abhängig von unseren erlebten Lebensbedingungen ändern.

zeigen als wir damals im gleichen Alter. Viele der älteren Führungskräfte haben den Menschen, den sie jetzt führen sollen, selbst erzogen und tragen einen Teil des Neuen in sich. Es steckt ein Potenzial in den neuen Generationen, doch das muss entwickelt werden, und es kann ganz leicht passieren, dass dieses Potenzial stattdessen abgebaut wird.

Viele Führungskräfte sind gerade verwirrt. Die Signale in ihnen selbst und aus ihrer Umgebung widersprechen sich. Sie finden, dass die jungen Leute zu schlaff sind, spüren aber selbst den Drang, es lockerer anzugehen. Diese Verwirrung ist zugleich eine Bedrohung und eine Möglichkeit. Sie ist eine Bedrohung, wenn wir ganz loslassen und alle Grenzen aufgeben. Wenn wir das tun, entdecken wir, dass unser Führen nicht wirkt. Sie ist auch eine Bedrohung, wenn wir zu sehr zum Alten zurückkehren und uns damit selbst davon abschneiden, die bestehende Möglichkeit zu entfalten.

Diese Möglichkeit besteht in einem gesteigerten Engagement, indem man die Eigenverantwortung parallel zu dem entwickelt, was durch das Erzielen von Ergebnissen wirkt. Die Möglichkeit liegt darin, dass wir uns trauen, die Führungsverantwortung auf uns zu nehmen und dem neuen Menschen in uns selbst und im anderen die richtigen Wachstumsbedingungen zu bieten. Wenn wir das nicht tun, so stirbt etwas in uns selbst und im anderen.

Das Bedürfnis nach neuer Beziehungsqualität

Maslow hat uns gezeigt, dass sich unsere Bedürfnisse abhängig von unseren Lebensbedingungen ändern. Wir erleben jetzt Jahrgänge, die ihr ganzes Leben an der Spitze der Bedürfnispyramide gelebt haben. Die meisten von ihnen haben nie Hunger, ein fehlendes Dach über dem Kopf oder die Kränkung ihrer Grundrechte erlebt. Sie sind mit einer grundlegenden Geborgenheit aufgewachsen. Ich erlebe diese Jahrgänge als Menschen, für die das Anerkannt-, Gesehen- und Gehörtwerden ebenso wichtig ist, wie es für frühere Generationen wichtig war, Geld zusammenzukratzen, um die Grundbedürfnisse des Lebens abzudecken.

Sie sind existenziell ganz anders gestellt und denken über den Wert des Lebens auf andere Weise nach als frühere Generationen. Der Mensch, der an Selbstverwirklichung interessiert ist, ist ein Mensch, der versucht, sich selbst und eigene Potenziale zu realisieren und eigene Bedürfnisse in Beziehung zu anderen Menschen zu befriedigen. Dieser Bedürfnisse sind wir uns nicht unbedingt bewusst. Ich glaube, man kann sagen, dass uns Menschen oft klar ist, wozu wir Lust haben, wir aber nicht immer wissen, was wir eigentlich brauchen.

Es geht darum, dass wir isoliert wurden. Der moderne Mensche hat sich wegbewegt von der Kernfamilie, der Frau als Hausfrau, der nahen Dorfgesellschaft, der Zeit mit Freunden und Geselligkeit. Nähe im Nachbarschaftlichen und Privaten wurde bei vielen von uns durch Arbeit, Kollegen, Chefs, Vorstandsarbeit und Geschäftsverbindungen ersetzt. Die Erfolgreichsten haben echte Freundschaften und dauerhafte Beziehungen geschaffen. Ich möchte mich hier auf die Schlussfolgerungen aus dem Buch „Der Weg zu den Besten" von Jim Collins beziehen. Er verweist auf seine Untersuchungen von tatsächlich Ergebnisse erzielenden Unternehmen, bei denen die Führungsgruppen aus soliden Beziehungen bestanden, die zu Freundschaften fürs Leben wurden – eine Schlussfolgerung, die Aristoteles' „Betrachtungen von Glück und Freundschaften mit guten Menschen" unterstützt.

Manche Führungskräfte tragen ein eigenartiges Bedürfnis mit sich herum, dessen sie sich nicht ganz bewusst sind, das sie aber dennoch spüren – etwas, was sie sich zu Hause holen möchten, was aber zu Hause auch nicht mehr funktioniert. In einem Zuhause, in dem sowohl die Frau als auch der Mann Karriere machen und die Zeit immer knapp ist, fehlt häufig die Energie für ein echtes, aufmerksames Beisammensein.

Die vielbeschäftigten Führungskräfte verweisen darauf, dass für die Führung das ungeschriebene Gesetz gilt, mit Mitarbeitern und Kollegen nicht befreundet zu sein, da das zu Problemen führt, wenn man Dinge ablehnen, Gehaltsverhandlungen führen und Leute entlassen muss. Das ist meiner Meinung nach eine eigenartige Haltung, sich das Leben vom Leib zu halten, die tief im alten, distanzierteren Führungsparadigma wurzelt. Ich glaube, dass die heutigen Mitarbeiter einem richtigen Menschen begegnen möchten, der sich traut, er selbst zu sein, und nicht einer Annäherung an etwas, was früher „gutes professionelles Benehmen" war.

Der Mensch an der Spitze der Bedürfnispyramide wird von etwas Neuem angetrieben. Frühere Generationen standen weiter unten in der Pyramide und waren im Innersten von der Angst getrieben, die grundlegenden Bedürfnisse nicht befriedigen zu können, sowie dem Wunsch, sich selbst abzusichern. Der neue Mensch hatte immer reichlich und wird davon angetrieben, sein eigenes Potenzial zu realisieren und Wertschätzung für sich selbst zu entwickeln.

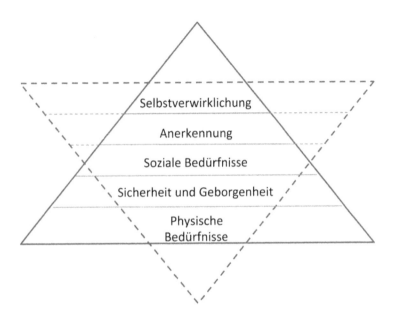

Abb. 3: Maslows Bedürfnispyramide[3]

Man könnte sagen, dass die Bedürfnispyramide proportional auf den Kopf gestellt wurde, so dass Selbstverwirklichung für den modernen Menschen tatsächlich die stärkste Antriebskraft ist. Viele von uns haben innere Anerkennung und Glücksstimulation erlebt, wenn sie aus sich selbst heraus arbeiten. Auf diese Weise können wir fühlen, dass wir uns selbst verwirklichen können.

Daniel Goleman beschreibt in seinem Buch über soziale Intelligenz die Forschungsergebnisse der neueren Gehirnforschung zu dem Thema Beziehungsqualität. Führende Neurologen weltweit haben jetzt begonnen, das zu benennen, was intuitiv schon seit sehr langer Zeit funktioniert. Wissenschaft-

---

3 A. Maslow – 1954

ler, die neuronale Netze, also Netze, die die mentalen Operationen steuern, erforschen, sprechen von „maximal harmonischen Zuständen". Das sind Zustände voller Freude, die Ergebnisse erzielen. Wenn das Bewusstsein mit einer Art innerer Harmonie funktioniert, arbeitet es mit maximaler Leichtigkeit, Effektivität, Schnelligkeit und Durchschlagskraft. [4]

Diese Zustände voller Freude können mithilfe von Magnetresonanztomographie aufgezeichnet werden. Die Stellen im Gehirn, die während eines solchen Zustands aktiviert werden, sind die Bereiche, die mit der Fähigkeit des kreativen Denkens, mentaler Flexibilität und großer Kapazität zur Informationsverarbeitung verbunden werden. Diese Kompetenzen benötigen wir, wenn wir in einem globalen Wissenswettbewerb kreativ sein wollen und wachsen wollen. Goleman präsentiert Schlussfolgerungen, die darauf hindeuten, dass unsere Leistungen am besten sind, wenn wir im Gleichgewicht sind. Je mehr Angst und Apathie wir spüren, desto schlechter schneiden wir ab.

Wir lernen und arbeiten am effektivsten in harmonischer Umgebung.

Die Schaffung von Beziehungen und das Erzielen von Ergebnissen sind ein Balanceakt für unser Gehirn. Unser Denken muss aus der Stagnation befreit werden, um frei für Entwicklung zu werden. Andererseits darf es nicht zu sehr provoziert werden. Wir schneiden schlechter ab, wenn wir in einen angsterfüllten Zustand kommen. Forschungsergebnisse belegen, dass Mitarbeiter Geborgenheit brauchen und durch Vertrauen geführt werden müssen, aber gleichzeitig angeregt, konfrontiert und herausgefordert werden müssen, um zu spüren, dass sie sich entwickeln.

Der Mitarbeiter an der Spitze der Bedürfnispyramide wird sich entwickeln, ohne in der Hierarchie abzurutschen. Sich selbst zu entfalten und das eigene Potenzial zu realisieren, ist zweierlei. Das hat zum einen damit zu tun, eigene Kompetenzen zu nutzen, und zum anderen damit, sich als der zu entwickeln, der man ist. Das stellt neue Anforderungen an das Führen, welches das Gleichgewicht unterstützen und gleichzeitig Bedingungen dafür schaffen muss, dass fördernde Umstände entstehen.

Höhere Ebenbürtigkeit in Bezug auf Würde und Respekt

Die beschriebenen Veränderungen der Beziehungsqualität wirken sich auf die eigentliche Beziehung zwischen Führungskraft und Mitarbeiter aus. Das muss näher erklärt werden. Die Führungskraft hat auf der einen Seite das

---

4 D. Goleman – 2006

Recht, jemandem zu kündigen. Es ist Aufgabe der Führungskraft, den Angestellten zu beurteilen, seinen Einsatz und seine Fortschritte zu bewerten. Dies erzeugt im Mitarbeiter die potenzielle Angst, einem Richter gegenüber zu stehen, beurteilt zu werden und für Fehler und Mängel als schuldig befunden zu werden. Das macht Beziehungen asymmetrisch.

Auf der anderen Seite besteht die Aufgabe der Führung auch darin, Erfolg anzuerkennen, Gehälter zu erhöhen, Bedingungen zu verbessern und zu befördern. Das macht Beziehungen jedoch nicht weniger asymmetrisch, denn es handelt sich immer noch darum, dass die Führungskraft eine Beurteilung vornimmt.

Das Bewertungsparadigma wird dadurch unterstützt, dass viele Unternehmen und Organisationen Systeme und Kontrollverfahren eingeführt haben. Diese Vorgehen unterstützen das Bewerten, und in einigen eher hemmenden Unternehmenskulturen schafft die Kontrolle eine Distanz, die Misstrauen in das Verhältnis zwischen Führungskraft und Mitarbeiter bringt. Entscheidend für die Qualität der Beziehung ist, dass die Führungskraft die Verantwortung für die ungleiche Beziehung übernimmt und dazu steht, dass es zu ihrer Rolle gehört, zu kontrollieren und dementsprechend zu führen.

Je mehr Angst und Apathie wir spüren, desto schlechter schneiden wir ab.

Neu in heutiger Führungsarbeit ist, dass die Führungskraft parallel zu diesem Beurteilungsverfahren gern eine vertrauensvolle Beziehung aufbauen möchte. Sie möchte dem Mitarbeiter gern begegnen und dem Einzelnen helfen, sich zu entwickeln. Dies geschieht nur über Vertrauen. Durch Drohungen bringt man niemanden dazu, sich einem anderen Menschen ehrlich zu öffnen. Entsprechend findet sich bei heutigen Führungskräften häufig eine eingebaute Bewusstseinsspaltung in Beziehung zum Mitarbeiter: Es gibt den urteilenden und damit potenziell verurteilenden Anteil sowie den Wunsch nach Gleichwertigkeit und Gegenseitigkeit.

Wenn wir auf die letzten 50 Jahre zurückblicken, so ist die Beziehung heute immer noch nicht gleichwertig, doch sie wird es immer mehr. Das wird sie, weil die Führungskraft spürt, dass Vertrauen und nicht Drohung im Beziehungsfeld für Entwicklung und Engagement sorgt. Diese Kraft wird von einer Antriebskraft unterstützt, die aus dem Mitarbeiter kommt, der sich in der Beziehung immer gleichwertiger macht, ob die Führungskraft das möchte oder nicht.

Diese Entwicklung findet statt, weil der kompetente Wissensmitarbeiter in zunehmendem Maß eine begrenzte Ressource und ein Aktivposten für die Gruppe ist. Er erzielt Ergebnisse, entwickelt internes Lernen und zieht durch seine Fachlichkeit andere qualifizierte Menschen an. Er kennt seinen Wert und möchte als wertvoll behandelt werden. Es gibt Beispiele, dass Menschen mehr Gehalt bekommen als ihr Vorgesetzter, etwas, was noch vor 20 Jahren in den meisten Unternehmen völlig undenkbar war. Vor allem auf dem Niveau leitender Angestellter und Mitarbeiter lässt sich eine solche ebenbürtigere Bewertung beobachten.

Der Wissens- und Kompetenzfokus der Führungsspitze unterstützt immer mehr die Entwicklung zugunsten des Wissensmitarbeiters. Die Führungsspitze möchte nicht Wert in Form von Mitarbeiterressourcen verlieren, die sie sich erkämpft hat, in deren Ausbildung sie viel Geld gesteckt hat und von denen sie so abhängig ist. Die Führungskraft wird daher zunehmend durch Kontrollsysteme gemessen und anhand ihrer Effektivität im Beziehungsfeld zum Mitarbeiter beurteilt. Das verändert zwar die Fokussierung, doch das reicht nicht immer aus, denn in Beziehung treten kann nicht erzwungen werden. Umgekehrt erzeugt es ein erhöhtes Interesse dafür, größere Loyalität zu schaffen – eine Loyalität, die schwer zu bekommen ist. Der Mitarbeiter entscheidet sich in steigendem Maß dafür, die Führungskraft zu verlassen, wenn die Beziehung keine Qualität aufweist. Wir Menschen bekommen Angst, wenn man sich gegen uns entscheidet. Es steckt tief in uns, dass wir Zugehörigkeitsverhältnisse spüren und akzeptiert werden wollen. Akzeptanz und das Gefühl, dazuzugehören, ist auf einer Trieb-Ebene wesentlich für unser Überleben. Als Kinder schaffen wir es ohne Schutz nicht, und als Erwachsene kommen wir außerhalb der Gruppe kaum klar. Wenn früher der Mitarbeiter vor die Tür gesetzt wurde, so besteht heute auf beiden Seiten die Angst, verlassen zu werden. Das führt dazu, dass die Furcht als Motivationskraft, Waffe oder Verteidigung weniger kraftvoll geworden ist oder sich gleichmäßiger auf beide Seiten verteilt.

Es gibt immer noch Führungskräfte, die mir erzählen, dass sie ab und zu das Paradigma der Furcht einsetzen müssen, damit die Leute das tun, was zu tun ist. Sie sagen, dass es ohne Drohung, ohne ein Exempel zu statuieren, schwer ist, Veränderungen zu erzeugen. Daran mag in den Situationen etwas Wahres dran sein, in denen die Beteiligten unterschiedliche Interessen und Bedürfnisse haben. Führung bedeutet auch, wegschneiden und abreißen zu müssen. Wenn Überleben auf der Tagesordnung steht, gelten andere Spielregeln. In diesem Fall sind Angst und Sorge häufig Antriebskräfte gegen Erneuerung dessen, was tot ist oder ohne Veränderung nicht überleben kann. Das ändert meiner Meinung nach aber nichts an der Tatsache, dass Furcht als Führungsstil – auch wenn sie Leute dazu bringen kann, sich zu bewegen – demotiviert und den Menschen davon abhält, sein volles Engagement zu entfalten. Das Problem mit der Furcht ist dort nicht so deutlich, wo abgebaut werden soll. Hier werden Stillstand und die Notwendigkeit abzubauen akzeptiert, weil sie häufig ein Muss sind. Das Problem wird deutlicher, wenn aufgebaut werden soll.

Die Führungskräfte, denen wir heutzutage auf den Fluren der Unternehmen begegnen, stehen mit einem Bein in jedem Lager. Wenn es gut läuft, glauben Sie an das Neue, das Engagierende, Gleichwertigere und das Schaffen von Vertrauen in Beziehung zum Mitarbeiter. Wenn es schlecht läuft und sie unter Druck stehen, fallen Sie in ihre alten Führungsmuster zurück und tun mehr das, was sie früher getan haben. Unter Druck schlagen sie immer noch und verwenden Angst als Werkzeug der Kontrolle.

> Wenn eine Führungskraft Angst bekommt, geschieht es oft, dass sie zu den Mitteln greift, die sie selbst kennen gelernt hat.

Das nennt man Rückentwicklung und es ist eine natürliche psychologische Reaktion, wenn das Neue nicht als festes und integriertes Muster verankert ist. Wenn wir als Menschen unter starken Druck geraten, wenden wir die Strategien an, die uns früher im Leben geholfen haben. Wenn eine Führungskraft Angst bekommt, geschieht es oft, dass sie zu den Mitteln greift, die sie selbst kennen gelernt hat, als Eltern oder ein Vorgesetzter in einer vergleichbaren Situation waren. Die Regression äußert sich all zu häufig in Kritik, Angriff oder Nichtbeachtung – Verhaltensweisen, die zur Domäne des Stocks gehören. Diese Reaktionen entstehen, weil so viele Führungskräfte in einem Erziehungsparadigma aufgewachsen sind, in dem das der akzeptierte Ansatz zum Kind war. Wenn der Stock zu häufig und mit zu großer Gewalt eingesetzt wird, so zerstört dies das Vertrauen, stresst das Gehirn, erzeugt Unglaubwürdigkeit und schwächt das Engagement. Der Stock führt zu verminderter Funktionsfähigkeit, Angriffen oder einem Zurückziehen. Beschimpfung, Zurechtweisung, Nichtbeachtung, Demütigungen, Integritätskränkungen und die Androhung von Isolation und Absonderung sind Schläge. Der Stock kann Menschen antreiben, aber nicht in dem früheren Ausmaß. Er bewirkt meist verringertes Engagement und manchmal auch sich verschlechternden Selbstwert.

Das graue Gold

Ein Direktor hatte einen Brief vom gesamten Personal bekommen. In dem Brief stand, wenn die Führung nicht begänne, die Mitarbeiter einzubeziehen, und kein Plan zur Verbesserung des Führungsverhältnisses in Angriff genommen würde, werde man zum Vorstand gehen, um das Anliegen vorzubringen.

Diese Führungskraft gab mir ein Beispiel für ihren Führungsstil – ein Beispiel, das das Personal in seiner Argumentation verwendet hatte. Der Direktor hatte zusammen mit einem seiner leitenden Angestellten darüber gesprochen, einige Leute umzusetzen. Die beiden hielten eine Rochade zwischen den zwei Abteilungen für eine gute Idee. Als sie sich geeinigt hatten, beriefen sie ein Gespräch ein. Es zeigte sich, dass das Treffen nicht sehr viel mit einem Gespräch zu tun hatte, sondern eher eine Kommunikation in eine Richtung war. Dem betroffenen Mitarbeiter wurde kurz gesagt, worauf sich die beiden Führungskräfte geeinigt hatten. Er wurde gebeten, seine Sachen zu packen und in die neue Abteilung umzuziehen. Keine der betroffenen Abteilungen war informiert worden. Der leitende Angestellte ging zusammen mit dem Mitarbeiter in die neue Abteilung und teilte den Angestellten dort mit, dass sie jetzt einen neuen Kollegen bekämen.

Gleichwertigkeit bedeutet nicht „hier sind wir alle gleich."

Ich hatte ein gutes Gespräch mit dem Direktor. Wir sprachen darüber, dass es beim Führen nicht nur darum geht, Entscheidungen zu treffen, sondern auch darum, die Leute dazu zu bringen, sich zu engagieren. Er erzählte mir, dass er in einer anderen Zeit geschult worden wäre. Er sagte, dass er gut verstehen könne, was ich meinte, wenn ich davon spräche, „Leute dazu zu bringen, sich zu engagieren". Er hatte über das Führen bloß niemals auf diese Weise nachgedacht.

Das alte Führungsparadigma arbeitet über den Kopf, und das neue arbeitet über Kopf und Bauch. Der Kopf versteht, wenn du nicht zu Arbeit gehst und tust, was der Chef sagt, wirst du gefeuert und hast daher kein Geld, um Essen zu kaufen. Wenn der Bauch allerdings voll ist, schafft er es nicht, zur Arbeit zu gehen und einen sinnlosen Befehl auszuführen, nur weil der Chef es sagt.

Im Buch „Kierkegaard und Führen" beschreibt Kirstine Andersen, dass Gleichwertigkeit ein unantastbarer Wert im Kierkegaard'schen Universum war. Sie sagt aber auch, dass es schief gehen wird, wenn wir jetzt anfangen, „hier sind wir alle gleich" zu spielen. Es gibt und muss Unterscheidungen geben:

In dem Augenblick, in dem wir nach dem Prinzip der Gleichheit führen, wird das Besondere des Einzelnen ausgelöscht. Gleichheit ist nicht dasselbe wie Gleichwertigkeit. Die Gleichwertigkeit fordert, dass wir alle anderen Menschen mit Würde und Respekt behandeln – unabhängig von Status oder Rolle. Gleichheit hingegen bedeutet, dass wir alle gleich sein sollen – und das ist sowohl unmöglich als auch uninteressant.[5]

---

5 K. Andersen – 2006

Wir können somit sehr wohl gleichwertig sein, ohne gleich sein zu müssen. Gleichwertigkeit handelt weniger davon, nicht verschieden und auf verschiedenem Niveau sein zu dürfen, sondern mehr davon, wie wir aufeinander zugehen.

Beziehungen als Antriebskraft

Meiner Ansicht nach gibt es zwei Gründe, warum wir zur Arbeit gehen: Überleben und Anerkennung. Wir brauchen etwas zu Essen, Energie für den Körper und Energie für die Seele. Überleben und Anerkennung sind die beiden Dinge, die uns die Kraft zum Weitermachen geben.

Anerkennung ist die Antriebskraft hinter dem Führungsstil jeder Führungskraft und die Antriebskraft für diejenigen, die sie führt. Diese Aussage klingt vielleicht etwas dogmatisch, doch sie ist entscheidend. Ich habe diesen Gedanken in unzähligen Führungsgruppen untersucht und überprüft, komme aber immer wieder auf dieselbe unbeholfene Schlussfolgerung. Zu meiner Erleichterung habe ich festgestellt, dass diese Argumente bei weitem nicht nur von mir vertreten werden. Sie wurden schon früher vorgebracht und werden von Stimmen aus der Wirtschaft, der Philosophie und der Entwicklungspsychologie unterstützt.

Je mehr Angst und Apathie wir spüren, desto schlechter schneiden wir ab.

Der Vater des Kapitalismus, der Ökonom Adam Smith, hat in dem Buch „Theorie der ethischen Gefühle" folgende weisen Worte geschrieben:

Zu welchem Nutzen ist die ganze Mühe dieser Welt? Was ist der Sinn der Eitelkeit und der Ambitionen, des Strebens nach Reichtum und Macht und danach, etwas am Besten zu können? Die natürlichen Bedürfnisse zu befriedigen? Das kann man mit dem Lohn des am schlechtesten gestellten Arbeiters. Was ist dann der Zweck all dieses menschlichen Strebens, das man bessere Verhältnisse nennt? Seine eigene Antwort lautet wie folgt: bemerkt zu werden, Gegenstand von Aufmerksamkeit zu werden, mit Sympathie wahrgenommen zu werden, das Mitgefühl und die Unterstützung anderer zu haben, all das kann man sich aus seinem Streben erwarten.[6]

Der entwicklungspsychologische Ansatz untersucht die Ursachen, warum Anerkennung unsere innere und äußere Antriebskraft ist. Er liefert Erklärungen, die bis zum Beginn des Menschenlebens zurückreichen. Das kleine Kind

---

6 A. Smith – 1759

wird von Anfang an über die Anerkennung der Eltern zur Befriedigung eigener Bedürfnisse getrieben. Fürsorge ist die einzige Nabelschnur des kleinen Kindes zum Überleben. Im Kern unseres Selbstwerts liegt das Erleben, dass „die wichtigen anderen" in ihrer Art zu handeln zeigen, dass sie uns schätzen. Mit anderen Worten, Wertschätzung zeigt sich in der Art, wie wir zusammen sind, beziehungsweise in der Beziehung.[7]

Der Wert, der uns zugeschrieben wird, den wir erleben und den wir uns selbst in den Interaktionen mit denen geben, von denen wir abhängig sind, bestimmt, ob wir ein Gefühl des Selbstwerts erfahren.

Wenn wir keine lebenspendende Anerkennung und Bestätigung erhalten, ist dies auf der unbewussten, gefühlsmäßigen Ebene eng mit Entkräftung, Ausschluss und einer drohenden Isolation verbunden. Es sind schwerwiegende Kräfte, die hinter unserem Gefühl von Verbundenheit und Geborgenheit liegen. Früher waren wir vollkommen abhängig von der Liebe der Mutter und des Vaters sowie deren Fähigkeit, sie zu zeigen. Abweisung und drohender Verlust aktivieren im Grunde genommen unsere Todesangst. Das geschieht im buchstäblichen Sinn, indem ich kein Essen und keinen Schutz erhalte, doch auch deshalb, weil Isolation bedeutet, dass mein Selbst stirbt. Ich erfahre nicht mehr die lebenspendenden Beziehungselemente Kontakt, Spiegelung und Anerkennung.

Anerkennung zu bekommen, ist lebensnotwendig.

Das macht Zusammenarbeit und Wege, Anerkennung zu bekommen, lebensnotwendig. Wir arbeiten zusammen, damit wir von der wichtigen Person in der Beziehung authentische Rückmeldungen erhalten, damit wir uns sicher fühlen und spüren können, wer wir sind und was wir wert sind. Es entsteht eine Wechselwirkung zwischen dem, was wir zu uns selbst sagen, und dem, was andere zu uns über uns sagen.

Es sind nicht zwangsläufig große, traumatische Ereignisse, die für einen Mangel an innerer Anerkennung sorgen. Wir kennen und akzeptieren auch andere Ereignisse, die den Selbstwert potenziell herabsetzen: aufgestaute Trauer, der Vater, der die Liebe zu seinem Sohn nicht zeigen kann oder die Mutter, die depressiv ist und ihre Fürsorge vernachlässigt. Die Verringerung des Selbstwertes kann auch in der Hetze des Alltags passieren und ziemlich ernst werden, wenn sie sich häufig wiederholt. Durch die Wiederholung wird der Mangel zuletzt zu einem Muster.

Wenn das Kind von seinem Vater jeden Tag zu hören bekommt, dass er keine Zeit für das Kind hat, so wird dieses entkräftet. Wenn es jeden Tag erlebt, dass der Vater sich Zeit nimmt, auch wenn er das eigentlich nicht kann,

---

7 A. L. Schibbye – 2006

dann wird das Kind immer noch entkräftet, und zwar deshalb, weil der Vater das Kind nicht auf authentische Weise wählt und ihm damit zeigt, dass er es will. Der Vater opfert sich stattdessen. Wenn dasselbe in der Beziehung zur Mutter geschieht, entsteht ein inneres Loch – ein Loch, das auf einen Mangel an Selbstwert entwickelnder Anerkennung zurückzuführen ist.

Die Bedürfnisse Macht, finanzielle Sicherheit und fachliche Entwicklung gehören zu den Motivationsfaktoren, die häufig als Antrieb einer Führungskraft genannt werden. Ich betrachte all diese Bedürfnisse als obere Bedürfnisse, die auf ein tiefer liegendes Anerkennungsbedürfnis zurückgeführt werden können. Macht als Motivationsfaktor basiert häufig auf einer „Sieh mich"-Antriebskraft. Machtgier wird von der Angst getrieben, nichts zu sein, wenn man sich nicht in seiner Machtposition befindet. Diese Angst wird dadurch genährt, dass der Machtsüchtige unbewusst Angst davor hat, sich damit arrangieren zu müssen, dass er sich mit sich selbst begnügen muss, wenn er seine Machtposition nicht aufrechterhalten kann. Wenn wir Macht haben, sind wir etwas durch unsere Stärke – durch eine Stärke, die uns Status und Identität verleiht. All das hat mit Anerkennung zu tun.

> Es gibt die Anerkennung, die wir als Mensch bekommen, und die Anerkennung, die wir aufgrund dessen bekommen, was wir können.

Anerkennung ist das Bedürfnis und die Antriebskraft, die den Menschen an der Spitze der Bedürfnispyramide motiviert, und die der eigentliche Kern dessen ist, warum wir uns in Gruppen zusammentun und uns in Beziehungen zu anderen Menschen entwickeln.

Wir werden von einem Job durch den Ruf angezogen, den das Unternehmen genießt, und damit durch die Anerkennung, die dieser in uns selbst und in anderen hervorruft, und wir verlassen die Organisation wieder, weil wir nicht die Bestätigung bekommen, die wir suchen. Umgekehrt werden wir weiter angezogen und engagiert, wenn wir die Anerkennung bekommen, die wir benötigen.

Anerkennung, die wir durch Zusammenarbeit erreichen, gibt es in zwei Varianten. Es gibt Anerkennung, die wir als der Mensch bekommen, der wir sind, und Anerkennung, die wir aufgrund dessen bekommen, was wir können. Das Bedürfnis nach Anerkennung führt dazu, dass wir uns nach unserer Umgebung orientieren. Dafür, wie wir uns selbst bewerten, ist besonders die Anerkennung von den „wichtigen anderen" von Bedeutung. Die „wichtigen" oder „signifikanten anderen" sind Eltern, Pflegeeltern und andere Fürsorgepersonen – später im Leben auch unser Chef –, die eine Position als zentrale Person für unser Selbstverständnis einnehmen.

	Selbstvertrauen	Selbstwert
Von außen	Ich werde aufgrund dessen bewertet, was ich kann. Ich werde aufgrund meiner Fähigkeiten, Kompetenzen und den daraus abgeleiteten Handlungen anerkannt.	Ich werde als der gesehen, der ich bin. Ich werde aufgrund meiner Bedürfnisse, Gefühle und Gedanken und den daraus abgeleiteten Handlungen anerkannt.
Von innen	Ich erkenne mich selbst aufgrund dessen an, was ich kann.	Ich erkenne mich selbst als denjenigen an, der ich bin.

Abb. 4 Äußerer und innerer Zusammenhang der Anerkennung

Dieses Modell zeigt, dass Selbstvertrauen und Selbstwert zwei verschiedene gefühlsmäßige Größen sind und dass das Gefühl von der äußeren Anerkennung beeinflusst wird. Es gibt äußere Anerkennung, die wiederum für innere Anerkennung sorgt. Die innere Anerkennung kann sehr wohl andauern, auch wenn die äußere für gewisse Zeit ausbleibt. Sie kann auf lange Sicht jedoch selten ohne äußere Anerkennung aufrechterhalten werden. Anerkennung ist nicht einfach nur Anerkennung. Ihre Form ist entscheidend dafür, ob wir uns weiter in Richtung der anderen und deren Akzeptanz orientieren, oder ob unsere Suche nach innen geht – und von dort aus wieder hinaus zu den anderen. Der Mensch mit einem gesunden Selbstwert hat eine natürliche Bewegung von innen nach außen. Der Zugang zu sich selbst erfolgt fortlaufend von innen nach außen, wenn wir in unseren wichtigen Beziehungen anerkannt werden, weil wir derjenige sind, der wir sind, und nicht aufgrund dessen, was wir können. Menschen mit einer zu großen Orientierung auf das Selbstvertrauen neigen dazu, sich nach äußerer Anerkennung zu richten, weil ihnen das tiefer liegende Selbstwertgefühl fehlt.

Sich selbst auf der Basis dessen zu bewerten, was andere sagen, ist eine grundlegende Fähigkeit, die die Basis für Lernen darstellt. Es ist eine wichtige Fähigkeit, die essenziell dafür ist, dass wir unsere Fertigkeiten trainieren können. Sich selbst zu bewerten, ist ein Lernweg, der das ganze Leben über genutzt wird: zu Hause, in der Ausbildung und später im Beruf. Diese Fähigkeit wird geübt in den Notensystemen der Schule, in den Bewertungssystemen der Unternehmen, in den Mitarbeiterentwicklungsgesprächen und im bewertenden Leistungsgespräch mit unseren Kollegen und unserem Vorgesetzten. Diese Bewertung ist an sich nicht schlecht, weil sie Ergebnisse nach sich zieht, doch wenn sie nicht von einer selbstwertorientierten Anerkennung und einem selbstwertorientierten Verhalten aufgewogen wird, so kommt das

Gleichgewicht im Menschen schrittweise in Schieflage. Eine zunehmende Schieflage beeinflusst die Fähigkeit zu Selbstentfaltung, Engagement, Gleichgewicht und letzten Endes zum Erzielen von Ergebnissen. Daher steht beim Führen sehr viel auf dem Spiel, vielleicht mehr als die meisten Führungskräfte sich bewusst machen.

Lassen Sie mich ein Beispiel geben, das nichts mit Führung zu tun hat, das aber ebenso gut ein Thema aus einer Führungsgruppe sein könnte. Das Beispiel handelt davon, wie etwas zu meistern in Verbindung damit stehen kann, als der Mensch gesehen und anerkannt zu werden, der man ist.

Über das Gesehen werden

Irgendwann einmal arbeitete ich mit einer sehr talentierten Rockband. Sie hatten über eine Reihe von Jahren Probleme mit der Zusammenarbeit und der Motivation. Dafür gab es viele gute und logische Erklärungen, die zum Verwechseln denen ähnelten, die ich in vielen Führungsgruppen sehe. Irgendwann setze ich mich in einer Pause hin, um zu versuchen, direkt mit Anerkennung zu arbeiten. Ich ging zu einem Bandmitglied, das sich für seine Haltung nicht gesehen und respektiert fühlte. Der Mann wurde musikalisch hoch geschätzt, bewundert für seine Handhabung seines Instruments, es fiel ihm aber schwer, dafür anerkannt zu werden, wofür er als Mensch stand. Er war von Natur aus kritisch und stieß andere oft ab, weil er sie persönlich traf, wenn er versuchte, das zu bekommen, was er brauchte.

Er war aufgebracht und durcheinander und als ich mich ihm näherte, stand er unter dem Druck der gegenwärtigen Situation. Ich drückte meinen großen Respekt für sein Spiel und seine Fähigkeiten als Musiker aus. Sein Blick wurde ganz leer, und er schaute weg und zeigte deutlich, dass ihn das weder freute noch inspirierte. Ich versuchte, bestimmte Stücke zu loben, von denen ich wusste, dass Kritiker insbesondere sein Spiel hervorgehoben hatten. Er erklärte, dass das nett von mir wäre, dass er sich aber gerade ganz wo anders befände. Er ging weg. Ich ging ihm nach und sagte: „Ich verstehe, dass es dir im Moment nicht hilft, wenn ich dich lobe, aber du sollst wissen, dass ich sehe, dass du es schwer hast, und dass ich glaube, dass du von den anderen dafür anerkannt werden musst, wofür du in der Band stehst." Ich sagte, dass ich hoffte, er würde weiterhin kämpfen. Da hob sich sein Blick, und er begegnete meinem mit mehr Aufmerksamkeit und einem kleinen, schiefen Lächeln. Er wurde gesehen, und zwischen uns war ein Kontakt geknüpft.

Es ist gut, gelobt zu werden, und es ist schön, tüchtig zu sein, doch es ändert nichts an unserem persönlich gefühlten Wert, wenn wir uns im Grunde genommen nicht akzeptiert fühlen. So erzeugt es auch nicht die ausreichende und richtige sich entwickelnde Anerkennung. Potenzial wird abgebaut, wenn weder der Mensch selbst noch die wichtigen Personen um ihn herum ihm als dem Menschen, der er ist, begegnen.

Die Form von Anerkennung, auf die ich mich hier beziehe, erfordert Mut – den Mut, zu versuchen, sich selbst zu sehen, den anderen zu sehen und dem Ausdruck zu verleihen, was man sieht. Dazu gehört das Risiko, falsch gesehen zu werden.

Zwischen uns war ein Kontakt geknüpft.

Ich hätte im oben beschriebenen Beispiel die erste abschlägige Antwort als eine Entkräftung nehmen können. Das hätte ich wohl auch getan, wenn ich nicht gewusst hätte, dass es nicht hilft, die Kompetenz anzuerkennen, wenn ein Mensch sich nicht als derjenige respektiert fühlt, der er ist. Das tiefere Verständnis dafür, was gesagt werden muss, entspringt aus dem eigenen Selbstgefühl. Es hat damit zu tun, den eigenen Schmerz zu spüren, wenn wir nicht gesehen werden.

Man braucht also Mut, aber auch eine gewisse Selbsteinsicht und den Kontakt zu sich selbst, wenn die Führungskraft die doppelte Antriebskraft aktivieren soll. Das ist ein Doppelmotor, weil er sowohl Selbstwert als auch Selbstvertrauen erzeugt – eine Kraft, die eingehender im Kapitel „Selbstwertbasiertes Führen" beschrieben wird.

Zusammenfassung

Beziehung beinhaltet die Möglichkeit, im Vergleich zu dem, was wir heute erleben, bessere Ergebnisse zu erzielen. Andererseits gibt es eine Reihe von Konsequenzen, wenn wir die Beziehung beim Führen nicht ernst nehmen – negative Auswirkungen auf das Erzielen von Ergebnissen.

- Wir werden, fundamental gesehen, davon angetrieben, Anerkennung zu erhalten. Diese Zufuhr von Energie erhalten wir auf zwei Arten und Weisen: als Selbstvertrauen oder als Selbstwert. Die Gewichtung und die Art, wie wir die beiden erhalten, sind ausschlaggebend für unsere Fähigkeit, auf lange Sicht Ergebnisse zu erzielen, und für das Engagement, das hier und jetzt geschaffen wird. Das ist entscheidend dafür, ob wir mit Engagement und Energie angefüllt werden oder ob uns diese langsam entzogen werden.

- Als Konsequenz daraus, nicht die richtige Form von Anerkennung zu bekommen, ergibt sich ein fehlendes Sinngefühl. Uns fehlt eine tiefere Motivation, wenn wir nur dadurch geführt werden, dass wir eine Bestätigung dafür bekommen, was wir können. Es hilft nicht sehr viel, eindrucksvolle Visionen und Missionen zu entwerfen. Es geht um die Qualität der Beziehung.

- Es geht in Beziehungen um ein anderes Bedürfnis als das, was frühere Generationen hatten. Führungskräfte und Mitarbeiter sind heute auf der Jagd nach Selbstverwirklichung und Selbstaktualisierung. Wir wollen uns selbst entfalten. Wir leben an der Spitze der Bedürfnispyramide und kennen weder Hunger noch Not noch fehlende soziale Rechte. Wir fühlen uns nach außen hin geborgen, doch uns fehlt die innere Überzeugung, dass wir gut genug sind.

- Viele Führungskräfte erleben eine neue Form von Beziehung – eine Beziehung, bei der in Bezug auf zunehmende Ebenbürtigkeit sowohl ein Wunsch als auch eine Drucksituation existieren. Manchmal wird das damit verwechselt, dass es keine Ziele und Rahmenbedingungen geben soll. Führen bedeutet immer, die Leistung und zugleich auch die Beziehung zu führen. Das Problem in der Beziehung ist, dass der neue Mensch in uns selbst und in denen, die wir führen sollen, nicht dazu erzogen ist, Macht anzuerkennen. Führen muss daher durch Authentizität erfolgen. Das hebt die Führungskraft als Mensch heraus. Wer bin ich, und was will ich? Das werden die zentralen Fragen, wenn die Führungskraft ihren Führungsstil entfalten soll. Diese Entfaltung ist notwendig, wenn der Mitarbeiter sich ebenfalls entfalten soll. Das erzeugt eine Bewegung hin zu einer gleichwertigeren und kontaktvolleren Beziehung.

> Führen bedeutet immer, die Leistung und zugleich auch die Beziehung zu führen.

Kapitel 2

Auf Selbstvertrauen basierendes Führen

Die meisten von uns haben die Zeichen der Zeit erkannt und damit begonnen, sich in Richtung Selbstwertgefühl zu bewegen. Sie tun das, weil sie entweder ein inneres Verlangen oder eine Notwendigkeit dazu verspüren. Daraus ergeben sich zwei unterschiedliche Ansätze, von denen nur der von Innen kommende eine wirkliche Veränderung im Selbst und im Gegenüber bewirkt. Es funktioniert eben nur das, was authentisch ist. Die Leitbilder unserer Zeit signalisieren uns, dass wir uns Antriebskräften zuwenden sollten, die auf dem Selbstwert basieren, doch zu viele Menschen verstehen das falsch.

Entweder sie übernehmen nur eine Rolle oder sie missverstehen die eigentliche Bedeutung dieses Ansatzes und den damit einhergehenden notwendigen persönlichen Einsatz.

Der selbstwertbasierte Führungsstil wird so zu einem „Sollte"-Ansatz, und Menschen, die eigentlich nicht bereit dazu sind oder nicht über das notwendige Fundament verfügen, beginnen sich zu verhalten, als hätten sie den selbstwertbasierten Führungsstil verstanden und sowohl in das eigene Sein als auch in ihre Führungspraxis integriert. Er wird zu einer Vorführung, bei der wir zählen, wie oft wir am Tag meditieren können oder wie viele Coaches wir im Laufe unserer Karriere gehabt haben. Wenn wir nicht die inneren Gefühle von Ruhe, Selbstgenügsamkeit und Selbsterkenntnis haben, besteht die Gefahr, dass wir stattdessen so tun, als wären diese Gefühle vorhanden.

Die meisten von uns haben die Zeichen der Zeit erkannt.

Ein anderer Fehlschluss entsteht, wenn wir nicht verstehen, wie das selbstwertbasierte Individuum aussieht. Viele Menschen sehen hohen Selbstwert immer noch in einem engen Leistungskontext und glauben, dass der charismatische und überzeugende Selbstdarsteller ein Mensch mit hohem Selbstwertgefühl ist. Das ist allerdings oft nicht der Fall. Bei unseren Coachings erleben wir, dass diejenigen, die andere in den Schatten stellen, diejenigen mit dem niedrigsten inneren Selbstwertgefühl sind. Ein Mensch mit hohem Selbstwert ist nicht zwangsläufig der selbstsichere Komiker auf dem besten Sendeplatz im Fernsehen. Er ist nicht immer der gut ausgebildete, preisgekrönte Schauspieler oder der Nationalfußballspieler mit der großartigen Erfolgsbilanz. Viele Personen mit hohem Status haben Selbstwertprobleme und leben von der Bestätigung, die sie für das, was sie erreichen, bekommen. Sie geraten oft ins Stocken, wenn die äußere Anerkennung ausbleibt. Ihr Drang nach Selbstvertrauen bewirkt äußere Kontrolle ohne echte innere Bestätigung. Ihr Bedürfnis nach Selbstvertrauen versorgt sie mit einem außerordentlichen Antrieb, der sie dazu bringt, weiter zu gehen als die meisten anderen, um Außergewöhnliches zu erreichen und Anerkennung zu bekommen. Es kann vorkommen, dass eine Führungskraft ihre Position durch den Drang nach Selbstvertrauen erreicht hat, doch es ist die selbstwertbasierte Beziehung, die entscheidet, ob dieselbe Person in ihrer Karriere weiterkommt.

Wenn Ergebnisse nicht genug sind

Dieses Fallbeispiel beschreibt einen Entwicklungsprozess – eine Reise von einem durch Selbstvertrauen angetriebenen Olympiasportler zu einem Konzernchef mit einem überwiegend selbstwertbasierten Führungsansatz:

Ich bin ein Mensch, der von Kindheit an von hohen Ambitionen angetrieben wurde. Ich wuchs in Grönland auf, und als 14-Jähriger beschloss ich, Skiläufer zu werden. Aufgrund meiner Entschlossenheit und meiner hohen Ambitionen war ich in erster Linie darauf fokussiert, Ziele zu erreichen. Als 17-Jähriger zog ich nach Norwegen, wo die Rahmenbedingungen für mein Training besser waren.

Der Preis für meinen Tatendrang war, dass mir zunehmend die Fähigkeit zum Abschalten abhanden kam.

Angetrieben durch meinen Willen und eine innere Ungeduld nahm ich als Elitesportler mehrere Male an Weltmeisterschaften und drei Mal an Olympischen Spielen teil. Als ich mit Ende Zwanzig meine Karriere als Skiläufer beendete, brachte ich als gute Eigenschaften meine Willenskraft und meinen extremen Fokus auf Ergebnisse mit. Als 28-Jähriger wechselte ich dann in die Wirtschaft, und mir wurde schnell eine Führungsposition im Bereich Tourismus und Luftfahrt angeboten.

Ich legte mit einer Konzentration und einer Begeisterung los, die auf die Leute um mich herum abfärbten. Ich erreichte in den Positionen und Ehrenämtern, die ich übernahm, großartige Ergebnisse. Ich war sehr angespornt und konnte die Anerkennung spüren, die ich von anderen für meine Ergebnisse und die meines Teams erhielt. Ich wurde in meiner Region bekannt, und mein Tatendrang wurde in der Branche wahrgenommen. Das brachte mich mit Mitte Dreißig auf den Posten eines Geschäftsführers mit Verkaufsverantwortung für einen mehrere Millionen schweren Umsatz. Zu diesem Zeitpunkt begannen die Schattenseiten meines Führungsansatzes sichtbar zu werden. Sie waren schon früher aufgetaucht, doch es war mir gelungen, sie beiseite schieben, indem ich mich auf neue, interessante Herausforderungen stürzte. Der Preis für meinen Tatendrang war, dass mir zunehmend die Fähigkeit zum Abschalten abhanden kam, und das fing an, mir Probleme in meinem Privatleben zu bereiten. Obwohl ich sehr viel Wert auf meine Familie und nahe Beziehungen legte, waren es meist berufliche Herausforderungen und Problemstellungen, die meine Aufmerksamkeit in Anspruch nahmen. In Gedanken war ich permanent bei der Arbeit, und das Loslassen fiel mir schwer, doch es ging mir immer noch gut, solange ich mich bloß konzentrierte. Die Konsequenz war, dass ich mich im Grunde genommen selbst missachtete und davon angeregt wurde, äußere Ergebnisse und Anerkennung aus der Umgebung zu erreichen. Gleichzeitig musste ich mir eingestehen, dass sich das nicht mehr sinnvoll anfühlte. Ich hatte als Mensch und als Führungsperson viele großartige Ergebnisse erzielt. Die Suche nach neuen und größeren Zielen würde mir nicht das Gefühl von Sinnhaftigkeit geben, nach dem ich wirklich suchte. Ich musste mich etwas Neuem zuwenden. Ich stellte fest, wie viel Energie ich darauf verwandt hatte, „als dieser oder jener gesehen zu werden“ oder „Gelassenheit und Überblick zu signalisieren“, statt wirklich ich selbst zu sein. Als ich begann, das mehr Authentische zu suchen und dem treu zu sein, was ich als echte Werte erkennen konnte, wurde das Bedürfnis, zu imponieren und zu signalisieren, dass alles unter Kontrolle war, schrittweise geringer. Für mich war das der Anfang einer Wandlung. Ich hörte auf, mich wie eine Führungsperson zu benehmen und begann, eine Führungsperson zu sein – auch gegenüber mir selbst als Mensch.

Der Antrieb durch Selbstvertrauen beginnt häufig schon in frühester Kindheit.

Der Antrieb durch Selbstvertrauen beginnt häufig schon in frühester Kindheit. Wenn wir als Kinder zu hören bekommen, dass es an uns Dinge gibt, die unsere Eltern nicht sehen wollen oder nicht mögen, dann versuchen wir zusammenzuarbeiten. Diese Zusammenarbeit entfaltet sich auf vielerlei Weise, doch der zentrale Punkt ist, dass wir uns häufig dafür entscheiden, die Teile von uns abzuspalten, die nicht passen oder nicht gern gesehen sind. Die Abspaltung erfolgt völlig unbewusst und automatisch. Es handelt sich um Gefühle und Bedürfnisse, die nicht befriedigt werden und die zu etwas Falschem gemacht werden. Wir entscheiden uns somit dagegen, wir selbst zu sein – unsere Gefühle zu spüren – und ersetzen diese Gefühle durch Dinge, die wir tun. Wir entfernen uns so von dem in unserer Person begründeten Wahrnehmen und Handeln und beginnen, anders zu handeln, um das zu bekommen, was uns fehlt. Wir verlassen in den kritisierten Bereichen uns selbst und eignen uns Kompetenzen als Ersatz an.

Dieser Ersatz basiert nicht auf authentischen Gefühlen und Bedürfnissen, sondern gründet auf angeeigneten und nicht ganz integrierten Kompetenzen, die wir stattdessen vorzeigen. Diese Kompetenzen werden zu Rollen, in die wir schlüpfen, um die Anerkennung zu erhalten, die uns fehlt. Es gibt eine Art Raum in uns, der ausgefüllt werden muss, und wir füllen ihn mit einem Ersatz aus, wenn wir das, was wir wirklich benötigen, nicht bekommen können. Wir beginnen, all das als Baumaterial zu benutzen, für das wir gelobt werden, wir werden tüchtig, wir werden kompetent. Wir bauen unser Selbstvertrauen auf und erhalten aufgrund unseres Handelns Anerkennungsstimuli – ein Muster, mit dem wir im Erwachsenenleben fortfahren.

Selbstvertrauen ist nicht genug, wenn es Widerstand gibt

Die folgende Geschichte ist der Bericht eines Aufsichtsratsvorsitzenden. Sie handelt von einer durch Selbstvertrauen angetriebenen Führungskraft, die in die Klemme geriet und ausbrannte. Der Mann bekam nicht genug von dem Brennstoff, den man braucht, wenn man festsitzt. Er vergaß sich selbst zu fragen: Was will ich, und was ist gut für mich? Der Aufsichtsratsvorsitzende war letzten Endes gezwungen, ihn zu entlassen.

Der Vorsitzende glaubte, er hätte eine tüchtige, Ergebnisse erzielende Führungskraft angestellt – einen neuen Mann, der viele Erfolge im Gepäck hatte. Dieser Mann war über einen Headhunter geholt worden, um eine Abteilung, die schon über längere Zeit hinweg Minus machte, wieder auf den richtigen Kurs zu bringen. Er war dazu auserkoren worden, einen sogenannten Turnaround zu schaffen. Das Problem war jedoch, dass seine Abteilung von einer anderen Abteilung abhängig war, die zum selben Konzern gehörte. Der Konzerndirektor, der zwischen dem Aufsichtsratsvorsitzenden und dem Direktor der Abteilung saß, sah es als seine Aufgabe an, das Gesamtergebnis zu optimieren. Der Aufsichtsrat hingegen zielte darauf ab, in jeder einzelnen Abteilung schwarze Zahlen zu schreiben. Das hing nicht zwangsläufig zusammen, weil ein erhöhter Ertrag in der Verluste machenden Abteilung auf Kosten der Gewinn erzielenden Abteilung gegangen wäre. Der neue Direktor geriet in eine Klemme zwischen Konzerndirektor und Aufsichtsrat. Er formulierte nie eine eigene Strategie, sondern unterwarf sich stattdessen Budgets, die von

Kompetenzen werden zu Rollen, in die wir schlüpfen, um die Anerkennung zu erhalten, die uns fehlt.

der übrigen Direktion ausgearbeitet und vom Aufsichtsrat genehmigt worden waren. Sein Alltag wurde schwer. Er machte eine Gratwanderung und sollte Ziele mit Mitteln erreichen, die er nicht hatte. Er griff immer mehr an, war frustriert und resignierte schließlich. Er errang nur wenige Siege, und daher verging zwischen den Selbstvertrauen fördernden Ereignissen viel Zeit. Er handelte nicht aus sich selbst und den Interessen seiner Division heraus. Er gab es auf, den Konzernchef und den Aufsichtsrat zu beeinflussen. Er begann stattdessen, auf seine eigenen Leute einzuschlagen. Der Selbstwert, den er besessen hatte, ehe er in den Konzern kam, begann zu bröckeln. Er passte sich an, was dazu führte, dass er schließlich – nachdem er mehrere Jahre schwarze Zahlen versprochen hatte – entlassen wurde. Der Aufsichtsratsvorsitzende hielt ihn nicht mehr für den richtigen Mann. Das tat sowohl ihm weh als auch dem Vorsitzenden, der ihn angestellt hatte.

Viele werden vielleicht denken, dass dieser Mann schlechte Führungsqualitäten besaß, dass er nicht über die Situation aufgeklärt wurde, dass sie ihm nicht die richtigen Ziele vorgaben und nicht dafür sorgten, dass er Erfolg haben konnte. All das ist richtig. Allerdings läuft es in der Welt von Führungskräften selten optimal. Ich sehe auch eine andere Seite bei dieser Geschichte. Oft müssen wir selbst dafür sorgen, das zu bekommen, was wir benötigen. Wenn man als Direktor keine Strategie formuliert, an die man selbst glaubt, und nicht die Ressourcen und Freiheiten erhält, die man zum Lösen einer Aufgabe benötigt, dann ist es wichtig, dass man dies schnell feststellt. Wenn jemandem in einer solchen Situation klar wird, was los ist, sollte er Offenheit zeigen und keine Angst davor haben, seinen Hut zu nehmen. Bei dieser Art von Selbstverantwortung muss man sich selbst wählen, und das kann man nur mit einem gewissen Maß an intaktem Selbstwert.

Beurteilt und abgeurteilt zu werden, führt zu einem besonders starken und anhaltenden Schamgefühl.

Dreh- und Angelpunkt des vom Selbstvertrauen angetriebenen Menschen ist das Bewertende in der Beziehung. Wir alle kennen die Gefühle, die entstehen, wenn wir bewertet werden. Es ist wissenschaftlich erwiesen, dass im Gehirn die höchsten Kortisolwerte zu messen sind, wenn Stress durch zwischenmenschliche Beziehungen ausgelöst wird oder im Zusammenhang mit der Bewertung unserer Person in Gegenwart anderer steht. Diese Art von Bedrohung unseres Ansehens in den Augen anderer hat eine unglaublich große biologische Durchschlagskraft und wirkt so stark, als wäre sie lebensbedrohlich. Nicht personalisierte Tests werden schnell vergessen, doch beurteilt und abgeurteilt zu werden, führt zu einem besonders starken und anhaltenden Schamgefühl, schreibt Goleman.[1]

Lob ist nur das Gegenteil von Kritik. Die Angst vor der Kritik ist nur einen Katzensprung entfernt, und Lob hält am Bewertenden fest. Zu viel Bewertung erzeugt in unserem Inneren Löcher aufgrund von fehlendem Selbstwert. Diese Löcher wiederum unterstützen die Angst, zu verlieren und kritisiert zu werden. Wenn der Mensch nur daran gemessen wird, ob er fähig und kompetent ist, so entsteht eine innere Aushöhlung und Einspurigkeit. Das passiert leicht, wenn wir als Kinder Eltern haben, die selbst hauptsächlich diesem Weg folgen, und wir ihren Ansatz kopieren. Der übertriebene Aufbau von Selbstvertrauen führt dazu, dass wir nicht ohne Leistungsdruck sein können. Meine Identität wird mit dem gleichgesetzt, was ich kann, oder mit dem, was ich laut anderen kann. Viele von uns werden daher doppelt von Selbstvertrauen getrieben. Wir wollen vermeiden, dass das Gefühl von Selbstvertrauen ausbleibt (wir werden ausgeschimpft und fühlen uns wertlos), und wir versuchen dieses Gefühl zu erlangen (die großen und kleinen Glücksstimulationen, die ausgelöst werden, wenn wir Anerkennung erhalten). Die Antriebskraft ist zugleich ziel- und vermeidungsorientiert – Angst und Freude finden sich Seite an Seite.

Das Ziel löst die Belohnung aus, doch die Angst, die Belohnung nicht zu erhalten, ist immer dabei. Auf einem schwachen Selbstwert aufbauend weckt das unsere größte Angst – die Furcht vor Niederlage, Scham, Ausschluss und Isolation. Das ist ein sehr leistungsstarker Motor, der uns aber zugleich innerlich aushöhlt. Ein ausschließlich auf Selbstvertrauen aufbauender Führungsstil bringt eine Reihe von Störungen mit sich.

Kennzeichen des Selbstvertrauens

Die sich vor allem auf Selbstvertrauen stützende Führungskraft kann häufig durch mehrere der folgenden Beschreibungen charakterisiert werden:

• Erzielt Ergebnisse durch den Willen, Erfolg zu haben. Eine verbissene Konzentration, die häufig alles andere zur Seite schiebt, die aber auch für einen konzentrierten Einsatz sorgt.

• Misst sich die ganze Zeit an anderen und konkurriert mit anderen. Vergleicht sich selbst mit anderen. Ist häufig kritisch, sowohl sich selbst als auch

---

1 D. Goleman – 2006

anderen gegenüber. Wenn die tiefe innere Anerkennung ausbleibt, fällt es schwer, anderen Anerkennung zu schenken.

- Will lieber selbst leisten als mithilfe anderer. Will selbst gewinnen. Kann vielleicht gut delegieren und Verantwortung abgeben, kommt dann aber und verwirft die Sache oder beansprucht selbst einen Teil des Sieges.

- Schiebt die Schuld für ausbleibende Ergebnisse oft auf die Umgebung. Übernimmt die tiefere Verantwortung nicht selbst. Eine Art Opferrolle, wenn der Druck hoch ist. Eigene Fehler und Schwächen zu erkennen, fällt schwer, weshalb diese selten ausgeglichen und bearbeitet werden.

- Tendiert dazu, den Widerstand aufzugeben, wenn viele auf der anderen Seite sind oder der Druck zunimmt. Lässt die eigene Agenda fallen und passt sich an. Gibt die eigene Integrität auf und leidet dabei.

- Brennt in schwierigen Zeiten mit wenig Bestätigung des Selbstvertrauens aus und bricht zusammen. Dieses Phänomen beschreibt nicht nur Leute, die vor Stress zusammenbrechen, sondern auch Menschen, die weniger kraftvoll und energisch werden und den Schwung verlieren. Selbstvertrauen ist kraftvoll, wenn man es spürt, doch das Gefühl verschwindet schnell und muss immer wieder aufgefrischt werden.

- Ist oftmals zwei Personen. Der durch Selbstvertrauen angetriebene Mensch ist in privater, sicherer Umgebung die eine Person und in der Arbeit eine andere. Eine Maske oder Rolle, in die die Führungskraft schlüpft, weil sie es nie gelernt hat, in einem Leistungskontext sie selbst zu sein.

- Hat Angst davor, als nicht kompetent enttarnt zu werden. Möglicher Gedanke: „Wenn sie bloß nicht durchschauen, dass ich in Wirklichkeit nicht gut genug bin."

- Hat das Gefühl, in sich ein Loch zu haben. Ein Gefühl, nie wirklich gut genug zu sein. Muss die ganze Zeit den eigenen Wert beweisen. Da ist ein Loch, das immer wieder auftaucht, wenn Entscheidungen getroffen werden müssen – ein Sog weg von der objektiv gesehen besten Lösung. Nach heftigen Debatten oder Kämpfen wird die gute Lösung dadurch ersetzt, dass man sich auf einer Ebene annähert, auf der es darum geht, die eigene Position zu verteidigen und Exempel zu statuieren.

- Hat aus obigen Gründen Probleme, selbstwertbasierte Mitarbeiter zu binden und zu motivieren. Kommt besser mit Menschen zurecht, die auch eher durch Selbstvertrauen angetrieben sind. Oft haben sie es noch nie anders probiert, doch ihre Zusammenarbeit bringt große Mengen an Frustration und versiegendes Engagement mit sich.

Das Beunruhigende ist, dass das oben beschriebene Profil einer Führungskraft jeden Tag Ergebnisse für das Unternehmen erzielt, doch die Wirtschaft gleichzeitig jedes Jahr Millionen verliert. Ein Mensch mit diesem Profil leidet an einem inneren Mangel an Befriedigung, was allzu häufig zu suboptimalen Lösungen, irrationalen Entscheidungen und Demotivation führt. Diesen Persönlichkeitstyp gibt es in jedem Unternehmen oder als Charaktereigenschaft in den meisten von uns.

Das Erreichen von Zielen durch Selbstvertrauen

Bei dem Erreichen von Zielen wie Erfolg, Geld, Status und so weiter geht es um das Streben nach der Anerkennung, die man am Ende erfährt. Das Paradox ist, dass es so scheint, als wäre das Erreichen von Zielen ein wichtiger ausschlaggebender Faktor dafür, ob der durch Selbstvertrauen angetriebene Mensch beginnt, mehr selbstwertorientiert mit sich und anderen zu arbeiten.

Oder anders gesagt: Das Erreichen von Zielen, *Lob ist nur das Gegenteil von Kritik.* Akzeptanz und Anerkennung ist für uns durch Selbstvertrauen angetriebene Menschen häufig entscheidend dafür, ob wir uns dafür öffnen, unser Fundament stärker auf Selbstwert zu bauen.

Ich sehe immer wieder, dass das passiert, und ich habe es am eigenen Leib erlebt. Der Verlauf ist in diesem Buch an mehreren Stellen veranschaulicht und ist deutlich in dem zusammenfassenden Fallbeispiel im Kapitel „Selbstwertbasiertes Führen und Beziehung" geschildert.

Die Fallbeispiele zeigen zwei charakteristische Verläufe, die jedoch bei Erreichen des Endziels unterschiedliche Erlebnisse erzeugen. Beiden gemeinsam ist, dass der am Selbstvertrauen orientierte Mensch eine Person ist, die im übertragenen Sinn den harten Marathon des Lebens läuft. Er hat sich hohe Ziele gesteckt, und er hat die Vorstellung, dass er nach deren Erreichen endlich mehr an sich selbst denken kann. Es kann schwer sein, an diese Person heranzukommen, während sie auf dem Weg zu ihrem Ziel ist. Ihre Tür ist häufig geschlossen und verriegelt. Sie hält die persönliche, auf Beziehung basierende Begegnung auf Abstand – ein Muster, das sich erst nach Erreichen des Ziels ändert. Die konkreten Ziele sind unterschiedlich und hängen von dem Menschen dahinter ab, sind jedoch häufig messbare Größen und Ziele eines gewissen Kalibers. Beispiele können eine Vervierfachung des Umsatzes innerhalb von vier Jahren sein, das Aufkaufen eines Konkurrenten, ein Börsengang oder der Verkauf des Unternehmens.

Für die eine Führungskraft öffnet sich die Tür durch Erreichen des Ziels. Sie erlebt vielleicht zum ersten Mal in ihrem Leben eine Erlösung und kann anfangen, eigene Bedürfnisse und tiefere Gefühle zu spüren. Sie fühlt endlich, dass sie sich für gut genug hält. Sie akzeptiert sich selbst als die Person, die sie hier und jetzt ist, weil sie sich ihren Wert bewiesen hat. Sie spürt die Anerkennung aller, und häufig kann sie genau dann anfangen, Anerkennung in sich aufzunehmen. Sie verspürt nicht nur Anerkennung für das, was sie aufgrund ihrer Kompetenzen erreicht, sondern auch Anerkennung dafür, was für eine Person sie ist – eine Anerkennung ihrer inneren Antriebskräfte und der damit verbundenen Freuden und Kosten. Sie wird von sich selbst gesehen. Sie beginnt, sich nach innen zu orientieren, erkennt Gefühle und findet Zugang zu eigenen Bedürfnissen. Sie hat sich selbst freigemacht und beginnt einen Prozess, der Selbstwert aufbaut. Mit der neu gewonnenen Selbstanerkennung richtet sich die Antriebskraft in ihr nach vorn.

> Ich erkenne die Verantwortung für die Erfüllung meiner Bedürfnisse.

Für die andere Führungskraft geht das Licht aus. Alles schmeckt bitter, oder es wird grau und dunkel. Sie sieht ein, dass sie nie das bekommt, was sie sucht, wenn sie das tut, was sie tut. Sie wird enttäuscht, weil der Job nicht mehr Inhalt und Sinn bietet. „War das wirklich alles?" Das, wovon sie glaubte, dass es sie glücklich machen würde und ihr Anerkennung bringen würde, fühlt sich nicht wie erwartet an. Das, was eigentlich der Höhepunkt hätte sein sollen, bleibt aus. Stattdessen macht sich ein hohles, leeres Gefühl breit. Für einige leistungsorientierte Menschen ist dies der Startschuss, das Tor von innen zu öffnen, weil sie ihre Verantwortung für die Erfüllung der eigenen Bedürfnisse erkennen. Sie fangen an, nach dem zu streben, was sie in der Beziehung zum anderen vermissen. Die durch Selbstvertrauen angetriebene Person beginnt, das zu tun, was für sie selbst gut ist, und nicht mehr das, was sie für gut hielt.

Das Erreichen meiner eigenen Ziele

Ich habe das selbst durchgemacht. Ich war auf einer Reise, um meinen eigenen Wert zu beweisen. Ich gründete ein Unternehmen und verfolgte gemeinsam mit einem Partner ambitionierte Vision. Wir wollten innerhalb von drei Jahren an die Börse, und wir gaben 25 staunenden jungen Menschen Aktienoptionen. Die meisten von ihnen schüttelten den Kopf, blieben aber dabei. Wir besaßen eine enorme Antriebskraft, und die Stimmung war gut. Ich sah eine Möglichkeit, dass wir es schaffen konnten, hatte aber auch große Angst davor, es nicht zu schaffen.

Fünf Jahre lang arbeitete ich Tag und Nacht. Am Ende waren wir 250 Mann, und wir verkauften alles an ein Unternehmen, das börsennotiert war. Ich war gerade mit der Handelshochschule fertig geworden, als ich mein eigenes Unternehmen gründete. Ich war unerfahren, verwirrt über meine Antriebskraft und brauchte Hilfe beim Führen.

Im Verlauf dieses Prozesses fusionierten wir ein paar Mal, und ich bekam einen Coach zugeteilt. Ich spürte einen starken Drang, alle Menschen von dem fernzuhalten, was mein eigentliches Problem war. Ich lief ausschließlich, um das Ziel zu erreichen und um die endgültige Anerkennung zu spüren, dass ich gut war. Als wir das Ziel erreichten, spürte ich ein Gefühl von Freiheit und brach zusammen. Ich war reich, was Geld betraf, aber immer noch nicht glücklich. Ich war zu müde, um weitermachen zu können, und ich verschwand durch die Hintertür. Das war zwar kein besonders heldenhafter Abgang, aber der einzige, den ich mir zutraute.

> Einseitiges Fokussieren auf Selbstvertrauen erzeugt eine innere Aushöhlung im Menschen.

Die neuen Eigentümer waren von meinem Abtauchen nicht begeistert. Es war keine angenehme Zeit, weder für sie noch für mich. Ich hatte ein Gefühl erlebt, und ich wollte keine Führungskraft mehr sein. Ich spürte ein anderes Bedürfnis in mir. Zum zweiten Mal in meinem Leben wählte ich mich selbst. Wenn ich sage, dass das zum zweiten Mal geschah, so deshalb, weil ich meine, als Kind ein besseres Gespür für mich selbst gehabt zu haben – ein Gespür, das ich beim Eintritt ins Erwachsenenleben verloren und geopfert hatte.

Das tue ich nie wieder. Das habe ich gelernt, und ich habe die Tür zu einem neuen Leben geöffnet. Wenn ich den ganzen Prozess Revue passieren lasse, kann ich erkennen, dass der Coach, der mir zugeteilt worden war, nie eine reelle Chance erhielt. Ich wollte mich nicht öffnen. Wir hatten als Führungsgruppe eine Reihe von Treffen, bei denen wir uns in ein Ferienhaus begaben und uns mit den lebensgeschichtlichen Ereignissen, die uns geformt hatten, konfrontierten. Wir rangen mit den Antriebskräften, die hinter dem steckten, was wir zusammen erreichen wollten. Das war für mich weitaus wirkungsvoller. Ich konnte die anderen spüren, ihre Spaltung erkennen, aber auch ihre Hinbewegungen zu dem, was wir zusammen schaffen wollten – etwas Neues und Besseres, das uns nicht festlegte, sondern Engagement und Potenzial freisetzte. Das war sinnvoll. Wir schafften ein Stück des Wegs, doch mir gelang es nicht, ein Gleichgewicht in mir selbst zu schaffen. Ich war zu unreif und zu eifrig. Ich investierte nicht ernsthaft in das zwischenmenschliche Beziehungsfeld und in mich selbst. Ich wollte nur das Ergebnis. Die paar Male, bei denen wir Prozessarbeit in unserer Führungsgruppe machten, war der Effekt enorm, und zwar in Form von Selbstverpflichtung, Engagement, Gemeinschaftsgefühl und Zusammenhalt, aber das wurde nicht gepflegt. Zu diesem Zeitpunkt wusste ich es nicht besser.

> Es geht um ein Gefühl, als Mensch von Wert zu sein und nicht nur eine Ressource zu sein.

Meine eigene Reise ist ein Prozess, der mir seitdem von vielen Führungskräften in verschiedenen Versionen erzählt worden ist. Ich habe mich auf dem psychologischen und therapeutischen Feld weitergebildet. Ich musste mit meinen eigenen Mustern arbeiten und glaube heute, den Unterschied zwischen meiner eigenen Geschichte und derjenigen, der ich gegenübersitze, sehen zu können. Als ich begann, als Coach von Führungskräften zu arbeiten, konnte ich das anfangs nicht. Menschen, die damit arbeiten, anderen Menschen zu helfen, verdienen ihr Geld häufig mit ihrer eigenen Geschichte. Die Energie holen wir uns dadurch, dass wir beim anderen gern das besser machen wollen, was bei uns selbst nicht gut war. Man wird nie ein guter Therapeut von Menschen, wenn man nicht selbst etwas gehabt hat, was behandelt werden musste. Doch es reicht nicht aus, das Bedürfnis zu haben, man muss auch danach handeln. Die persönlichen Themen müssen bearbeitet werden, ehe man ernsthaft an den Themen anderer arbeiten kann.

Es ist die gleiche Reise – ob sich jemand vom Studenten zu einer durch Selbstvertrauen angetriebenen Führungskraft und anschließend zum Coach für Führungskräfte weiterentwickelt oder ob auf die beiden ersten Stationen die Wandlung zu einer selbstwertbasierten Führungskraft folgt. In beiden Fällen geht es darum, heim zu sich selbst zu kommen. Es geht darum, sich selbst zu wählen beziehungsweise um die Wahl zwischen zwei Toren – zwischen dem selbstwertbasierten Eingang und dem durch Selbstvertrauen angetriebenen Weg.

Vielleicht ist das Erreichen von Zielen der Sinn der extremen Leistungs-orientierung. Wir schaffen das, was wir uns wünschen. Indem wir das Ziel erreichen, bekommen wir das, was wir angestrebt haben, und erleben zusätzlich noch das Gefühl, dass wir gut sind. Die Leistungsorientierung basiert auf einem Durst nach innerer Anerkennung – einem Durst, den viele von uns vielleicht früh im Leben gehabt haben. Ein Ziel zu erreichen, ermöglicht uns einen Einblick in uns selbst. Um zu dieser Tür zu gelangen, müssen wir bisweilen sehr weite Umwege gehen. Andererseits kann man der Ansicht sein, dass dies die einzige Reise ist, deren Antritt sich wirklich lohnt.

Zusammenfassung

Die auf Selbstvertrauen basierende Selbstführung kann großartige Ergebnisse erzielen. Das passiert sowohl im Wirtschaftsleben als auch in der Welt des Sports und der Kunst. Das Problem ist, dass dieser Ansatz hauptsächlich mit Leistung und der Anerkennung für diese Leistung arbeitet – mit einer Anerkennung, die zu Glücksgefühlen und verdientem Wohlbefinden führen kann. Diese Anerkennung kommt sowohl von Menschen im Umfeld der Person, die die Leistung sehen, als auch von innen, indem die Person selbst das Gefühl verspürt, kompetent und gut zu sein. Leider ist dieses Gefühl oft nur von kurzer Dauer. Somit sind wir gezwungen, uns immer wieder zu versichern, dass wir es können. Und manchmal können wir einfach nicht. So geht es den meisten, und das erzeugt die Angst zu versagen – eine Angst, die immer hinter der Freude am Gewinnen steckt, und die uns daran erinnert, dass die Freude ausbleiben kann, was uns noch weiter antreibt. Der wirklich durch Selbstvertrauen angetriebenen Person passiert es sehr selten, dass sie versagt. Die Angst vor dem Versagen ist ganz einfach zu groß, und die Antriebskraft, die wichtige Anerkennung zu spüren, überschattet alles andere. Wir haben es hier mit einem verbissenen Schaffer von Ergebnissen zu tun.

Das Problem ist, dass die Beziehung unter der einseitigen Antriebskraft leidet, und dass dies beim Führen Konsequenzen für das Erzielen von Ergebnissen mithilfe anderer hat.

- Bis heute haben wir beim Führen hauptsächlich auf die Kraft des Selbstvertrauens gebaut. Das ist die Antriebskraft, die hinter Leistungskultur, Messen, Wiegen und Nachfassen steckt.

- Ein einseitiges Fokussieren auf Selbstvertrauen erzeugt jedoch eine innere Aushöhlung im Menschen, weil etwas fehlt. Lob ist nur das Gegenteil von Kritik. Lob hält am Bewerten und an einer Art eifrigen Fleiß fest.

- Die durch Selbstvertrauen angetriebene Führungskraft ist nicht gut darin, den neuen Menschen zu führen. Sie hat eine Reihe negativer Eigenschaften. Andererseits erzielt eine solche Person auf ihrem Weg durch das System Ergebnisse und auf den Antrieb, den Selbstvertrauen für das Erzielen von Ergebnissen liefert, kann das Wirtschaftsleben nicht verzichten.

- Es kann schwer sein, mit der sehr auf Selbstvertrauen fokussierten Person in Verbindung zu kommen. Sie ist einseitig fokussiert und darauf konzentriert, das Ziel zu erreichen. Erst nach Erreichen des Ziels kann sie wieder anfangen, darüber nachzudenken, wie es ihr selbst geht.

- Durch das Erreichen von Zielen öffnet sich eine Möglichkeit, sich selbst anzuerkennen. Das Gefühl, jetzt gut zu sein, kann der Eingang zu einem mehr selbstwertorientierten Ansatz im Leben und in der Führung sein.

Wenn die Führungskraft damit zufrieden ist, eine Ressource zu kaufen und eine Leistung zu erhalten, die dem entspricht, was im Vertrag steht, so reicht es aus, beim Führen mit dem auf Selbstvertrauen basierenden Ansatz zu arbeiten. Wenn sich die Führungskraft hingegen aufrichtiges Engagement und tiefere Verantwortlichkeit wünscht, so ist mehr gefragt. Der Mitarbeiter muss spüren, dass er nicht nur wegen seiner Fähigkeit, eine Aufgabe zu lösen, beschafft wurde, sondern auch wegen seiner Fähigkeit, eine Aufgabe als derjenige zu lösen, der er ist. Es geht um ein Gefühl, als Mensch von Wert zu sein und nicht nur eine Ressource zu sein.

Kapitel 3

Selbstwertbasiertes Führen

Der französische Philosoph René Descartes, der im 17. Jahrhundert lebte, hat unsere Vorstellung, wie der Mensch zusammengesetzt ist, bis in die moderne Zeit hinein beeinflusst. Für Descartes war die Seele beziehungsweise das menschliche Bewusstsein vom Körper getrennt. Das Bewusstsein, das aus unseren Gedanken besteht, gibt es im materiellen, räumlichen Sinn nicht, den Körper hingegen schon, da er physisch im Raum sichtbar ist. Für Descartes war die Vernunft rein und erhaben, während er Gefühle ausschließlich als negativ auffasste. Sie drohten, die Denktätigkeit zu lähmen und zu verwirren. Gefühle wurden als etwas betrachtet, das das vernunftbetonte Denken störte.[1] Das ist ein Ansatz, den Menschen zu sehen, der das Führen bis weit in die neuere Zeit geprägt hat. Diesen Ansatz gibt es immer noch, auch wenn wir heute wissen, dass Gedanken und Gefühle eng miteinander verbunden sind. Gefühle haben eine grundlegende Bedeutung für das gesamte menschliche Lernen und die menschliche Entwicklung. Ein Gefühl wie „Interesse" erhöht laut den Psychologen Brodin und Hylander die Aktivität im Gehirn, so dass die Denktätigkeit verbessert wird, während „Schamgefühl" die Verbesserung der Denktätigkeit verhindert. Wir halten ein neues Wissen in der Hand, das intuitiv schon sehr lange gewirkt hat.

Daniel Golemans Buch über emotionale Intelligenz aus dem Jahr 1995 hat uns sehr die Augen für das Führen als Disziplin geöffnet – ein Buch, das den Unterschied zwischen der auf einer IQ-Skala gemessenen Intelligenz und der emotionalen Intelligenz in den Mittelpunkt rückt. In seinem Buch bezieht sich Goleman auf den Psychologen S. Zuboff von der Harvard University, der sagt, dass Unternehmen in diesem Jahrhundert eine radikale Revolution durchlebt haben: „Die aggressive Führungskraft symbolisiert den Ort, an dem sich die Unternehmen befunden haben; der Virtuose, der die interpersonellen Fertigkeiten beherrscht, ist die Zukunft der Unternehmen."[2]

Irvin D. Yalom, der Stammvater der existenziellen Psychotherapie, schreibt in seinem Buch „Der Panama-Hut", dass zu der Zeit, als er sich als gerade fertig ausgebildeter Therapeut orientieren sollte, Karen Horneys Buch „Neurose und menschliches Wachstum" aus dem Jahr 1950 eine große Hilfe für ihn war.

---

1 M. Brodin und I. Hylander – 2002
2 D. Goleman – 1995

Für ihn war das Wichtigste in diesem Buch die Vorstellung, dass der Mensch einen in sich wohnenden Drang zur Selbstverwirklichung hat: „Wenn alle Hindernisse beseitigt wurden, wird sich das Individuum laut Horney zu einem reifen Erwachsenen entwickeln, der sich selbst verwirklicht hat, so wie eine Eichel sich zu einer Eiche entwickeln wird."[3] Wir haben einen inneren Drang und eine innere Antriebskraft, die bewirkt, dass wir, wenn alle Hindernisse aus dem Weg geräumt worden sind, uns selbst suchen und uns zu entfalten versuchen. Das ist ein befreiender Gedanke, den man auch in anderen Werken als These findet, unter anderem bei Maslow und Nietzsche.

Wir leben in einer Zeit, in der wir unsere innere „Eichel" suchen, und hieraus erwächst über 60 Jahre nach Veröffentlichung von Karen Horneys Buch das Coachingparadigma. Doch wir leben auch in einer zunehmend einsamen und sinnentleerten Zeit, in der Therapie und Coaching bisweilen den menschlichen Kontakt ersetzen. Ein Kontakt, der, wenn wir dies wollen, in der Führungs-, Team-, Freundschafts- und Familienbeziehung geschaffen werden kann. Das ist ein Aspekt, der in zunehmendem Maß wichtig beim Führen ist. Die Bewegung hin zum Sinnorientierten ist eine Entwicklung im Führen, bei der es lohnt, sich Erfahrungen aus der Einzel- und der Gruppentherapie näher anzusehen. Die Führungskraft benötigt Einsichten, die den Kontakt verstärken und ein besseres Vertrauensfundament schaffen. Wie bereits erwähnt, lautet die Alternative, dass die Führungskraft in steigendem Maß vom Mitarbeiter abgewählt wird. Kontakt in der Beziehung ist ein Bereich, mit dem Psychologie und Therapie schon lange arbeiten. Die Beziehungsform ist die einzige Therapieform, die heute quer durch all die verschiedenen therapeutischen Schulen eine nachweisliche therapeutische Wirkung attestiert bekommt.[4]

Das sind Erfahrungen, die wir in diesem Buch einbeziehen. Wir verwenden die Bezeichnung „selbstwertbasiert" als Beschreibung für eine sich entwickelnde Beziehungsform. Das ist ein Begriff, der die Absicht betont, einen Selbstwert entwickelnden Kontakt zu schaffen – einen Zugang zu sich selbst und zum anderen, der bewirkt, dass beider Selbstgefühl und Selbstwert Entwicklungspotenzial haben. Das ist ein dialektischer Begriff. Er handelt von einer Führungskraft, die sich darauf konzentriert, die Bedürfnisse des anderen zu sehen, und die dasselbe für sich selbst tut. Dies wird als schöpferischer und sinnvoller Kontakt erlebt.

Wir verwenden in diesem Buch auch die Bezeichnung „Selbstgefühl". Es gibt einen Zusammenhang zwischen Selbstvertrauen, Selbstwert und Selbst-

---

3 I. D. Yalom – 2004
4 I. D. Yalom und M. Leszcz – 2005

gefühl. Der Zusammenhang zwischen Selbstvertrauen und Selbstwert scheint nur in eine Richtung ausschlaggebend zu sein.

Das bedeutet: Wir erhalten nicht zwangsläufig einen besseren Selbstwert, wenn wir tüchtig sind, aber umgekehrt sieht es so aus, als würde sich unser Selbstvertrauen verstärken, wenn unser Selbstwert zunimmt. Das Erhöhen des Selbstwerts beinhaltet die Nutzung des Selbstgefühls, um zu spüren, was wichtig ist. Das Selbstgefühl ist die Fähigkeit, eigene Bedürfnisse und Gefühle zu registrieren. Das Selbstgefühl ist daher eng mit dem Selbstwert verbunden. Siehe untenstehendes Modell.

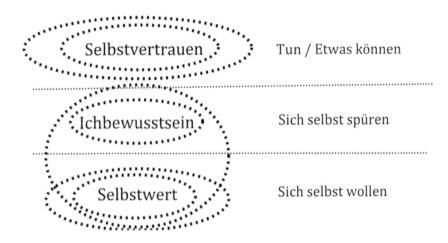

Abb. 4-1: Drei Gefühlsebenen

Das Selbstgefühl wird in der Beziehung abgestimmt. Seine Kommunikation erfolgt über mehrere Kanäle gleichzeitig. Wir zeigen Gefühle mit den Ausdrucksmöglichkeiten unseres Körpers, die zeigen, wie es uns geht. Da sind das Lächeln, die Falten auf der Stirn, die flackernden Augen. Wir kleiden das, was wir fühlen, in Worte, und die Betonung und der Klang der Wörter senden ein Signal aus. Wenn die Stimme unsicher ist, liest der andere Unsicherheit heraus. Wir lesen gleichzeitig den anderen und sehen, ob unsere eigene Gefühlslage empfangen und verstanden wird. Der andere wird von unserem Gefühl angesteckt. Wenn wir nachhallende Rückmeldungen über uns selbst erhalten, dann erhöht sich unsere innere Anerkennung des eigenen Gefühls. Wenn wir Gedanken, Gefühl und Handeln in Einklang bringen, entsteht Authentizität.

Grundsätzlich kann man sagen, dass es bei der menschlichen Entwicklung eigentlich darum geht, alle drei Kreise in dem oben stehenden Modell zu entwickeln. Wir können unser ganzes Leben lang unser Selbstvertrauen, unser Selbstgefühl und unseren Selbstwert erhöhen. Es gibt keine Obergrenze. Wenn wir Prioritäten setzen müssen, dann ist jede Stunde, die wir in die Entwicklung von Selbstwert investieren, besser ausgegeben als jede Stunde, die wir in die Entwicklung von Selbstvertrauen investieren. Dieses Grundprinzip basiert darauf, dass Selbstvertrauen dazu tendiert, dem erhöhten Selbstwert zu folgen.

Das Basieren auf dem Selbstwert ist in der Abbildung mit den drei Gefühlsebenen im Beziehungskontext zu sehen. Führungskraft und Mitarbeiter profitieren von einem eher gegenseitigen Ansatz und zwar deshalb, weil das, was man vom anderen wiederbekommt, von lebenswichtiger Bedeutung für die eigene innere Wertschätzung sein kann. Es geht darum, in Beziehungen zu denken.

Selbstwert und das Abdecken von Bedürfnissen

Selbstwert hat eine existenzielle Dimension, weil das Selbstwertgefühl während des Lebens zu- und abnimmt. Wenn ich danach strebe, meine Bedürfnisse zu befriedigen, muss ich damit zurechtkommen, wenn mir das nicht gelingt. Das kann weh tun. Manchmal treffe ich im Leben auf Situationen, die meinen Selbstwert schwächen, andere Male wird er aufgebaut. Es ist häufig lebensbejahend, dafür zu arbeiten, den eigenen Wert zu spüren, aber das Leben kann uns auch das Leben nehmen. So sind die Bedingungen des Lebens. Das Existenzielle hat damit zu tun, das Leben selbst zu spüren, mit allem, was es an Furcht, Sorge, Enttäuschung, Freude und Glück mit sich bringt. Es geht um das Gefühl, sein Leben zu leben, das entsteht, wenn man als man selbst lebt und als jemand, der sich als wertvoll erlebt – gemeinsam mit anderen, die sich ebenfalls als wertvoll erleben in einer Welt von sich auflösenden und sich erfüllenden Beziehungen.

Wir haben einen inneren Drang, der bewirkt, dass wir, wenn wesentliche Hindernisse aus dem Weg geräumt sind, uns zu entfalten versuchen.

Die Existenz erzeugt eine Bewegung im Selbstwert. Gefühle haben mit Bewegung zu tun. Gefühle werden manchmal als Emotionen bezeichnet. Das Wort „Emotionen" hat seinen etymologischen Ursprung im lateinischen Verb movere, das „sich bewegen" bedeutet. Ohne Gefühle wären wir unbeteiligt oder neutral. Die Gefühle sagen uns, was gut tut und was weh tut. Sie erzeugen Empfindungen, die ein Interesse für das, was wir als gut für uns erachten, wecken. Interesse bringt uns dazu, uns in die Richtung von etwas zu bewegen, das wir haben, erlernen oder erforschen wollen. Interesse entsteht aus dem Wunsch, Bedürfnisse abzudecken. Hier wird Beziehungsmanagement zu einer zentralen Kompetenz, die dazu beitragen soll, Interessen in den Mittelpunkt zu rücken. Die Führungskraft soll Interesse sowie die darunter liegenden Bedürfnisse, die dieses Interesse aktivieren, stimulieren. Es geht darum, zu unterstützen, dass der Mitarbeiter gesehen, gehört und anerkannt und herausgefordert wird.

Die Reaktion des anderen auf das, was wir tun, und das, was wir sagen, unterstützt einen selbstreflektierenden Teil in uns selbst – einen Teil, der davon handelt, was ich über mich selbst weiß, sowie Reflexionen darüber, was ich mit meinem Wissen anfange. Wir brauchen andere, damit wir die nötige Präzisierung erhalten, was uns fehlt und was wir für uns selbst tun müssen, wenn wir auf dem Holzweg sind. In der Beschreibung des „Selbstseins" werde ich auf den inneren Teil dieses Prozesses zurückkommen.

Wir erhalten nicht zwangsläufig einen besseren Selbstwert, wenn wir tüchtig sind.

Das Modell auf der nächsten Seite zeigt eine Reihe von Ebenen im Menschen. Je tiefer und genauer wir unsere eigenen Bedürfnisse und Muster kennen, wenn unsere Bedürfnisse bedroht werden, desto besser können wir aus uns selbst heraus reagieren. Dasselbe gilt für unser Wissen vom anderen und für das Verständnis für seine inneren Ebenen. Wenn wir bei uns selbst ungenau sind, reagieren wir häufig über unsere Emotionen. Das führt zu schwankenden Gefühlsausbrüchen – Reaktionen, die darauf beruhen, dass wir selbst nicht wissen, was wir eigentlich für Bedürfnisse haben, und die daher nicht auf einem genauen Selbstgefühl basieren. Wenn dies passiert, brauchen wir einen anderen, in dem wir uns spiegeln können. In vielen Arbeitssituationen kann dieser andere unsere Führungskraft oder ein guter Kollege sein.

Die erste Ebene des Modells ist das „Interesse". Jede schöpferische Aktivität und jedes schöpferische Lernen basiert auf dem Interesse, das dafür sorgt, dass Bewegung hin zu einem Ziel entsteht. Das Interesse erhöht die Intensität der Gehirnaktivität auf ein optimales Niveau. Der Gegensatz von Interesse ist Langeweile.[5] Wir reagieren auf der Grundlage eines übergeordneten Interesses, doch hinter der Reaktion steckt ein Gespür, das auf Gefühlen, Werten und anderen inneren Antriebskräften basiert. Manche Leute nennen diese schwachen Impulse „Bauchgefühl" oder „Fingerspitzengefühl". Diese Empfindungen steuern uns und sie können mehr oder weniger genau,

---

5 M. Brodin und I. Hylander – 2002

bewusst oder unbewusst sein. Je genauer sie beim Führen sind, desto besser. Umgekehrt ist es wichtig, zu wissen, dass ein Gefühl nie falsch sein kann. Es gibt keine falschen Gefühle. Das Gefühl ist für denjenigen, der es hat, immer authentisch, doch es kann eine verschleierte Annäherung an das eigentliche Bedürfnis sein.

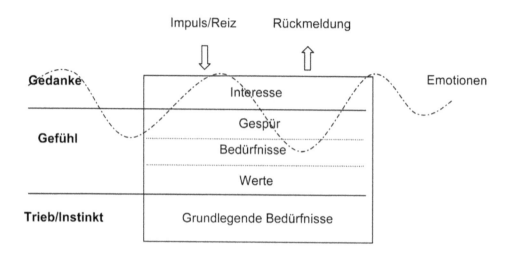

Abb. 5: Die inneren Ebenen[6]

Wenn Gefühle nicht falsch sein können, können wir ruhig alle Gefühle im anderen bestätigen. Doch wir müssen nicht jedes Verhalten des anderen akzeptabel finden. Das Gefühl ist akzeptabel, doch die Art und Weise, wie es zum Ausdruck kommt, kann total inakzeptabel sein. Um sicher zu gehen, dass wir den Unterschied erkennen können, müssen wir in den Menschen eintauchen und mehr von der Motivation hinter der Handlung verstehen.

Als Menschen haben wir eine Reihe von Grundgefühlen, die von tiefen Bedürfnissen und Trieben abgeleitet sind, wie sexuelle Bedürfnisse, Überlebenstrieb, Bedarf an Nahrung, Schlaf, Sicherheit, Liebe und Anerkennung. Die Grundgefühle können Freude, Zorn und Trauer sein. Wenn man sich die grundlegenden Gefühle bewusst macht und die Bedürfnisse befriedigt, wird ein positives Selbstverständnis und ein Gefühl von grundlegendem Vertrauen erzeugt.[7] So entstehen inneres Vertrauen und Selbst-Wertschätzung.

Das Maß unserer Sensitivität oder die Fähigkeit, uns selbst zu spüren, ist entscheidend. Das ist es, was wir Selbstgefühl nennen und was bestimmt, wie

---

6 Das Modell wurde inspiriert durch A. Maslow und M.B. Rosenberg
7 E.H. Erikson – 1971

gut unser Kontakt zu uns selbst ist. Fehlendes genaues Selbstgefühl erzeugt Frustration. Das kann sich in einem nach außen gerichteten Reagieren durch Rufen und Schreien äußern oder in einer nach innen gerichteten Kontrolle, die emotionale Gedanken konstant abzudämpfen oder zu verdrängen versucht.

Frustration bringt die auf Erinnerungen basierenden Gefühle mit sich, die bei früheren Erlebnissen mit ähnlichen Situationen gespeichert wurden. Wir verfügen somit sowohl über eine biologische, automatische Reaktion als auch über eine erinnerte Reaktion und lesen gleichzeitig die Reaktion des anderen ab. Das alles verdichtet sich zu einem Gefühlseindruck, der zu einem Ausdruck wird. Je besser wir diesen Gefühlsausdruck kennen, desto weniger wird er uns verblüffen oder den anderen überrumpeln und desto genauer wird die Reaktion auf das sein, was wir gerne haben möchten. Das erfordert manchmal einen guten Trainer als Spiegel – einen Trainer, der unseren Handlungen Grenzen setzen kann, ohne unser inneres Gefühl zu etwas Falschem zu machen.

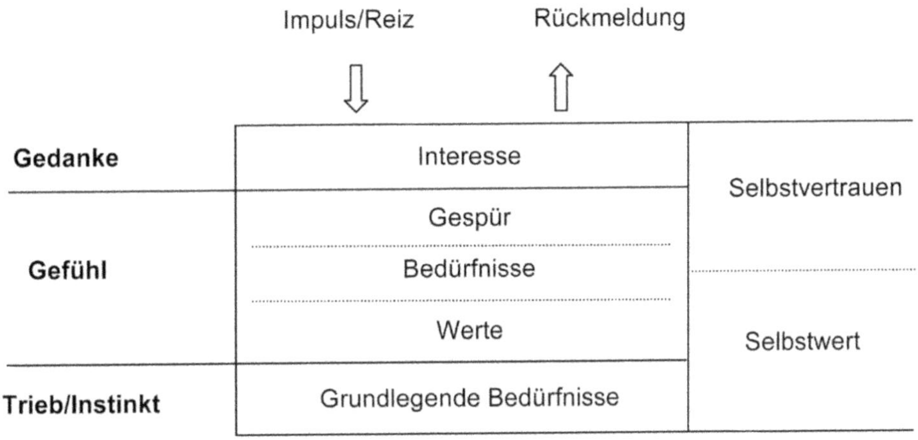

Abb. 6: Die inneren Ebenen mit Selbstwert und Selbstvertrauen

Das nebenstehende Modell zeigt, dass Selbstvertrauen ein oben liegendes Gefühl ist und dass Selbstwert ein tieferes Gefühl ist, dass an unser Grundbedürfnis nach Akzeptanz als diejenigen, die wir sind, gekoppelt ist. Wir haben das Bedürfnis, etwas zu können, doch es reicht nicht so tief wie das Bedürfnis, etwas zu sein. Unser Unterbewusstsein weiß, dass das Risiko, aus der lebenswichtigen „Familie" ausgestoßen zu werden, geringer ist, wenn wir als genau die Person, die wir sind, zu ihr gehören. Wir wissen auch, dass wir leicht ausgestoßen werden können, wenn wir nur dazu gehören, weil wir das können, was wir können. Die Frage ist also, ob wir aufgrund unserer Leistung, der Beziehung oder wegen beidem dazu gehören.

Diese inneren Ebenen sind zentrale Grundlagen, um zu verstehen, worauf selbstwertbasierte Führung eigentlich abzielt: Selbsteinsicht und Verständnis für sich selbst zu steigern und Beziehungen zu nutzen, um sich selbst und den anderen besser zu verstehen. Selbsteinsicht ist ein wichtiger Grund, warum es so wichtig ist, beim Führen zuzuhören. Der andere Grund hat damit zu tun, den anderen zu verstehen und das zu unterstützen, was Genauigkeit oder Klarheit im anderen entwickeln kann. Es geht darum, gegenseitig zu unter-

Wenn Gefühle nicht falsch sein können, können wir ruhig alle Gefühle im anderen bestätigen.

stützen, was den Selbstwert entwickelt, damit das Selbstvertrauen nicht der einzige Antrieb in der Beziehung wird. Wenn wir im Führen nur das Selbstvertrauen aktivieren, erhalten wir eine gewisse Leistung, verzichten aber auf die tiefe Motivation, die aus gegenseitigem Vertrauen und Verantwortungsgefühl füreinander entsteht.

Es ist nicht möglich, angemessener zu reagieren, es sei denn, man ist sich der eigenen Antriebskraft und der Bedürfnisse dahinter bewusst. Hier benötigen Führungskraft und Mitarbeiter ihre jeweilige Führungskraft oder ihren Kollegen. Sie sind es, die die Emotionen im Alltag spüren. Die wichtigen anderen in der Beziehung wissen häufig viel mehr über unsere inneren „Ebenen", als wir selbst glauben.

Die Begegnung mit sich selbst im anderen

Eine Führungskraft, die immer alles unter Kontrolle und im Griff haben wollte, erhielt einmal von einem Mitarbeiter die Rückmeldung, dass er Motivation und Engagement verlor, weil die Führungskraft die schweren Aufgaben selbst erledigte und dies häufig besser konnte als der Mitarbeiter. Der Mitarbeiter sagte ganz offen, dass er wisse, dass die Führungskraft von der Anerkennung angetrieben werde, und dass er bei dem Problem keinen Ausweg sehen könne, weil Menschen wohl so sind, wie sie sind. Doch der weitere Weg lag in einer gesteigerten persönlichen Einsicht, ausgelöst von dem Mut des Mitarbeiters, seinen Vorgesetzten zu konfrontieren.

Das Bedürfnis der Führungskraft bestand darin, die anderen dazu zu bringen, zu spüren, dass die Gruppe kompetent war und die Dinge unter Kontrolle hatte. Doch sie bemerkte oft, dass das Verantwortungsniveau fehlte, das sie selbst als Standard setzte. Daher übernahm sie die Dinge immer selbst. Als beide begannen, ihre zugrunde liegenden Bedürfnisse freizulegen, wurde klar, dass sie deckungsgleiche Interessen hatten – Interessen, die auf den ersten Blick völlig verschieden wirkten.

Der Mitarbeiter wollte, dass ihm Vertrauen entgegengebraucht wird und er Kompetenz und Kontrolle auf seine Weise zeigen darf. Es war ihm wichtig, eigene Erfahrungen zu machen, ohne von der Führungskraft aufgrund ihrer Vorstellung vom Optimalen als „falsch abgestempelt" zu werden. Umgekehrt hatte er auch das Bedürfnis, die Beweggründe der Führungskraft zu verstehen und zu erfahren, was die Führungskraft über seine Kompetenzen dachte, sowie Anleitung zu bekommen.

Frustration bringt die auf Erinnerungen basierenden Gefühle mit sich, die bei früheren Erlebnissen mit ähnlichen Situationen gespeichert wurden.

Für die Führungskraft war es wichtig, dass der Mitarbeiter Selbstvertrauen bekam und an seine eigenen Fähigkeiten glaubte, damit sie selbst entlastet werden konnte. Sie war ihrer eigenen Handlungsweise überdrüssig, konnte aber nicht aus ihrer Haut. Sie hatte ein hohes Kontrollbedürfnis und eine innere Furcht davor, die Kontrolle zu verlieren. Sie benötigte die Hilfe des Mitarbeiters, um besser darin zu werden, sich selbst und die Beziehung zu führen. Die Führungskraft kündigte an, dass sie es in Zukunft mitteilen würde, wenn sie unruhig würde. Sie würde versuchen, die eigene Unruhe zu formulieren, statt die Sache aufgrund der Unruhe selbst zu übernehmen. Sie erklärte dem Mitarbeiter, dass ihre Unruhe nicht bedeutete, dass der Mitarbeiter etwas falsch machte.

Indem sie die tieferen Bedürfnisse des anderen erkannten und den unmittelbaren Interessenskonflikt umgingen, erhielten sie beide Einsicht und Verständnis in die Beziehung, und das bewirkte, dass sie gemeinsam eine neue Art der Zusammenarbeit schaffen konnten. Als Nebeneffekt verstärkte sich das Vertrauen in der Beziehung, da beide sich persönlich auseinandersetzten und engagiert gegenüber dem anderen verhielten. Die Selbstwertschätzung wuchs in ihnen beiden.

Das obige Beispiel lässt sich auch auf den Fall übertragen, dass ein fähiger Fachmann befördert und zur Führungskraft gemacht wird. Wir sehen das immer wieder, weil die hohe Fachkompetenz des Fachmanns belohnt werden soll. Allzu häufig fehlen Selbstgefühl, Beziehungskompetenz und Menschenkenntnis, die bewirken würden, dass der Fachmann tatsächlich als Führungskraft der Menschen und nicht nur als fachliche Führungskraft akzeptiert würde. Es geht um einen Führungsstil, der nicht nur aus der Leistung entspringt, sondern auch aus dem Willen, in der Beziehung zu demjenigen, der geführt werden soll, man selbst zu sein.

Lars Rebien Sørensen, der Vorstandsvorsitzende von Novo Nordisk, schreibt in seinem Buch über Mads Øvlisen im Zusammenhang mit einem Gespräch über die Ehrlichkeit und das Vertrauen, das zwischen ihm und dem Aufsichtsratsvorsitzenden herrscht[8]: „Zu einem sehr frühen Zeitpunkt kam ich mit mir selbst überein, dass ich einfach ich selbst sein muss, mit all meinen Fehlern und Mängeln – und den Stärken, die ich vermutlich auch habe. Auf Dauer kann man kein Spielchen spielen. Es geht nicht, weil man sonst selbst zerbricht. Es gibt fundamentale Werte in uns selbst …"

Die hier genannten Werte sind eine zentrale innere Antriebskraft in uns allen. Zusammen mit den durch Instinkte definierten Trieben formen sie unsere Bedürfnisse. Wir haben ein vom Hunger abgeleitetes Bedürfnis, das vom Körper erzeugt wird, wenn uns Essen fehlt. Das ist ein biologisches Bedürfnis. Wir haben auf Werte basierte Bedürfnisse wie beispielsweise Ehrlichkeit.

Diese Bedürfnisse können von dem tiefen Bedürfnis nach Anerkennung abgeleitet sein, sind jedoch mit zusätzlichen persönlichen Dimensionen verbunden. Je bewusster wir uns unserer grundlegenden Wertemuster sind, desto leichter fällt es uns, Entscheidungen zu treffen, die uns selbst bewahren. Wir werden als Menschen klarer. Wenn ich hell und klar bin, können andere im Verhältnis zu mir sicher navigieren.

> Unsere Werte sind zentrale Teilchen im Puzzle, die zusammengenommen ein Bild von uns selbst ergeben.

Unsere Werte sorgen dafür, dass wir Entscheidungen nicht jedes Mal von Grund auf treffen. Wir haben einen Filter, durch den wir die Wirklichkeit sortieren. Unsere Werte sind zentrale Teilchen im Puzzle, die zusammengenommen ein Bild von uns selbst ergeben. Wir können nicht wir selbst sein, ohne zu wissen, wer wir sind, und auf welchem Fundament wir aufbauen. Viele Führungskräfte wissen leider mehr darüber, welche Werte sie haben „sollten", als darüber, was ihre eigentlichen Grundwerte sind. Diese Führungskräfte handeln auf der Grundlage eines nicht authentischen Fundaments. Sie nehmen von außen vorgegebene Werte in sich auf, was das Risiko beinhaltet, dass diese Werte zu einer bloßen Show werden.

In meiner Welt handelt auf Werten basiertes Führen nicht von abstrakten Unternehmenswerten, sondern von einem Führungsstil, der daraus entstanden ist, eigene persönliche Werte zu leben – Werte, die in der Führungsgruppe gemeinsam getragen werden. Nur so kann ihre Umsetzung echt, authentisch und wirkungsvoll werden.

---

8 K. Jacobsen – 2000

Wenn die Wertegrundlage etabliert und implementiert ist, müssen die Führungskräfte der Zukunft sowohl für das Erzielen von Ergebnissen als auch aufgrund ihrer Grundwerte rekrutiert werden, um so das Wertemuster weiterzuführen und zu stärken. Mehr über Werte und Führung schreibe ich in dem Kapitel „Selbstwertbasiertes Führen in der Praxis".

Jede Führungskraft hat ihre eigenen inneren Ebenen mit Interessen, Empfindungen und Bedürfnissen. Die Intensität der Bedürfnisse schwankt von Fall zu Fall und von Thema zu Thema. Der Führungskraft gegenüber steht der andere Mensch mit seinen eigenen inneren Ebenen. Selbstwertbasiertes Führen handelt davon, einen Schritt zurückzutreten und die Intentionen des anderen zu betrachten, statt nur den Wortlaut des Inhalts zu beurteilen.

> Das Erleben des eigenen Werts hängt von der Reaktion ab, die wir bekommen, wenn wir etwas von uns selbst hergeben.

Ich denke, dass im Alltag von Führungskräften viele der Begegnungen mit anderen Menschen einen gewissen Kampfanteil haben. Es ist ein Kampf mit Worten, und Ziel ist es, Recht zu bekommen, wo es häufig doch eigentlich um eine Erforschung von Unterschieden und deren tieferen Ursachen gehen sollte. Wenn wir aufeinander stoßen, ohne einander zu „erkennen", droht die Gefahr, dass sowohl das Gefühl von Selbstvertrauen als auch der Selbstwert sich verschlechtern.

Selbstwert und Integrität

Die eigene Wertminderung gehört zu den Dingen, vor denen wir Menschen sehr viel Angst haben, und dies hat großen Einfluss auf die Funktions- und Reaktionsfähigkeit des Gehirns. Unsere Furcht basiert auf Erfahrungen, die wir früh im Leben gemacht haben und die Muster in uns bilden. Die potenzielle Verringerung von Selbstwert zeigt sich in der Beziehung zwischen Führungskraft und Mitarbeiter deutlich, wenn die Führungskraft Schwierigkeiten hat.

Die kleine Wiederholung mit dem großen Effekt

Wir bereiten gerade eine wichtige Besprechung vor. Eine Besprechung, bei der viel auf dem Spiel steht. Die Führungskraft möchte gern einige ganz bestimmte Punkte in der Präsentation haben. Der Mitarbeiter hat die ganze Nacht auf die Präsentation verwendet und hat jeden einzelnen Punkt durchdacht. Er argumentiert gegenüber der Führungskraft für den Inhalt und legt sehr viel von sich selbst in die Arbeit. Er ist engagiert und motiviert.

Der Mitarbeiter ist gegen sämtliche Änderungsvorschläge, und die Führungskraft spürt ein Ohnmachtsgefühl. Sie sagt dem Mitarbeiter, dass er so nicht denken solle und erklärt ihm, warum er auf dem Holzweg ist. Das führt dazu, dass sich der Mitarbeiter zurückzieht und schweigsam und in sich gekehrt wird. Er gibt es auf, im Gespräch den Kontakt aufrechtzuerhalten, und unterwirft sich, indem er verstummt.

In den folgenden Tagen führen zwei ähnliche Situationen mit schlechtem Ausgang dazu, dass der Mitarbeiter seinen Glauben an den eigenen Wert zu verlieren beginnt und die Führungskraft innerlich als Idioten bezeichnet. Er denkt darüber nach, das Unternehmen zu verlassen.

Ein eher selbstwertbasierter Führungsansatz könnte sein, dass die Führungskraft ihr Ohnmachtsgefühl wahrnimmt, dass sie dem Mitarbeiter mitteilt, dass sie unter Druck steht, und begründet, warum sie Zorn und Frustration verspürt. Wenn sie so ihr eigenes Gefühl in Worte gefasst hat, kann sie leichter zu verstehen versuchen, warum ihre Argumente nicht ausreichen. Sie kann sagen, dass sie versuchen will, zuzuhören und zu versuchen, herauszufinden, was die Bedürfnisse des Mitarbeiters in der Situation sind. Dies können ganz verschiedene Bedürfnisse sein – Anerkennung für den geleisteten Einsatz zu bekommen oder dass die Führungskraft ihre Argumentation in Bezug auf die Änderungen für sich behält und den Mitarbeiter nicht kritisiert. Es kann auch sein, dass ein alter, nicht abgeschlossener Konflikt zum Vorschein kommt, zusätzlich dazu, dass der Mitarbeiter sich übergangen fühlt. Wichtig ist, dass es der Führungskraft gelingt, ihre Absicht zu zeigen, und dass sie zu verstehen versucht – aber auch, dass der Mitarbeiter für sein großes Engagement bestätigt wird. Es ist weniger wichtig, ob der Mitarbeiter Recht bekommt.

Das Erleben des eigenen Werts hängt von der Reaktion ab, die wir bekommen, wenn wir etwas von uns selbst hergeben. Allzu häufig gibt es überhaupt keine Rückmeldung, und wenn eine kommt, dann ist sie zu aggressiv und zu kritisierend. Wenn viel auf dem Spiel steht, sind wir exponiert. Es geht um lebenswichtige Anerkennung. Die Zurückweisung und das dazugehörige Gefühl der Wertminderung reichen vielleicht nicht aus, das Selbstwertgefühl beim ersten Mal zu erschüttern. Der Selbstwert verschlechtert sich jedoch, wenn sich der Prozess, wie in dem Fallbeispiel geschildert, mehrere Male wiederholt und in mehreren kleineren täglichen Zusammenstößen zu fühlen ist.

Die Art und Weise, wie eine Führungskraft mit den oben genannten Themen umgeht, sollte nicht darin bestehen, das Treffen unangenehmer Entscheidungen zu vermeiden oder eine unbedingte Unterstützung zu verlangen. Es geht eher darum, den Prozess zu einer sich entwickelnden Situation zu machen, so dass es dem einzelnen möglich ist, eine Niederlage einzustecken, ohne seinen Wert zu verlieren. Das Leben ist voller Niederlagen und Ablehnungen. Das ist auch nicht das Problem. Entscheidend ist die Art und Weise, wie eine Ablehnung mitgeteilt wird.

Unsere negativen Bewertungen von uns selbst sind niemals authentisch, sondern sie sind Projektionen, die aus der Kritik anderer stammen, und die von uns selbst weitergeführt werden.[9] Als wir Kinder waren, haben wir vieles kopiert. Dahinter stand der Versuch der Zusammenarbeit, das Vertrauen darauf, dass es die Erwachsenen wohl am besten wüssten, sowie die Angst vor den Konsequenzen, wenn wir an unseren eigenen Erlebnissen und Gefühlen festhielten. Als Erwachsene können wir einfach nein sagen, doch viele von uns schaffen es nicht, auf sich selbst aufzupassen, weil sie es nie gelernt haben. Uns fehlt etwas, und damit werden unsere Entfaltung und unser Potenzial gehemmt.

Man muss sich in moderner Führung um sich selbst kümmern. Man muss darauf achten, sich nicht auszuliefern und sich auch nicht zu isolieren. Der selbstwertbasierte Ansatz gründet sich auf einer deutlicheren persönlichen Integrität auf der Basis des Gleichgewichts zwischen Anpassung und Selbstentfaltung beziehungsweise äußerer und innerer Verantwortlichkeit.

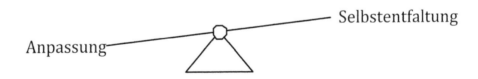

Abb. 7: Modell: Integrität des Führungsstils

Das hier illustrierte Gleichgewicht ist eine Grundbedingung, die sich alle Führungskräfte klar machen müssen. Es herrscht eine hohe Anziehungskraft, sich anzupassen und einen Teil von sich herzugeben. Alle starken Kulturen

9 Juul und Jensen – 2002

tendieren dazu, Menschen in Richtung Konformität zu drängen, und eine gewisse Anpassung ist eine Voraussetzung für die Zusammenarbeit. Es ist jedoch wichtig, dass die Anpassungskraft dadurch ausgeglichen wird, dass der Mensch er selbst ist.

Wenn ein Ungleichgewicht entsteht, muss die Wippe in obigem Modell zur anderen Seite gekippt werden, damit sie sich zur Selbstentfaltung neigt. Ungleichgewicht kann entstehen, weil die Führungskraft oder der Mitarbeiter zu viel gegeben, die anderen zu lange gesucht, in der Budgetrunde nachgegeben oder neue Veränderungsmaßnahmen umgesetzt haben und sich im Laufe eines solchen Prozesses selbst vernachlässigen mussten.

Die eher selbstwertbasierte Person sorgt dafür, das Gleichgewicht wiederherzustellen und auf sich selbst zu achten. Sie passt sich zeitweise an, doch sie tut es nicht, ohne zu wissen, dass dies eine Konsequenz hat. Dieses Bewusstsein sorgt dafür, dass sie ihre Chancen erhöht, die eigene Integrität zu bewahren. Kein Mensch kann nur aus seiner Lust heraus leben. Wir alle müssen bisweilen Dinge tun, zu denen wir keine Lust haben. Das Problem tritt erst auf, wenn wir von uns selbst immer wieder verlangen, Dinge zu tun, von denen wir in Wirklichkeit nichts halten. Das erzeugt Stress.

> Stress, sagt die WHO voraus, wird in wenigen Jahren die größte Krankheitsursache in unserer Gesellschaft sein.

Wenn Sie nun denken, „Was geht mich der Stress an?", so versuchen Sie einmal bei der Überlegung zu verweilen, woher diese Abwehr kommt. Ich bin der Ansicht, dass wir alle dieselben Grundproblematiken haben. Bei einem dauerhaften Ungleichgewicht geht es darum, nach und nach damit aufzuhören, auf sich selbst zu hören und sich selbst mit einem „sollte" statt einem „möchte" zu begegnen. Das ist eine Überanpassung über zu lange Zeit. Wir sind nicht alle gestresst, doch jeder, der Ergebnisse erzielen muss, steckt in derselben Grundproblematik: Anpassung contra Selbstentfaltung.

Die dauerhaft gestresste Person sagt zu sich selbst, dass sie weiterhin Leistung erbringen sollte, und verbleibt so in der gleichen Position. Sie schämt sich vielleicht dafür, nicht dasselbe zu schaffen wie die anderen. Stress ist eine nicht akzeptable Krankheit in unserer Gesellschaft. Zuckerkrankheit ist eine akzeptierte Krankheit, und das Insulin ist ein akzeptiertes Mittel. Stress ist nicht anerkannt, auch wenn die WHO voraussagt, dass er in wenigen Jahren die größte Krankheitsursache in unserer Gesellschaft sein wird. Dies wird einen enormen Kostenfaktor für unsere Unternehmen bedeuten. Das Mittel zum Kurieren von Stress ist noch kein Medikament, sondern etwas, was in uns selbst und in der Beziehung zu anderen steckt – etwas, das ganz entscheidend mit dem Führen zu tun hat.

In einer zunehmend hektischen und sich verändernden Welt bestimmen die Fähigkeit und der Wille, selbst zu wählen, ob wir das Gleichgewicht und damit uns selbst als eine ergiebige und schöpferische Ressource erhalten können. In einem erfolgreichen Unternehmen wird es immer mehr Aufgaben als Kapazitäten geben. Sich selbst zu wählen und sein Leben auf eine Weise zu leben, wie man es möchte, ist daher lebenswichtig.

Es ist wichtig für den Menschen selbst, für das Unternehmen und für die Familie. Eine Wahl kann man nicht treffen, ohne sich gegen etwas zu entscheiden und ohne den Selbstwert einzubeziehen. Das Verlangen nach Spaß, die „Sollte"-Stimme und der Außendruck, noch mehr Aufgaben zu übernehmen, nimmt immer weiter zu und reißt nicht ab.

Es ist ein Stück selbstregulierende Selbstwertarbeit, die von uns selbst und mit uns selbst getan werden muss, doch wir können sie nicht laufend und ausreichend effektiv ohne Hilfe vom anderen tun. Wenn wir uns verloren haben, können wir uns nicht orientieren ohne jemanden um uns herum, der den Mut hat, uns mit seiner Wahrnehmung zu konfrontieren. Das gilt für alle, insbesondere aber für den Menschen mit weniger Selbstwertgefühl. Wenn der Selbstwert schwach ist, schreit die „Sollte"-Stimme so laut, dass wir kaum etwas anderes hören können.

Das kontinuierliche Bewusstsein von äußerem Druck und innerer Verantwortung ist beim Führen wichtig. Diese Integritätsbalance ist ein Teil dessen, was die Führungskraft nachahmenswert macht. Ohne eine gute Integrität gibt es keine langfristig schöpferische und sich entwickelnde Leistungskurve. Wiederum geht es um den Zusammenhang zwischen der Beziehung und dem Ergebnis – der Beziehung zu sich selbst und den Menschen der Umgebung sowie die Anpassung, bei der man mitmacht. Es obliegt der Verantwortung der Führungskraft, in der professionellen Beziehung auf der einen Seite das zu stützen, was dafür sorgt, dass Selbstentfaltung Wachstumsbedingungen vorfindet, und auf der anderen Seite Forderungen zu stellen.

Die Integritätsbalance ist ein Teil dessen, was die Führungskraft nachahmenswert macht.

Selbstsein im Führen

Der selbstwertbasierte Führungsstil ist ein Zugang zu sich selbst und zum anderen, der auf dem basiert, was wir „Selbstsein" nennen. Mit diesem Begriff versuchen wir zu präzisieren, was grundlegend das Selbstwertgefühl erzeugt. Das Selbstsein hat mit dem inneren Zugang des Menschen zu sich selbst zu tun – das Verborgene ist für unser Handeln so bestimmend. Es geht um das, was in uns selbst passiert. Das Selbstsein ist ein Sein in sich selbst und ein Sein aus sich selbst heraus. Es ist das eigentliche Streben danach, sich selbst und eigene grundlegende Bedürfnisse, Werte und Muster zu spüren sowie aus dem Selbst heraus zu handeln. Das Selbstsein erzeugt die Anerkennung, die zum Selbstwertgefühl führt – sowohl die äußere als auch die innere Anerkennung. Diese Anerkennung spiegelt denjenigen, der man ist.

Man kann das Ego als den Teil des Menschen sehen, der unsere Vorstellung dessen antreibt, was wir sein sollten, und was wir können sollten. Man kann den Antrieb durch das Selbstvertrauen durchaus als Spiel des Egos sehen. Das Ego zieht uns vorwärts und versorgt unsere Sorgen mit Nahrung. Das Ego zeigt uns, was schief gelaufen ist, damit wir daraus lernen und uns verbessern können, um zu vermeiden, dass es wieder schief läuft. Das Ego versucht, Schmerz zu vermeiden.

> Wir identifizieren uns nicht länger über das, was wir können, besitzen oder verdienen, sondern über unser Sein.

Der Mensch verfügt zudem über einen Seinszustand, der auf einer tieferen inneren Ebene beziehungsweise unter den Störungen des Egos liegt. Es existiert ein unberührter innerer Teil in uns allen, der sich um nichts anderes kümmert, als den Standpunkt des Selbst einzunehmen.[10] Dieser Kern wird oft von Meditation praktizierenden Leuten beschrieben und ist unter anderem in der gestaltpsychologischen Literatur zu finden, die von der östlichen Lehre über das Gemüt inspiriert ist.[11] Diese Denkart besagt, dass wir Menschen versuchen sollen, uns von der dominierenden und egoistischen Denkart des Gemüts (des Egos) freizumachen. Wenn wir diese Einsicht erreichen, ist unser Sein nicht mehr vom Ego-Trieb oder vom Selbstvertrauenstrieb gesteuert, und wir identifizieren uns nicht länger über das, was wir können, besitzen oder verdienen, sondern über den Standpunkt des Selbst – unser Sein.

Wir, die wir hinter diesem Buch stehen, sind uns dieses Prozesses bewusst, erklären ihn aber auf eine etwas andere Weise. Wenn wir unseren auf Selbstvertrauen und auf Selbstwert basierenden Antriebskräften Aufmerksamkeit schenken und daran arbeiten, bewusster aus uns selbst heraus zu handeln, so entsteht die Möglichkeit, die Prioritäten zu wechseln.

Bei diesem Wechsel wählen wir zuerst uns selbst, anstatt als erste Priorität zu wählen, etwas Besonderes zu können und zu sein. Mit Freuds Worten würde man sagen, dass das Über-Ich als die urteilende Instanz in unserem inneren System den Platz wechselt und seine Dominanz als bestimmende Antriebskraft verliert. Das bedeutet nicht, dass wir nicht beständig davon angetrieben

---

10 A. Watts – 2003
11 C. Naranjo – 2006

werden, Scham, Strafe und Schmerz zu vermeiden. Es ist nur nicht mehr die zentrale Antriebskraft. Stattdessen werden unsere eigenen Bedürfnisse und Grundwerte zur Antriebskraft. Wir arbeiten in diesem Buch mit dem Ego und versuchen nicht, die Zugkraft des Egos zu vermindern.

Mein Bedürfnis nach Ruhe.

Sie soll höchstens gedämpft werden, wenn sie zu sehr dominiert. Ich denke, dass der Trieb des Egos durch seine Sorge gegenüber der Vergangenheit oder seiner Tendenz zu proaktiver Bewegung in Richtung Zukunft eine Funktion erfüllt. Das versetzt uns in die Lage, Problemen zuvorzukommen und unsere Kompetenzgrundlage in gefährdeten Bereichen zu verbessern. Ich sehe daher den Seinszustand nicht als wesentlich an, auch wenn es eine gute mentale Übung ist, sich selbst aus einer Seinsposition beobachten zu können. Beim Führen reicht das aber nicht aus, weil diese Position mit Handlungen aus dem Selbst heraus kombiniert werden muss. Das Sein ist daher in dem Paradigma „des sich entwickelnden Ich" kein neutraler Zustand, sondern ein Zustand, in dem wir wählen, etwas für uns selbst zu tun – ein Selbstsein.

Ein Mensch ohne Gefühl für das Sein

Ich begegnete einmal einer Führungskraft, die einen tiefen Eindruck auf mich machte. Ich beschrieb zu Beginn unserer Begegnung ein Selbstwert aufbauendes Erlebnis, das ich gehabt hatte. Ich erzählte, wie ich am Tag zuvor in meinem Haus gesessen war und eine Menge Arbeitsaufgaben zu erledigen hatte. Statt zu arbeiten entschied ich mich dafür, mich mit einer Tasse Kaffee allein vor mein Haus zu setzen. Ich tat nichts, saß nur da, blickte in die Sonne und betrachtete die Herbstblätter. Ich hatte ein Bedürfnis nach Ruhe. Ich beschloss, dass ich hier eine Stunde sitzen und einfach die Wärme der Sonne und meine Zufriedenheit genießen wollte. Ich erzählte, wie ich nach einer Stunde bereit war und mich auf meine Arbeit freute. Ich räumte meine Sachen schnell auf und ging voller Energie in mein Büro. Die Führungskraft sagte, wenn ich diesen Zustand des „Selbstseins" so konkret erklärte, dann könne sie rational schon verstehen, was das sei. Sie habe es bloß noch nie versucht. Der Mann sah völlig verwundert aus. Er erzählte mir, dass er immer die anderen betrachtete und sich wünschte, mehr wie sie zu sein. Er ging drei Mal wöchentlich zum Laufen, war gut, wünschte sich aber, jeden Morgen zu trainieren und einen Marathon zu laufen. Das wäre jedoch schwer, weil er kleine Kinder habe und viele Stunden im Büro verbringe. Sein Tag war wie der der meisten Führungskräfte voller Aktivitäten. Er hatte es nie versucht, still dazusitzen, das Leben zu betrachten und zufrieden zu sein. Seine inneren Bedürfnisse, gut zu sein, waren nicht zufriedengestellt, sondern trieben ihn die ganze Zeit an, etwas anderes und mehr zu sein und zu können.

Seine Führungskraft wiederum hatte in einem 360-Grad-Interview mit mir erzählt, dass sie nicht wirklich der Ansicht war, dass er reif für eine Führungsposition mit mehr Herausforderungen sei. Sie traute ihm nicht zu, dass er Prioritäten für das Wichtige gegenüber dem weniger Wichtigen setzen könne. Meine Einsicht aus diesem Fallbeispiel ist folgende: Es ist schwer, die Verantwortung dafür zu übernehmen, sich für das eine und gegen das andere zu entscheiden, wenn wir uns nicht trauen, uns selbst zu wählen. Es ist ein Unterschied, ob man weiß, was man will oder ob man sich so verhält, dass man bekommt was man braucht. Der Mann, von dem ich erzählt habe, hatte ein Bedürfnis, sich selbst in mehreren Bereichen des Lebens als genügend und gut zu spüren und zu akzeptieren. Sein Bedürfnis schuf den Nährboden für die klugen Entscheidungen und die Selbstgewichtung. Vier Monate später war er befördert und hatte einen mehr selbstwertbasierten Führungsstil begonnen.

Unsere Handlungen werden kraftvoll, und Selbstentfaltung findet statt.

Auf die Spitze getrieben lautet das Argument wie folgt: Zu sein bedeutet, aus sich selbst heraus zu handeln. Die Form des Handelns, von der ich spreche, soll aus dem „Ich"-Interesse entspringen. Sie kann auch einer Fehlinterpretation des Ich-Interesses entspringen. Wie zuvor bereits erwähnt, können wir aus einer Überzeugung heraus handeln, dass wir das Beste für uns tun, ohne es eigentlich zu tun. Doch hinter der momentanen fehlenden Fähigkeit, eigene Bedürfnisse zu spüren, steckt immer ein unbewusstes Gespür dafür, dass etwas nicht stimmt. Das ist ein Gefühl, das wir oft nicht erkennen, wenn wir uns nicht in seiner Wahrnehmung üben – unser Selbstgefühl. Wenn wir aufgrund einer „Sollte"-Stimme in uns selbst handeln, wird die vom Ego auferlegte Überzeugung immer ein nagendes halbbewusstes Ohnmachtsgefühl erzeugen. Kierkegaard beschreibt das als die Angst, sich selbst zu verlassen oder nicht man selbst zu sein.[12] Der Leitfaden zum Selbstsein besteht also darin, die zarten Signale in seinem Inneren laufend zu registrieren und ihnen folgen zu wollen. Das bedeutet ein Suchen in sich selbst und im anderen nach sich selbst.

12 S. Kierkegard – 1844

Selbstsein und die doppelte Kraft

Wenn der Mensch in Kontakt mit den eigenen Bedürfnissen steht und aus sich selbst heraus arbeitet, dann werden seine Handlungen authentisch und schaffen Vertrauen. Unsere Kompetenzen, Fähigkeiten und Intelligenzen werden genutzt, um das zu schaffen, was für uns selbst wichtig ist, und zwar auf eine Weise, die eigene Werte und Bedürfnisse auslebt und respektiert. Das Vertrauen in die eigenen Kompetenzen und das Selbstvertrauen sind nicht mehr so entscheidend, weil das Gefühl, für sich von Wert zu sein, die Antriebskraft wird.

Der Leitfaden zum Selbstsein besteht also darin, die zarten Signale in seinem Inneren laufend zu registrieren.

Wenn die Führungskraft oder der Mitarbeiter in diesem Zustand des Selbstseins aus sich selbst heraus handeln, werden häufig Selbstwertgefühle und zugleich Stimulierungen des Selbstvertrauens erzeugt. Die Erklärung für diese Stimulierung ist, dass man beim Handeln aus sich selbst heraus dazu tendiert, sich auf seine Stärken zu verlassen. Das passiert, weil wir etwas zu erreichen versuchen, was wichtig für uns ist. Wir nutzen dadurch die Teile von uns selbst, von denen wir aus Erfahrung wissen, dass sie zum Erfolg führen.

Die Nutzung unserer starken Kompetenzen auf der Basis unserer Grundwerte und tiefen Bedürfnisse erzeugt das Gefühl sich auszuleben. Unsere Handlungen werden kraftvoll, und Selbstentfaltung findet statt. Das ist die Selbstverwirklichung, von der in unserer Zeit so viel gesprochen wird. Häufig wird von Selbstverwirklichung gesprochen, ohne wirklich zu wissen, was das bedeutet. Das Selbstsein ist der Zustand, in dem wir uns selbst beinahe optimal nutzen. Wir arbeiten über unsere Bedürfnisse und tiefen Werte, haben dabei das gute Gefühle, dass das, was wir tun, richtig ist, und unser Interesse ist geweckt. Wir werden daher gut, und unsere Kompetenzen gelangen zur Entfaltung. Unsere Antriebskraft kommt von innen und ist beinahe unerschöpflich. In diesen Situationen können die beiden Formen von Anerkennung und ihre abgeleiteten Gefühle nicht mehr voneinander unterschieden werden. Die beiden Antriebskräfte verschmelzen gefühlsmäßig miteinander.

Der unten stehende Fall ist ein Beispiel für einen Mangel an Selbstsein und den Wandel zum Selbstsein.

Eine wertebasierte Führungskraft

Eine Führungskraft hatte folgende Grundwerte: Vertrauen und Loyalität. Die Führungskraft hatte einen Vorstandsvorsitzenden und einen Aufsichtsratsvorsitzenden über sich. Sie nutzte ihre Kompetenzen in ihrem Job als Führungskraft für Veränderungen. Vom Strategischen her war sie sehr fähig, sie besaß einen guten Überblick. Sie wurde von ihren Vorgesetzten oft für ihre Kompetenzen gelobt, doch man begegnete ihr nicht aufgrund ihrer Werte.

Die Führungskraft legte Pläne für eine teilweise Auslagerung der Produktion vor und hatte ein „Geschäftsszenario" entworfen, das klar zeigte, dass Niedriglohnländer in Europa China und Asien vorzuziehen waren. Der Vorstandsvorsitzende war anderer Meinung und wollte die Produktion nach China verlegen, konnte seine Disposition aber nicht rational begründen. Es ergaben sich mehrere ähnliche Situationen, die dazu führten, dass die Führungskraft zu fühlen begann, dass man ihrer Urteilskraft nicht vertraute. Die Führungskraft war sehr loyal und ging mehrere Mal zu ihrem Vorstandsvorsitzenden und sprach über das Problem. In den Wochen danach spürte sie unmittelbar eine Verbesserung, doch bald fiel alles wieder in den gleichen Trott.

Der Vorstandsvorsitzende und der Aufsichtsratsvorsitzende entschieden Dinge über den Kopf der Führungskraft hinweg. Das endete damit, dass sich der Mann eine andere Stelle suchte. Bereits beim Bewerbungsgespräch legte er seine persönlichen Werte dar. Die Geschäftsführung in dem neuen Unternehmen hieß ihn willkommen und bot der Führungskraft eine noch höhere Position als die bisherige an. In seiner neuen Position wurde er als vertrauenerweckend und verlässlich bezeichnet. Er fühlte sich respektiert und wurde noch loyaler. Er arbeitete weiterhin mit seinen Kompetenzen in den Bereichen Strategie und Veränderungsmanagement, doch jetzt mit viel größerer Durchschlagskraft. Das führte zu markant verbesserten Ergebnissen.

Im Selbstsein entstehen Gefühle von Glück und Kraft, von Energie und Initiative, von Ruhe und innerer Ausgeglichenheit und vom Glauben an sich selbst. Aus dieser Position erzielen wir auch unsere besten Ergebnisse. Hier entfaltet sich das Talent des Songwriters, und er schreibt seine größten Hits. Hier erhält der Führungsstil der Führungskraft Kraft zu wirklicher Veränderung. Hier hat der Mitarbeiter die größte Motivation, und der Sportler erzielt immer wieder seine Spitzenergebnisse.

Das Selbstsein schlägt sich oft in einer Leistung nieder, in der man sehr zielgerichtet, fokussiert und handlungskräftig ist. Es entstehen „Flow"-Gefühle und Optimalerlebnisse. Flow ist ein gut beschriebener Begriff, der aus

Mihaly Csikszentmihalyis Arbeit und Forschung stammt. Der Begriff verweist auf einen Zustand von Konzentration, der dafür sorgt, dass man sich nur auf das konzentriert, was man tut, und man tut dies mit einer Leichtigkeit, die hinterher als ein freudenvoller Zustand beschrieben wird.[13] Csikszentmihalyi schreibt in seinem Buch „Flow. Das Geheimnis des Glücks", wie Flow als ein Kampf um Aufmerksamkeit gesehen werden kann: „Der Kampf ist in Wirklichkeit kein Kampf gegen das Selbst, sondern gegen die Entropie, die zu einem Mangel an Ordnung im Bewusstsein führt. In Wirklichkeit ist es ein Kampf für das Selbst. Es ist ein Kampf mit dem Ziel, Kontrolle über die Aufmerksamkeit zu erzielen."

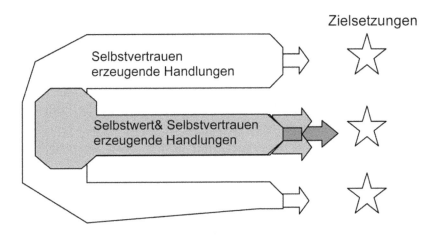

Abb. 8: Modell: Die doppelte Antriebskraft

Man kann sagen, dass wir in diesen Optimalzuständen wissen, was wir wollen und warum wir etwas tun. Das fühlt sich sinnvoll und entwickelnd an. Das oben stehende Modell ist eine Illustration dessen, wie Selbstvertrauen erzeugende Handlungen aus einem persönlichen Selbstsein entspringen. Das Modell zeigt eine Fokussierung des ganzen Selbst, die durch ein Handeln aus sich selbst heraus erklärt wird. Das erzeugt Flow, Spitzenleistungen und Engagement. Um das zu erreichen, müssen wir anfangen, uns selbst und unser Selbstsein zu wählen, doch auch, uns bewusst zu machen, dass dies nicht immer möglich ist.

---

13 M. Csikszentmihalyi – 1989

Bei einer Besprechung der Führungsgruppe soll die Verantwortung für das Ingangsetzen einer Reihe von Nachfassaufgaben in Verkaufsbüros in ganz Europa verteilt werden. Die Verkaufszahlen haben sich verringert, und einige der Maßnahmen, die im Handlungsplan beschrieben sind, wurden in den jeweiligen Ländern nicht umgesetzt. Eine Führungskraft bekommt die Aufgabe, in den nordischen Ländern nachzufassen und sie zur Umsetzung der fehlenden Maßnahmen zu bringen. Er übernimmt die Aufgabe. Er hat das schon viele Male zuvor gemacht, kennt die Zahlen und ist gut darin, den Finger auf die wunden Punkte zu legen. Er weiß, was zu tun ist, damit die entsprechenden Länderchefs in die Gänge kommen. Das stimuliert, weil die Aufgabe zu seinen Kompetenzen passt. Er wird angetrieben, weil es ihm Spaß macht, das zu tun, was er gut kann.

Je mehr wir in unserem Leben aus einer Position des Selbstseins ausführen, desto besser.

Mit dem finnischen Länderchef verhält es sich jedoch etwas anders. Er hat in seiner eigenen Führungsgruppe eine Reihe von Problemen und hatte mit der Führungskraft bereits vertrauliche und vertrauensvolle Gespräche über diese Probleme. Es gibt einige Übereinstimmungen zwischen den Problemen, vor denen der finnische Länderchef steht, und dem, was die Führungskraft selbst ein paar Jahre zuvor durchgemacht hat. Sie hatte damals ein schlimmes Erlebnis, das damit endete, dass einer ihrer besten Leute sie verließ, und genau das geschieht gerade in Finnland.

Die Führungskraft hat dem finnischen Chef von ihrem eigenen Erlebnis erzählt. Der finnische Länderchef drückt seine Freude über das Engagement und die Unterstützung aus, die ihm zuteil werden. Die Führungskraft erfährt Antrieb daraus, einem Menschen zu helfen, der Hilfe nötig hat – eine Hilfe, die sie selbst nicht bekam, als sie sich in derselben Situation befand, eine helfende Hand, die sie vielleicht früher in ihrem Leben als fehlend erlebt hat, als sie sie am meisten brauchte. Die Bedürfnisse sind daher tief verwurzelt.

In Finnland gibt es jedoch auch einen Mitarbeiter, von dem man sich trennen muss. Der finnische Länderchef bittet die Führungskraft aus dem Hauptsitz darum, ihn bei diesem Gespräch zu unterstützen. Das ist nicht die Stärke der Führungskraft, und bei Kündigungen ist sie sehr schwach. Sie übernimmt die Aufgabe, trägt zum eigentlichen Gespräch aber nur wenig bei.

Mithilfe von Selbstreflexion geht die Führungskraft hinterher die verschiedenen Situationen und Aufgaben durch. So will sie sich über Motivation und Antriebskraft klar werden. Die Arbeit mit der Aufgabe in den nordischen Ländern sorgte für Stimulierungen des Selbstvertrauens. Hier tat die Führungskraft das, was sie gut konnte, und erhielt Anerkennung für das Erzielen von Ergebnissen. Bei der Aufgabe in Finnland wurde ihr Selbstvertrauen ebenfalls gestärkt, doch hier kam es darüber hinaus zu einer Förderung des Selbstwerts. Dieses Gefühl entstand, weil sie ihre eigenen tieferen Bedürfnisse spürte, diese in Worte fasste und auf ihrer Grundlage handelte. Sie spürte Anerkennung ihrer Person, weil sie in der konkreten Situation etwas für sich selbst tat.

Antrieb durch Selbstvertrauen ist ein wichtiger Teil der Arbeit der Führungskraft. Wenn der Antrieb über das Selbstvertrauen nicht motivieren würde, hätte die Führungskraft keinen Anreiz, die normalen auf Kompetenz basierenden Aufgaben auszuführen. Doch die nachträgliche Reflexion macht deutlich, dass dem bedürfnisabdeckenden Teil der Aufgabe der Vorzug gegeben wird. Aus der Perspektive der Empfänger betrachtet besteht ein qualitativer Unterschied im Handeln der Führungskraft. Die Führungskräfte, bei denen kontrolliert und nachgefasst wurde, erlebten eine ergebnisorientierte Begegnung, die hauptsächlich ihren Antrieb durch Selbstvertrauen aktivierte. Die finnische Führungskraft wurde gesehen und drückte anschließend eine Dankbarkeit und ein erhöhtes Loyalitätsgefühl aus.

Es kann somit wichtig sein, Selbstverwirklichung von der Tatsache zu trennen, etwas leisten zu müssen, um etwas zu erledigen. Je mehr wir in unserem Leben aus einer Position des Selbstseins ausführen, desto besser. Doch nicht alles können wir aufgrund eines aufrichtigen Interesses tun. Immer wieder müssen wir Dinge tun, weil sie getan werden müssen, damit wir weiter zu den Punkten kommen, die interessant sind und motivieren. Die Energie holen wir uns aus dem, was antreibt, doch wir können auch ohne einen speziellen Antrieb weitermachen. Andererseits müssen wir aufpassen, dass wir uns nicht leer laufen. Die Energie, die auflädt und Kraft gibt, lange aufrecht zu erhalten, wird häufig als etwas angesehen, das wir durch das Erzielen von Ergebnissen erreichen, doch tatsächlich holen wir sie uns in viel höherem Maß aus dem Schaffen von Beziehungen.

Selbstwertbasiertes Führen ist eine Reintegration des Gefühls als einem wichtigem Faktor für das Erzielen von Ergebnissen. Die Führungskraft kann den Mitarbeiter nicht führen, indem sie sich nur an Fakten und Rationalität hält. Dies löst beim Führen ein neues, schwer zu haltendes Gleichgewicht zwischen Engagement und Über-Engagement aus – ein Gleichgewicht, das nur der einzelne verspüren und steuern kann, und das durch Feedback von anderen und eine intensive Aufmerksamkeit gegenüber sich selbst und gegenüber eigenen Signalen abgestimmt wird. Wenn dies Erfolg hat, macht es

> Selbstwertbasiertes Führen ist eine Reintegration des Gefühls als einem wichtigem Faktor für das Erzielen von Ergebnissen.

die neue Führungspraxis zu etwas Ganzheitlicherem, etwas Menschlicherem sowie etwas viel Ergiebigerem.

Selbstwertcharakteristika

Ein Mensch mit einem hohen Selbstwert wird in der Beziehung bemerkt. Er verfügt über ein inneres Gleichgewicht. Das sieht man, wenn er spricht oder eine Präsentation vor einem größeren Publikum hält. Er ist nicht der absolut sichere und stählerne Typ. Er vertraut darauf, dass es etwas in ihm bewirkt, wenn er einer Menge Menschen und deren Erwartungen gegenübersteht. Er verführt nicht, führt aber. Er ist häufig bescheiden und eher zurückhaltend als dominierend.

In dem Buch „Der Weg zu den Besten" von Jim Collins werden 1435 der umsatzstärksten Unternehmen der Welt untersucht, um herauszufinden, was gute Unternehmen von fantastischen Unternehmen unterscheidet. Es gibt verschiedene Niveaus von Führungsstil, und die besten zeichnen sich durch eine verblüffende Mischung aus persönlicher Demut und professionellem Willen aus – Führungskräfte, die still, demütig, bescheiden, reserviert, ja sogar scheu sind. Verwendet werden Worte wie gracious, mild-mannered, self-effacing, understanding, „did not believe his own clippings". Mit Clippings sind die über das Unternehmen gesammelten Presseberichte gemeint.

Die selbstwertbasierte Führungskraft ist wie folgt charakterisiert:

• Eine innere Stärke durch einen Glauben an sich selbst, die die Person vertrauenerweckend und sicher in Zeiten von Widerstand macht.

• Eine gute Selbsteinsicht und ein nüchterner und akzeptierender Blick auf sich selbst, der eigene Stärken und Schwächen widerspiegelt, ohne etwaige Schwächen zu einem großen Problem zu machen.

• Ein zuhörendes, prüfendes und neugieriges Verhalten, das beständig versucht, aus dem anderen klüger zu werden, das sich jedoch nicht zu stark anpasst.

• Ein anerkennender Ansatz zu sich selbst und zu anderen Menschen – ein weniger kritischer Ansatz.

- Eine persönliche Verantwortung und eine Integrität, die nicht dominieren möchte, sondern die sich geltend macht, wenn es notwendig ist. Eine Verantwortung und Integrität, die auf eigenen Grenzen und Werten basiert, was den Menschen vertrauenerweckend und authentisch in seiner Erscheinung wirken lässt.

Selbstwertbasiertes Führen und Entwicklungsstufen

Es gibt viele gleichzeitige Faktoren, die bestimmen, ob wir in der Lage sind, uns selbst zu bewahren und unsere Selbsteinsicht zu verbessern, und ob wir die Fähigkeit besitzen, unser Potenzial zu realisieren. Alter und Lebenserfahrung haben eine bekannte Bedeutung für die Reife. Alter bedeutet höhere Lebenserfahrung, doch Alter muss nicht zwangsläufig höhere spürbare Selbsteinsicht bedeuten. Es gibt Menschen, die sich dafür entscheiden, auszusteigen und das Neue passieren zu lassen, wodurch die weitere persönliche Entwicklung und der Aufbau von Erfahrungen enden. Früher oder später passiert das uns allen, wenn allmählich das hohe Alter beginnt.

Für den jungen Menschen besteht eine innere Antriebskraft oft darin, seinen Wert zu beweisen und seine Identität zu finden. Die Jugend ist nach vorne gerichtet und vom Wettbewerb geprägt, in einem Streben, die Grundlage für das Leben als Erwachsener zu legen. Die junge, unerfahrene Führungskraft ist durch einen Führungsansatz gekennzeichnet, bei dem das Leistungsvermögen und das Lösen der praktischen Aufgabe selbst ein Teil dessen ist, was die Führungskraft für die Führungsaufgabe qualifiziert. Parallel hierzu verläuft die fachliche Entwicklung, bei der der junge Mensch lernt, die fachlichen Werkzeuge zu beherrschen, und beginnt, ein Gefühl für das Ganze und für Zusammenhänge zu bekommen. In dem Maß, wie sich die Dinge wiederholen, stellt sich Routine ein.

Der Übergang vom jungen zum erwachsenen Menschen ist bei den meisten von uns dadurch gekennzeichnet, dass wir von einem Selbstverständnis als Sohn oder Tochter zu einem Selbstverständnis als Elternteil für uns selbst und unsere Kinder wechseln. Diese Entwicklung verläuft normalerweise von Unerfahrenheit und Ausprobieren zu Erfahrung, vom Unverbindlichen zum Verbindlicheren, von Unruhe zu Ruhe. Dieser Wechsel ist parallel im Führungsstil erkennbar, wo die junge Führungskraft sich vom Leiter des operativen Teams zum Leiter eines größeren Teams oder einer Gruppe von Führungskräften entwickelt. Das ist ein klassischer Übergang vom Gewinnen durch sich selbst hin zum Gewinnen durch andere. Wenn ich dies als klassischen Übergang bezeichne, so deshalb, weil wir ihn in der Laufbahn einer Führungskraft häufig als besonders herausfordernd ansehen. Es erfolgt eine Umverteilung bei der Gewichtung der Anerkennung.

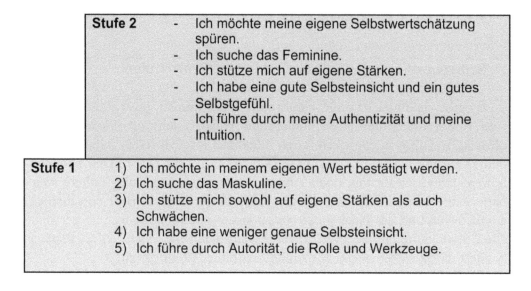

Stufe 2	-	Ich möchte meine eigene Selbstwertschätzung spüren.
	-	Ich suche das Feminine.
	-	Ich stütze mich auf eigene Stärken.
	-	Ich habe eine gute Selbsteinsicht und ein gutes Selbstgefühl.
	-	Ich führe durch meine Authentizität und meine Intuition.
Stufe 1	1)	Ich möchte in meinem eigenen Wert bestätigt werden.
	2)	Ich suche das Maskuline.
	3)	Ich stütze mich sowohl auf eigene Stärken als auch Schwächen.
	4)	Ich habe eine weniger genaue Selbsteinsicht.
	5)	Ich führe durch Autorität, die Rolle und Werkzeuge.

Abb. 8-1: Modell: Entwicklungsstufen

Das Modell zeigt einen Übergang von Stufe 1 zu Stufe 2 im Führungsstil. Dieser Übergang ist dadurch gekennzeichnet, dass die auf Selbstvertrauen basierende Anerkennung abnimmt. Optimal gesehen muss das Selbstvertrauen seinen Platz mit dem Selbstwert als Hauptantriebskraft tauschen. Diese innere Umorganisation löst den mehr entwickelnden und schöpferischen Führungsstil aus.

Dies ist ein Übergang, der sich dadurch auszeichnet, dass er weg vom eher Maskulinen hin zu einer Integration des Femininen in uns selbst führt. Dieser Prozess wurde von C.G. Jung beschrieben. Er sagt, dass der Mann einen Anteil an weiblichem Inhalt in der eigenen Psyche hat, der besonders mit der Beziehung verknüpft ist. Umgekehrt hat die Frau einen entsprechenden Anteil an männlichem Inhalt in ihrer Psyche. Anima und Animus fließen in eine Wechselbeziehung ein, die große Bedeutung für den Selbstwert des Menschen hat.[14] Das Männliche und das Weibliche sind teilweise durch Kultur geprägt – ein Junge bekommt oft zu hören, dass er aufhören soll zu heulen, und dem Mädchen wird gesagt, dass sie nicht zu brutal sein darf. Im heutigen Führen

---

14 A. Storr – 1993

sind Frauen meiner Meinung nach häufig maskuliner als die Männer, doch beim Übergang zum Selbstsein aktiviert auch die Frau erneut ihre femineren Seiten. Für den Mann ist es einfacher, sich von seiner gut verinnerlichten Männerolle loszureißen, wenn sein auf Selbstwert gebautes Fundament stärker wird und er so seine femininen Seiten wieder mehr integrieren kann.

Das bedeutet, dass sowohl männliche als auch weibliche Führungskräfte auf Stufe 2 im Entwicklungsmodell abgerundeter und ruhiger auftreten. Die Führungskraft auf der ersten Entwicklungsstufe wird eher als eckig und zögernd angesehen.

Unserer Auffassung nach kann Führen auf Stufe 1 auch unabhängig vom Alter gesehen werden – ein Niveau, auf dem viele Führungskräfte und Führungsgruppen stehen bleiben, weil keine Entwicklung stattfindet. Es bleibt bei einer Zusammenarbeit im Team, deren Zweck es eher ist, die Führung zu koordinieren, statt für eine Entfaltung von Potenzial zu sorgen. Die Zusammenarbeit auf Stufe 1 zeichnet sich oft dadurch aus, dass sich das Team häufig untereinander abstimmt und dadurch vermeidet, die Gebiete der anderen zu betreten, statt im Sinne einer Entwicklung zusammenzuarbeiten.

Dies ist natürlich eine Verallgemeinerung. Es gibt wirklich viele Führungskräfte und Führungsarbeiter, die nicht den gängigen Weg der Führungsentwicklung von unerfahren und von Selbstvertrauen angetrieben hin zu erfahren und auf Selbstwert basierend einschlagen. Und es gibt jede Menge Beispiele – besonders bei dem neuen, jungen Menschen und bei der alten, gut integrierten Führungskraft –, die dieses definierende Modell völlig auf den Kopf stellen. Mehrere der greifbaren Ansätze, auf die wir in diesem Buch in dem Kapitel „Selbstwertbasiertes Führen in der Praxis" verweisen, beziehen sich hauptsächlich auf Führungskräfte, die sich im Übergang zwischen Stufe 1 und 2 befinden, oder auf diejenigen, die bereits auf Stufe 2 sind. Viele Menschen befinden sich gerade im Übergangsstadium; man muss ihnen begegnen, und damit sie sich weiter zu Stufe 2 bewegen, müssen sie unterstützt werden. Das ist eine Tür, die man öffnen muss, wenn man die Chance nutzen will.

Dies ist die große Chance unserer Zeit. Die Notwendigkeit einer mehr ganzheitlichen Führungskraft ist als immer größerer Teil des Neuen im Menschen zu spüren. Gemeint ist eine Führungskraft, deren Selbstwert eine grundlegende Plattform ist und die über den Antrieb durch Selbstvertrauen als gesunde Zugkraft verfügt, die da stimulieren kann, wo wir bisweilen nicht motiviert werden können. Es besteht ein Bedürfnis danach, dass sich die sehr auf Selbstvertrauen orientierte Führungskraft entwickelt, so dass der Antrieb durch Selbstvertrauen seine Vorrangstellung der Orientierung am Selbstsein überlässt.

Das Problem beim Führen besteht zur Zeit darin, dass es oft genau umgekehrt ist – dass die Kraft des Selbstvertrauens weiterhin die dominierende Antriebskraft bleibt. Das sorgt für zu wenig Sinn im Beziehungsraum, und es schwächt Engagement, Selbstvertrauen und Selbstwert. Es kann ein Unternehmen zwar antreiben und für Ergebnisse sorgen, doch ein sich entwickelndes Unternehmen kann es weder antreiben noch dessen eigentliches Potenzial ausschöpfen.

Zusammenfassung

Die selbstwertbasierte Führung in Hinblick auf die Beziehung hat viele Vorteile. Am wichtigsten ist dabei, dass sie sich sinnvoll anfühlt und dadurch eine innere Motivation erzeugt – eine Motivation in einem selbst als Führungskraft und eine Motivation im Mitarbeiter, der gerne geführt werden will.

- Auf dem Selbstwert zu basieren, hat damit zu tun, sich nach eigenen Bedürfnissen zu richten. Das ist ein Ansatz, bei dem wir bei uns selbst erforschen, was in der entsprechenden Situation wichtig ist. Und wir fragen uns selbst, warum das wichtig ist. Wir tauchen in unsere eigenen Bedürfnisse ein und machen uns bewusst, was wir eigentlich wollen. Wir trainieren dadurch unser eigenes Selbstgefühl oder die Fähigkeit, uns selbst zu spüren. Doch das reicht noch nicht. Wir müssen auch anfangen, nach dem, was wir möchten, zu streben. Wir müssen aus uns selbst heraus handeln, und zwar mit der Fähigkeit, auszudrücken, wonach wir streben. Das macht uns für andere genauer und verständlicher, und das macht uns als Führungskräfte authentisch.

- Sich des eigenen Selbst bewusst zu werden und auf der Grundlage des Registrierten zu handeln, nennen wir Selbstsein. Beim Selbstsein vollzieht sich in den meisten Menschen ein Wechsel – ein Wechsel der Prioritäten, bei dem wir uns entscheiden, lieber wir selbst zu sein, als etwas Besonderes zu können oder zu sein. Das ist im Grunde genommen das, was üblicherweise Selbstentfaltung oder Selbstverwirklichung genannt wird. Sich im Sinne des Selbstseins zu verhalten, erzeugt Selbstwertgefühl.

- Selbstwertbasiertes Führen muss als Beziehungskonzept verstanden werden. Wenn unser eigenes Selbstwertgefühl wächst und wir gleichzeitig mit der Umgebung interagieren, so steckt unser Selbstsein an, und die anderen werden berührt und gerührt. Wir bekommen die Anerkennung, die wir zum Wachsen brauchen, und wir spüren die schöpferische Kraft der Selbstanerkennung – eine Kraft, die immer mehr von uns entfaltet, eine Energie, die von innen kommt, und die übertragen wird und anregt. Mit diesem Ansatz versuchen wir, einen Selbstwert unterstützenden Zugang zum anderen zu fördern, weil das so wichtig ist für das, was wir zurückbekommen. Wir werden ganzheitlicher, aufrichtig interessiert am anderen und eignen uns die natürliche Fähigkeit an, das Ganze zu sehen.

- Ein Führungsstil durchläuft verschiedene Entwicklungsstufen. Selbstwertbasierte Führung bedeutet, sich auf die nächste Stufe zu begeben – die Möglichkeit, ein Dasein zu beginnen, das Potenzial freisetzt. Dieses Potenzial für Engagement, Gleichgewicht und Tatkraft konnten wir mit dem ergebnisorientierten Führungsansatz noch nicht aktivieren. Diese Befreiung kann nur durch die Beziehung kommen.

- Selbsteinsicht und Selbstgefühl schaffen den Nährboden für Integrität. Selbstsein ist der Weg zu innerem und äußerem Gleichgewicht. Handeln aus sich selbst heraus erzeugt Energie. Wenn man aus eigenen Bedürfnissen heraus handelt, so bedeutet das auch Wiederherstellung, wenn es das ist, was man braucht. Wir werden durch den selbstwertbasierten Ansatz nicht verheizt, sondern aufgeladen. Wir bauen nicht ab, sondern entwickeln uns. Das fühlt sich sinnvoll an und erzeugt Engagement und Lust auf mehr.

Kapitel 4

Selbstwertbasiertes Führen und Beziehung

Heute wissen wir, dass Selbstwert durch Beziehung erzeugt und entwickelt wird, doch diese Entwicklung von Selbstwert läuft parallel zu einem anderen Prozess. Daneben läuft – vor, während und nach der Begegnung in einer Beziehung – ein isolierter reflexiver Prozess in der Person selbst ab. Doch selbst dieser innere Prozess hat Beziehungscharakter, da er, wenn er erzählt wird, wie ein Dialog mit sich selbst dargestellt wird. Wir wissen jetzt, dass das Selbstwertentwickelnde in drei Dimensionen abläuft – in der Person selbst, in der Beziehung und im anderen.

Daniel N. Stern, der „grand old man" der Entwicklungspsychologie schreibt in seinem Buch „Der Gegenwartsmoment: Veränderungsprozesse in Psychoanalyse, Psychotherapie und Alltag" über den Menschen in der Beziehungswelt:

Andere Menschen sind nicht bloß Objekte, sondern werden unmittelbar als besondere Arten von Objekten wieder erkannt, Objekten wie uns, mit denen man innere Zustände teilen kann. Unser Gemüt arbeitet in Wirklichkeit natürlich daran, die Erlebnisse bei anderen aufzuspüren, mit denen wir mitschwingen können. Wir analysieren das Verhalten anderer naturgemäß aus den inneren Zuständen, die wir verstehen, fühlen, mitfühlen und damit teilen können.

Dies muss im Lichte dessen gesehen werden, dass wir sehr soziale Tiere sind, die wahrscheinlich den Großteil ihres Lebens in der Nähe von – wirklichen oder imaginierten – anderen verbringen. Manchmal sind das unklare Hintergrundfiguren, Zuhörer oder Zeugen, die sich in unser Aufmerksamkeitsfeld hinein und wieder hinaus bewegen, doch nichtsdestotrotz sind sie da. Wenn wir all dies zusammenfassen, entsteht eine bestimmte, intersubjektive Welt. Wir betrachten unsere Gemüter nicht mehr als unabhängig, separat und isoliert. Wir sind nicht mehr die Einzigen, die unsere Subjektivität beherrschen und bewachen. Die Grenzen zwischen dem Selbst und dem anderen sind immer noch deutlich, aber durchlässiger. Ja, ein differenziertes Selbst ist in Wirklichkeit eine Bedingung für Intersubjektivität. Ohne das wäre es bloß ein Verschmelzen. Wir leben umgeben von den Intentionen, Gefühlen und Gedanken anderer, die mit unseren eigenen interagieren, so dass sich aufzulösen beginnt, was unseres ist und was anderen gehört. Unsere Intentionen werden modifiziert oder entstehen in einem wechselnden Dialog mit dem Erleben der In-

tentionen von anderen. Unsere Gefühle werden von den Intentionen, Gedanken und Gefühlen anderer geformt. Und unsere Gedanken werden im Dialog geschaffen, auch wenn dieser nur mit uns selbst stattfindet.[1]

In ihrem Buch „Beziehungen" (erscheint 2012 im Beltz Verlag) schreibt die norwegische Psychologin Anne-Lise Løvlie Schibbye über das „formidable Dilemma" der Anerkennung, wie es von Hegel skizziert wurde. Die Parteien in einer Beziehung kämpfen um Anerkennung, und keine von ihnen will nachgeben. Um die Anerkennung zu bekommen, die wir benötigen, um uns als selbständige Subjekte zu fühlen, müssen wir zwangsläufig unselbständig werden. Damit ist gemeint, dass wir vom anderen abhängig werden müssen, weil er uns Anerkennung gibt. Wir möchten, wie Schibbye

> Unser Gemüt arbeitet daran, die Erlebnisse bei anderen aufzuspüren, mit denen wir mitschwingen können.

schreibt, souverän in der Beziehung sein, doch zugleich sind wir abhängig von der Anerkennung des anderen, um Souveränität zu erreichen.[2] Damit führt Anerkennung hin und wieder zu einem Konflikt. Das Individuum kann nie zu hundert Prozent selbständig werden, weil es der andere ist, der bestimmt, ob das Individuum Anerkennung erhalten soll. In dieser Wechselbeziehung steckt die Angst, dass der andere sein Gegenüber nicht länger braucht und ihm keine Anerkennung mehr gibt.

Das ist ein Dilemma, das beim Führen deutlich zu sehen ist und in diesem Buch mehrfach beschrieben ist. Die Führungskraft benötigt die Anerkennung seines Mitarbeiters, und der Mitarbeiter muss von der Führungskraft anerkannt werden – besonders, wenn ein Konflikt besteht –, wenn die Beziehung nicht das Entfaltungspotenzial im Mitarbeiter verringern soll. Doch wie ist das machbar?

Hegel unterstreicht laut Schibbye, dass der „Gedanke" ein solches Dilemma nicht lösen kann. Durch Denken kommen wir aus diesem Gegensatz nicht heraus. Er muss zwangsläufig in der Praxis gelöst werden, in einer direkt erlebten, gefühlsmäßigen Begegnung. Wenn ich mit dem anderen in einen Dialog eintrete, ist es im Prinzip so, dass das Bewusstsein des anderen Individuums ein Teil meines Bewusstseins wird. Ich trete gewissermaßen aus mir selbst heraus. Wenn sich der andere meinem Bewusstsein widersetzt, sehe ich mich selbst außerhalb des anderen. Dann habe ich wieder eine Beziehung zu mir selbst, bei der ich mich selbst zurücknehme. Ich sehe mich selbst jedoch

---

1 D.N. Stern – 2004
2 A.L. Schibbye – 2006

anders als vor der Begegnung, und ich sehe auch den anderen mit einem veränderten Bewusstsein.

Durch die Entdeckung von Spiegelneuronen haben wir Einblicke in die neurobiologischen Mechanismen erhalten, durch die Prozesse im Gehirn ablaufen. Sowohl Stern als auch Goleman verweisen auf die Forschung im Bereich Spiegelneuronen und emotionale Übertragung, die Einblicke in die Gebiete gegenseitige Resonanz, Empathie, Sympathie, Identifikation und Intersubjektivität ermöglicht.

Spiegelneuronen sind neurale Systeme, die Signale aussenden, wenn wir den anderen beobachten, und die uns dazu bringen, dass wir uns identifizieren und nachahmen.

Wenn das Gehirn Informationen darüber empfängt, was wir sehen, werden die Signale an unsere eigenen Neuronen übertragen und ermöglichen es, an den Handlungen des anderen teilzunehmen, als hätten wir die Handlung selbst ausgeführt. Spiegelneuronen stecken uns daher mit den Gefühlen, deren Zeuge wir sind, an und machen sie zu einem Teil unserer eigenen Sinneswahrnehmung. Das hilft uns, zu synchronisieren und das zu verstehen, was der andere versteht.

> Wir analysieren das Verhalten anderer naturgemäß aus den inneren Zuständen, die wir verstehen, fühlen, mitfühlen und so teilen können.

Wenn wir Hegels Dilemma lösen sollen, dann kooperieren wir auf eine Weise, bei der die beiden Parteien in der Beziehung voneinander getrennt und gleichzeitig verbunden sind. Es handelt sich um einen bestimmten Typus von dialektischem Dialog – um einen Beziehungsprozess, basierend auf Zusammengehörigkeit und Gegenseitigkeit, verbunden durch ein Netzwerk aus Sinneswahrnehmungen und Sprache, das uns Zugang zur Einsicht in den anderen ermöglicht. Diese unsichtbaren Netzwerke müssen aktiviert werden, doch ihre Infrastruktur ist als Potenzial immer vorhanden. Diese Verbindungen im Gehirn können trainiert werden, und die „Kabel" können schrittweise besser darin gemacht werden, Informationen zu übertragen und präzise Daten auszugeben. Doch diese Verbindungen können auch durchtrennt oder beschädigt werden, so dass die Signale gedämpft und ungenau werden.

Die Selbstwert entwickelnde Beziehung ist eine Möglichkeit und besitzt großes Potenzial dafür, neue Verbindungen und damit neuen Selbstwert aufzubauen. Dieser Aufbau ist schwer in Gang zu bringen, doch einmal geschaffen, ist er wie ein Zug, der nicht zu stoppen ist. Führungskräfte kommen und gehen, doch das sich entwickelnde Muster der Gruppe tendiert dazu, sich immer wieder neu zu bilden. Das Beziehungsentwickelnde ist eine Kultur, die als Stimmung spürbar ist, ein sich entfaltender menschlicher Ansatz, der optimal gesehen an der Spitze begonnen wird und durch die Organisation nach unten sickert. Ein solches nachahmenswertes Führen verbreitet Motivation und Engagement bei allen, die derartige Begegnungen und Beziehungen erleben. Das ist ein Prozess, der sehr bewusst, gezielt und anleitend durchgeführt werden kann. In einem sich entwickelnden Beziehungsprozess gibt es zwei zentrale Indikatoren:

• Kontakt
• Rückmeldung

Die beiden sind voneinander abhängig, können einander aber nicht ersetzen. Ich kann als Führungskraft ein Gefühl von Kontakt zu meinem Kollegen in einem Gespräch haben, doch ohne Rückmeldung wird die Qualität des Kontakts allmählich abnehmen. Umgekehrt kann ich als Führungskraft eine starke Rückmeldung geben, ohne dass Kontakt besteht. Das kann in einem Maß geschehen, dass der andere nicht in der Lage ist zu hören, was ich sage, und stattdessen auf die Stärke der Rückmeldung konzentriert ist.

Wesentlich für Kontakt ist der Kontakt zu sich selbst, zum Selbstgefühl und zur Einsicht in eigene Muster. Ein anderer wichtiger Teil ist der Kontakt zum anderen, also die Fähigkeit, den anderen zu spüren und seine Bedürfnisse zu erkennen. Der dritte Baustein ist die Fähigkeit, aus sich selbst heraus für Kontakt zum anderen zu sorgen. Kontakt wird durch Worte und Körpersprache vermittelt. Beim Kontakt geht es um ein gegenseitiges Gespür für einander.

> Zu oft besteht Führen darin, Befehle zu erteilen beziehungsweise ein „wir" oder Anpassung zu fordern.

Eine Grundlage für Rückmeldung ist die Verantwortung, aus sich selbst heraus reagieren zu wollen. Ein wesentlicher Punkt bei der Rückmeldung ist, dass sie eine Wahlmöglichkeit zwischen Argumentation und Dialog, aber auch zwischen Konfrontation und Anpassung bietet. Die sich entwickelnden Konfrontationen sind der Lebensnerv in einem differenzierteren Selbstverständnis und bei dem Entstehen neuer Einsichten. Hierin liegt die eigentliche Innovationsquelle und das, was enorme Mengen an Energie freisetzen kann, die in Form von Hinhalten und Unvollendetheit gebunden sind. Bei Rückmeldung geht es um die Art und Weise, wie wir reagieren, nicht nur durch das, was wir sagen, sondern auch durch das, was wir tun.

Kontakt und Rückmeldung sind kurz gesagt der Dreh- und Angelpunkt dieses Buchs. Bei selbstwertbasiertem Führen geht es darum, Kontakt zu haben, wenn man reagiert, und darum, wie man reagiert.

Es ist nicht so, dass Führungskräfte zu jeder Tages- und Nachtzeit in vollem Kontakt, hundert Prozent aufmerksam und sensibel sein müssen. Kontakt ist etwas, in das wir Menschen ein- und wieder austreten. Jeder Mensch hat seinen eigenen Rhythmus, wann er sich zurückzieht und Ruhe oder Zeit zum Nachdenken braucht. Wenn das Bedürfnis nach Kontakt bei jemandem selbst oder bei dem anderen entsteht, obliegt es der Selbstverantwortung der jeweiligen Person, zu versuchen, diesen Kontakt zu bekommen. Es gibt immer einen Auftakt für Kontakt, bei dem wir die Möglichkeit, Kontakt aufzunehmen, sondieren. Wir spüren einander und halten uns in einem Abstand, der uns eine solche Sondierung vornehmen lässt. Hier haben wir die Möglichkeit, uns zurückzuziehen und eine tiefere Entkräftung oder einen Konflikt zu vermeiden. Wenn beide Beteiligten offen sind, gehen wir vielleicht hinein. Das Tor zu einer Begegnung muss von beiden Seiten aus geöffnet sein.

Es gibt niemals nur einen einzigen Verantwortlichen, sondern einen Hauptverantwortlichen und eine Reihe von Mitverantwortlichen.

Im Folgenden beschreibe ich Begegnung mit Kontakt und Rückmeldung sowie die Beziehungsformen und persönlichen Muster, die eine Selbstwert entwickelnde Beziehung abbrechen. Um zu verstehen, was ein gutes Basieren auf Selbstwert erzeugt, sind wir gezwungen, uns näher mit dem zu beschäftigen, was Selbstwert verringert. Leben in Beziehungen beinhaltet beide Teile. Es geht also darum, dass derjenige, der die Beziehung anführt, ein stärkeres Bewusstsein für die Wahlmöglichkeiten entwickelt und unterscheiden kann zwischen dem, was Beziehung abbaut und dem, was sie sich entwickeln lässt.

Die drei Beziehungsmuster

Grundsätzlich gibt es drei Arten von Beziehung zu einem anderen Menschen – die abbauende, die bewahrende und die sich entwickelnde. Welche Form der Prozess annimmt, hängt von den zwei Hauptelementen Kontakt und Rückmeldung ab. Wenn die Beziehung bedeutsam ist und über längere Zeit gehemmt wird, wird mit hoher Wahrscheinlichkeit der Selbstwert der beteiligten Menschen abgebaut. Wenn die Beziehung hingegen über längere Zeit schöpferisch ist, so entwickelt sich Selbstwert. Die Qualität der Zusammenarbeit zwischen den Personen, für die gegenseitige Anerkennung wichtig ist, bestimmt den Ausgang.

Vertrauen ist das Fundament für Zusammenarbeit, weil hier Hegels Dilemma aufgelöst wird, und das Gehirn seine optimale Funktionalität findet. Auf einem Fundament von Vertrauen beginnen wir ernsthaft zu wirken – sowohl persönlich als auch in Bezug auf die Beziehung. Hier beginnen wir, schöpferischen Kontakt zu bekommen. Der Vertrauensbegriff ist daher wesentlich bei einem selbstwertbasierten Führen.

In einer aufrichtigen Zusammenarbeit zwischen zwei Individuen wird es, wie oben angeführt, immer wieder einmal zu einem Konflikt kommen. In der Zusammenarbeit liegt ein Potenzial sowohl für Abbau als auch für Entwicklung. Auf der einen Seite gibt es einen Zusammenstoß zwischen mir, meinen Grenzen und meiner persönlichen Integrität. Auf der anderen Seite gibt es den Drang zur Zusammenarbeit, das Bedürfnis, sich selbst durch denjenigen zu spüren, dem ich gegenüber stehe, sowie die Lust zur Anpassung.

Dieser Prozess löst entweder Schmerz oder Freude aus – oder etwas dazwischen, etwas, was sich am besten als ein unbeteiligter, nicht betroffener, ausweichender Zustand beschreiben lässt. Die Symptome können als Entwicklung, Abbau oder Stillstand im Menschen gelesen werden.

	Die abbauende Beziehung	Die bewahrende Beziehung	Die sich entwickelnde Beziehung
Norm	Verschiedenheit als Konfliktpotenzial	Verschiedenheit soll ausgeglichen werden	Verschiedenheit ist Potenzial
Handhabung	Regeln und Kontrolle	Gemeinsame Haltungen – Pseudokonsens	Zusammenarbeit
Rückmeldung	Fehlerorientiert	Bleibt aus oder erfolgt indirekt	Engagiert und engagierend
Konfrontation	Angriff und Verteidigung	Wird ignoriert und unterdrückt	Wird gefördert und gepflegt
Konfliktlösung	Rückwärtsgewandt	Stillstand	Vorwärtsgewandt
Verantwortung	Vermeidung	Selbstaufopferung	Handlung

Abb. 8-2: Die drei Beziehungsformen

Im Folgenden wird versucht, die drei Beziehungsformen in ihrer reinen Form zu erklären, doch in der Realität vermischen sie sich eher und sind nicht in dieser Deutlichkeit erkennbar. Alle drei Formen finden sich potenziell in allen menschlichen Beziehungen und alle spielen sich hin und wieder ab. Es ist daher wichtig, nicht zu denken: „Das hier hat nichts mit mir zu tun." Jeder baut auch mal ab. Die Gewichtung und die Häufigkeit in der Beziehung jeder einzelnen Form haben Konsequenzen für die Funktionsfähigkeit des Gehirns und den Selbstwert des Menschen.

Wenn meine Partner und ich mit diesen Begriffen arbeiten, erfolgt dies in der Regel in Führungsgruppen, und wir sprechen über Grundmuster in Gruppendynamik und im Schaffen von Beziehungen. Häufig entscheiden wir uns dafür, über das Individuum und die Beziehung zu sprechen, aber nicht über die Gruppe. Das tun wir, weil es keine Gruppendynamik und keine Kultur gibt, die man umkreisen und zur Bearbeitung anpacken kann. Es gibt nur Sie und den anderen und die Beziehung zwischen Ihnen beiden. Ihre gesamte Beziehungsaktivität und die Art und Weise des Umgangs miteinander erzeugt eine Kultur. Die beste Art und Weise, mit diesem Schaffen, Bewahren und Abbauen von Kontakt zu arbeiten, ist im Beziehungsfeld zwischen zwei Individuen.

Die Führungskraft muss sich die Arbeit an der Beziehung bewusst machen und sie als eine der großen Herausforderungen im selbstwertbasierten und entwickelnden Führungsstil annehmen. Sie muss die Person werden, die in der Beziehung die Führung übernimmt, und sie muss sich vom „wir finden" zum „ich finde" bewegen. Das setzt Beziehungsarbeit voraus, so dass die Beteiligten sich direkt, anerkennend, konfrontierend und persönlich verhalten. Zu oft besteht das Führen darin, Befehle zu erteilen beziehungsweise ein „wir" oder eine gruppentierartige Anpassung zu fordern, bei der alle gehört und in Einklang gebracht werden und in einem Maß übereinstimmen sollen, das jegliche Initiative abtötet.

Somit sehen wir Menschen uns oftmals als einen Teil einer Gruppe, der Gesamtzahl an Beziehungen in einem abgegrenzten Feld. Das kann ein Fachbereich, eine Führungsgruppe oder eine andere Art von zusammenarbeitender Gruppe sein. Der Mensch bezieht sich auf sich selbst fast immer als „uns", „wir tun" oder „man tut". Mein Ausgangspunkt ist daher eine Beschreibung der Gruppe, um die Wiedererkennbarkeit zu erhöhen, und in Folge vertiefe ich mich in persönliche Eigenschaften, die die Antriebskraft hinter dem Gruppenmuster sind.

Wie bereits erwähnt, sind es persönliche Muster, die Kontakt abbrechen und eine sich entwickelnde Rückmeldung verhindern – Muster, die in der Beziehung aktiviert werden. Häufig ist die Führungskraft der Hauptkatalysator, doch es kann auch mehrere die Gruppe informell leitende Personen geben, die sich entwickelnde Beziehung wieder abbauen. Es gibt niemals nur einen einzigen Verantwortlichen, sondern einen Hauptverantwortlichen und eine Reihe von Mitverantwortlichen, die zum Abbau beitragen, ihn unterstützen oder eine Konfrontation mit ihm verhindern und die so ein Teil dessen werden, was das Muster bewahrt.

Abbauende Beziehungen

Ich sehe abbauende Beziehung als eine generelle Fehlfunktion. Etwas, das wir Menschen gelernt und erlebt haben, und an das wir uns gewöhnt haben, ist die Art und Weise, wie Beziehung funktioniert. Abbauende Beziehungen haben ihre Wurzel in einem kritischen Ansatz zum Menschen – einer Fehlorientierung, einer Art von Fokus auf das Negative und auf das, was nicht funktioniert. Dieser Ansatz ist voll von der Suche nach Fehlern, und die Hauptbestandteile von Argumentationen und Rückmeldungen sind Behauptungen – Behauptungen, die häufig angreifen und sagen: „Du hast nicht recht." In der Auseinandersetzung wird versucht, die Fehler des anderen nachzuweisen. Dieser Ansatz hält die ganze Zeit daran fest, dass es richtig und falsch gibt, eine richtige und eine falsche Art – was die Möglichkeit für Kontakt permanent verringert.

Wir befinden uns in der Domäne der Argumentation, wo man sich duelliert und darum kämpft, einen Streit nach dem anderen zu gewinnen – ein Ziel, das zwangsläufig zu einem Verlierer führen muss und für eine drohende potenzielle Niederlage in größerem und kleinerem Maßstab sorgt. Das ist ein Beziehungsmuster, bei dem es häufig darum geht, den anderen am Argumentieren zu hindern, weil das die einzige Möglichkeit darstellt, aus dem Konfliktraum zu entwischen. Wenn nur eine einzige argumentierende Partei übrig bleibt, haben wir einen Gewinner. Argumentation ist lebenswichtig als Führungsgrundlage, weil sie klärt und sortiert, doch die abbauende Argumentation ohne ein auf Vertrauen basierendes Fundament in Form von Kontakt zerstört die Lust, es erneut zu versuchen. Der Mensch verliert die Antriebskraft für die Beziehung und den Glauben daran, dass aus ihr etwas Gutes entstehen kann. Die Initiative in der Zusammenarbeit verschwindet.

Die Argumentation ist häufig rückwärtsgewandt – hin zu dem, was schief gelaufen ist – und kreist um die Schuldfrage. Das ist eine Art, sich der Verantwortung zu entziehen. In einer Beziehung gibt es ja immer mehrere Verantwortliche, wenn die Parteien zusammenarbeiten. Diese Form von Isolation und Fokus auf Fehler erzeugt Angriff und Verteidigung. Leugnung und Selbstbehauptung werden vorherrschend. Das führt zu Machtkämpfen und zu Versuchen, Autorität über eine besondere Position in der Gruppe zu erlangen – über eine Position, durch die man aus der Ziellinie der direkten Kritik heraus kommt.

Das Ignorieren der Rückmeldung ist ein markanter Teil des Abbauenden. Der Abbauende nimmt sich das Recht heraus, Beiträge oder Bemerkungen zu ignorieren, und überhört so Individuen, deren Selbstverständnis in Folge abgebaut wird und die verstummen. Die Mutigen versuchen es erneut, doch wenn sich das Muster wiederholt, verschwinden das Engagement und der Glaube daran, dass es einen Sinn ergibt. So etwas passiert oft ganz nebenbei und nicht immer eindeutig, doch für die Person, die übergangen wird, ist es deutlich zu spüren.

Die abbauende Gruppe stellt oft viele Regeln für die Wechselbeziehung auf – Regeln, die Kontrollfunktionen ausüben und das Verhalten anzugleichen versuchen. Diese Regeln werden aus Ohnmacht aufgestellt, weil das persönliche Engagement fehlt und die gegenseitige Verantwortung ausbleibt. Durch Verstärkung der Kontrolle verschiebt sich der Fokus immer weiter weg von der Problemlösung, weg von was auch immer das Ganze ausgelöst hat oder was die Gruppe ausführen sollte. Dies lässt die Motivation noch weiter sinken, weil Mitarbeiter und Führungskräfte in steigendem Maß daran arbeiten müssen, Daten zu produzieren, die das Kontrollsystem zufrieden stellen, was wiederum weniger Zeit für proaktive Maßnahmen und diejenigen Dinge lässt, die Spaß machen, Herausforderungen bedeuten und für Flow sorgen. Regeln werden auch aus dem Versuch heraus geschaffen, die zerstörenden Konflikte und ihre zehrenden Gefechte zu entschärfen. Man versucht, durch Einschränkungen, Verbesserungen zu erzielen. Die Regeln werden die Zwangsjacken, die gebrochen werden, was wiederum Kritik nach sich zieht.

Peter Senge schreibt in seinem berühmten Buch „Die fünfte Disziplin" über lernende Organisationen und über den Menschen, der von Kindesbeinen an lernt, dass er die Antwort kennen muss und nicht die Frage stellen darf.[3] Er sagt, dass die Menschen in vielen Unternehmen lernen, wie man argumentiert und die eigene Lösung präsentiert, doch niemand belohnt denjenigen, der auf ein schwieriges und komplexes Problem in der Kultur oder Strategie des Unternehmens aufmerksam macht. Diese Gedanken werden durch Lars Kolinds Beobachtungen bestärkt: Wenn eine Person im Unternehmen das tief verwurzelte Denkmodell angreift, wird der Betreffende kaltgestellt.[4] Nur wenige wollen dort herausgefordert werden, wo es keine unmittelbare Lösung gibt. Das ist ein abbauender Ansatz, der auf der Angst vor dem Verlust von Anerkennung basiert, wenn man nicht in der Lage ist, die Antwort zu finden.

Es ist oft schwierig, hemmende Kräfte in fest eingeschliffenen Mustern zu verändern. Rollenwechsel werden nicht akzeptiert, und alte Erwartungen werden festgeschrieben. Die Leute sollen in ihren Rollen bleiben, weil das für eine Form von Wiedererkennbarkeit und Navigationssicherheit sorgt. Wenn eine Person sich einmal so und so geäußert hat, dann ist sie so. In Wirklich-

3 P.M. Senge – 1990
4 L. Kolind – 2006

keit äußert sie eine Aussage vielleicht nur ein einziges Mal, und die restlichen Male kommt die Aussage nur im Kopf des Empfängers vor, was dazu führt, dass das Bild eingefroren wird.

In dem Maß, wie der zerstörerische Effekt von Konflikten zu spüren ist und von den Mitgliedern der Gruppe aufgenommen wird, beginnen viele, sich zurückzuziehen. Über den Prozess, der sich zwischen den Mitgliedern des Teams entfaltet, und über den Beziehungsanteil bei der Behandlung von Problemen wird fast nie gesprochen. Wenn über Zusammenarbeit gesprochen wird, so spricht man mehr über Zielsetzungen. Jeder versucht, sich an eigenen Zielen zu orientieren und so entstehen isoliert arbeitende Einheiten. Man belauert einander und hält sich selbst bedeckt. Das kann auch bedeuten, dass Informationen zurückgehalten werden. Die interdisziplinäre Verantwortung ist gering, weil sie die Möglichkeit beinhaltet, von anderen getroffen zu werden.

Aggressionen, die man laut aussprechen müsste, werden oft verschwiegen.

Die tonangebende Führungskraft ist zufrieden und fühlt sich sicher im Unsicheren. Sie kann auch frustriert sein, doch auch dann ist sie außerstande, Verhaltensänderungen anzuregen. Sie rauft sich vielleicht die Haare und schlägt auf einzelne Fälle ein – meist ohne das prozessuale Problem der eigenen Vorgehensweise vor Augen zu haben. Sie schlägt auf das Verhalten ein, sieht aber nicht das Phänomen. Das verstärkt die Furcht und die Verminderung der „Ich"-Verantwortung.

Wir kennen die distanzierende und ablehnende Kommunikationsform, bei der die Mitglieder Worte wie „wir" und „man" verwenden, um den Fokus weg von sich selbst und vom Interpersonellen zu bringen. Jeder hofft darauf, dass bei Besprechungen der andere die Aufmerksamkeit erhält und Fehler macht, damit der Suchscheinwerfer einen selbst nicht erwischt.

Aggressionen, die man laut aussprechen müsste, werden oft verschwiegen. Es schmerzt zu sehr, seine Meinung in der Situation zu sagen, in der das notwendig wäre. Wenn Konflikte nicht beendet werden, nehmen sie weiterhin Raum ein. Sie verbrauchen Energie und häufen sich an. Daher entwickelt sich oft eine „Ableitungskultur", die in der Schaffung von Sündenböcken resultiert. Es werden eine oder mehrere Personen ausgewählt, auf die die Aggressionen der anderen abgewälzt werden können. Der Sündenbock wird völlig unbewusst als Kanal für die Frustrationsableitung verwendet.[5] Der Sündenbock ist in der Regel eine Person, die provozierend zu einer Ohrfeige einlädt, oder eine Person mit einer Opfermentalität. Es entsteht eine Art Argumentation,

---

5 B. Lennér-Axelson und I. Thylefors – 2003

die besagt: „Du legst es ja selbst darauf an, und so kann ich meine Handlung selbst rechtfertigen."

Die konstante Verteidigung produziert Stresshormone, und alle schauen sich über die Schulter. Gespräche werden auf den Gang verlegt, weil Konflikte vor versammelter Mann-

Wenn eine Person im Unternehmen das tief verwurzelte Denkmodell angreift, wird der Betreffende kaltgestellt.

schaft zu abbauend sind. Viele erleben ein Gefühl von Ohnmacht, wenn sie mitmachen und über den anderen reden, statt ihn direkt anzusprechen. Das Gerede hinter dem Rücken wird häufig von den Mächtigen in der Gruppe gefördert, die ein gewisses Maß an Sicherheit bekommen, wenn sie Botschaften versenden und dadurch Kontrolle erwerben. Es besteht eine drohende Angst davor, eines Tages vielleicht selbst der Ausgestoßene, der Sündenbock zu sein – derjenige, an dem es ausgelassen wird. Das wird wie ein Hebel eingesetzt, der die Verirrten immer wieder zurück in Reih und Glied bringt. Hemmende Führungskräfte, formelle wie informelle, statuieren hin und wieder ein Exempel und zeigen den anderen, was passiert, wenn man ausschert.

Ständig auf dem Prüfstand

Eine ältere Führungskraft hatte einen kritischen Ansatz zu ihrer Gruppe. Die Führungskraft machte häufig Äußerungen wie: „Du hättest diesen Mitarbeiter schon längst entlassen müssen." Oder sie sagte über den Marketingleiter zu einem anderen: „Jetzt ist er schon seit anderthalb Jahren hier, und er hat mich immer noch nicht überzeugt, dass er der richtige ist." Diese Äußerungen führten dazu, dass sich alle in der Gruppe konstant bewertet und auf dem Prüfstand fühlten.

Die Führungskraft selbst hielt dies für gute Führung, weil es die Leute auf Trab hielt. Der abgeleitete Effekt war, dass die Mitglieder der Gruppe den anderen gegenüber kritisch wurden. Alle suchten nach Fehlern und Mängeln. Das sorgte dafür, dass man sich zu verschanzen und zu verbergen versuchte. Aus diesem Grund suchte die Führungskraft dann Hilfe. Sie konnte nicht verstehen, warum ihre Leute keine Verantwortung übernahmen.

Die Gruppe musste beginnen, ihre Führungskraft zu führen. Der Mann war von der alten Schule und hatte weder als Kind noch als Erwachsener selbst jemals irgendeine besondere Anerkennung erhalten. Seine Muster waren schwer zu durchbrechen. Besonders schwierig war es, wenn die Gruppe unter Druck stand. Was den Gruppenmitgliedern half, war ein tieferes Verständnis dafür, wer dieser Mann eigentlich als Person war. Eine Einsicht in den Menschen dahinter und warum er tat, was er tat. Er erzählte von sich selbst. Seine Mitarbeiter konnten seinen kritischen Ansatz erkennen und verstehen, warum er so war. Sie begannen selbst, für mehr Ausgleich zu sorgen. Beispielsweise konnten sie sich besser wehren, wenn sie sich gekränkt oder kritisiert fühlten. Vor allem eine Sekretärin begann, sich offen zu äußern. Sie hatte die alte Führungskraft gut im Griff, und langsam aber sicher veränderte diese ihr Führungsverhalten.

Nach einem Jahr und einigen Teamsitzungen hörte ich diesen Mann mit jemandem aus der Gruppe sprechen. Er sagte, dass sein Leben tatsächlich besser geworden sei, und dass er mit sich selbst jetzt besser zurechtkäme.

In einem abbauenden Prozess fühlen sich alle unwohl und sind voller Misstrauen. Man schützt sich und achtet auf sich selbst oder begibt sich unter den Schutz eines anderen. Daher entstehen oft Untergruppen von Einzelgängern oder Gruppen mit einem Beschützer und einer Reihe von Begleitern. In der abbauenden Beziehung verstärken die Untergruppen die allgemeine Angst in Zusammenstößen noch mehr, und die Vermeidungsstrategien werden verstärkt. Von mehreren gleichzeitig angegriffen zu werden, schafft ein Übergewicht von Gegengewicht, das nur wenige Menschen aushalten können. Die Untergruppen haben auch den Effekt, dass der Prozess der Selbstbewusstmachung noch mehr gestört wird. Wenn dieses „wir finden" groß wird, dann gibt es nicht viel Raum, um herauszufinden, was „ich finde", und man neigt dazu, sich zu unterwerfen. Der selbstreflexive Prozess wird davon abgelöst, dass man sich danach orientiert, was diejenigen meinen, die übernommen haben.

> Verschiedenheit und das Neue sind für die reaktiven Kräfte in der Gruppe von Natur aus bedrohlich.

Neue Mitglieder der Gruppe bekommen meist nicht viel Raum. Sie müssen sich schnell anpassen, sich in das Muster der Gruppe eingliedern oder verschwinden. Verschiedenheit und das Neue sind für die reaktiven Kräfte in der Gruppe von Natur aus bedrohlich. Es erfolgt keine eigentliche Erneuerung der alten Muster, und die Gruppe wird so erhalten.

Die Führungskraft der Gruppe trägt immer die Hauptverantwortung für den Prozess, der Selbstwert und Zusammenarbeit verringert. Die persönliche und schöpferische Anerkennung bleibt aus, und die einzige Anerkennung, die man ab und zu erhält, ist auf Kompetenzniveau und erfolgt häufig nur gegenüber einigen Ausgewählten der Gruppe. Die Spiegelungen der eigenen Person werden mager und ungenügend und sind häufig von negativer und kritischer Art. Dem Menschen gelingt es so immer weniger, sich selbst zu spüren. Er verdrängt die Wahrnehmung eigener Gefühle und beißt die Zähne zusammen. Es tut zu weh, zu spüren, wie es ihm eigentlich geht. Das Gefühl, nicht wertvoll zu sein, wird untermauert, und was der Mensch an innerem Glauben an sich selbst mitgebracht hat, verschwindet allmählich durch die länger andauernden Einwirkungen. Das passiert auch Menschen mit einem relativ starken Selbstwert.

Diejenigen, die noch einen intakten Selbstwert haben und die den durch die hemmende Beziehung verursachten eigenen Schmerz bewusst registrieren und bearbeiten, begeben sich entweder in kräftige Auseinandersetzungen, um die Form zu ändern, oder aber sie bewegen sich schnell weiter und verlassen die Gruppe. Hier möchte ich gern auf die Ähnlichkeiten zu dem Fallbeispiel mit dem Titel „Selbstvertrauen ist nicht genug, wenn es Widerstand gibt", das in dem Kapitel „Auf Selbstvertrauen basierendes Führen" beschrieben ist, verweisen.

Persönliche Muster in der abbauenden Beziehung

Wenn Menschen gegenseitigen Abbau verursachen, liegt immer ein Fehlschluss vor, der daran erkennbar ist, dass der Einzelne seine eigenen grundlegenden Bedürfnisse nicht fühlen kann, dass er nicht gelernt hat, sie zum Ausdruck zu bringen, und dass er nicht weiß, wie wertschöpfende Handlungen in Beziehungen sich ausdrücken können. Die Parteien arbeiten sich voran in eine sich abbauende Beziehungsspirale, in der psychologische Abwehrmechanismen aktiviert werden. Es kommt zu Störungen und Widerständen im Kontakt, und die Rückmeldung wird entweder aggressiv oder schwach und mangelhaft. Der Selbstwert schaffende Prozess wird abgebrochen oder zerstört. Solche Fehlschlüsse kommen von Menschen, die in ihrem Leben zu viel Abbauendes erlebt haben, was sie dazu bringt, frühere Muster weiterzuführen. Wir übertragen Gefühle, Erfahrungen und Energien aus alten Situationen auf aktuelle, und das Jetzt wird häufig durch die alten Erlebnisse betrachtet.[6] Die alten Erfahrungen färben auf die jetzige Situation ab, die damit dem ähnelt, was einmal war. Das wurde schon oft gesagt, gilt aber immer noch.

---

6 H. Hostrup – 1999

Das Alte im Neuen

Ich habe die vor Selbstvertrauen strotzende und sich selbst behauptende Führungskraft, ihr fehlendes Festhalten an sich selbst und ihr Zurückfallen in alte Muster gesehen – diese Änderung des Charakters kann im Bruchteil einer Sekunde stattfinden.

Ein Beispiel dafür ist der eigensinnige Aufsichtsratsvorsitzende, der die Räume eines skandinavischen Produktionsunternehmens betrat. Die Führungskraft dort wurde beim Anblick des Aufsichtsratsvorsitzenden von einem unabhängigen Individuum zu einem untertänigen Menschen, der nach Anpassung strebte. Dieser Wandel zur Untertänigkeit vollzog sich – soweit ich es erkennen konnte – ganz unbewusst und war gestützt von der Annahme, wenn ich mich nicht füge und mich nicht der Autorität unterwerfe, werde ich bestraft. Ich konnte nicht erkennen, dass irgendetwas von dem, was der Aufsichtsratsvorsitzende in der konkreten Situation tat oder sagte, der Führungskraft berechtigten Anlass dazu gab, sich zu ducken. Etwas in der Reaktion der Führungskraft hatte seinen Ursprung wohl in Erfahrungen aus früheren Begegnungen mit dem Aufsichtsratsvorsitzenden, während anderes wie übertragen aus anderen Beziehungen oder früheren Erlebnissen mit anderen Führungsfiguren wirkte.

Für viele von uns ist unsere Führungskraft zu einem Elternersatz geworden, und die Bezeichnung „der wichtige andere" ergibt Sinn für das Verständnis der Übertragung, die hier stattfindet – eine Übertragung von Erwartungen in Bezug auf Bedürfnisabdeckung, welche die Führungskraft häufig auf sich nimmt, jedoch niemals zur Gänze erfüllen kann. Ein solcher Ersatz ist voll von Enttäuschungen und Frustrationen, kann aber auch lebenspendend und sinnvoll wirken, wenn wir hin und wieder etwas von dem bekommen, was wir früher vermisst haben. Abbauende Beziehung ist voll von dieser Art sich wiederholender Muster, weil nie eine Aufklärung und Bewusstmachung erfolgt.

Susan Hart beschreibt in ihrem Buch „Die Bedeutung der Zusammengehörigkeit" etwas, das sie als Selbstschutzstrategien bezeichnet: „Selbstschutzstrategien sind für das psychische Überleben ebenso wichtig wie das Immunsystem des Körpers für das physische Überleben." An anderer Stelle schreibt sie, dass „die Funktion der Selbstschutzstrategien darin besteht, die psychische Struktur in einer Form von Gleichgewicht zu erhalten und als ein Schutz gegen Stimulusüberhäufung zu fungieren, wenn die Erregungskapazität des Nervensystems erreicht ist".[7]

---

7 S. Hart – 2006

Wenn wir in unserer Integrität gekränkt, angegriffen und kritisiert werden, setzen entsprechende Abwehrmechanismen ein. Selbstschutzstrategien sind, wie Susan Hart sagt, unentbehrlich, können aber unreif oder unverständlich sein.

Übertragungen von Teilen unserer selbst auf den anderen – Teilen, zu denen wir uns nicht richtig bekennen wollen, und die wir an uns selbst nicht mögen – sind ein Abwehrmechanismus, der häufig in der Beziehung zwischen Führungskraft und Mitarbeiter auftritt. Diesen Abwehrmechanismus setzen wir alle in mehr oder weniger großem Ausmaß ein:

Projektion ist eine Eigenschaft, eine Haltung, ein Gefühl oder der Rest eines Verhaltens, das eigentlich zur eigenen Persönlichkeit gehört, als solches aber nicht erlebt wird; stattdessen werden diese Dinge Gegenständen oder Personen in der Umgebung zugeschrieben und wie von außen gegen das Selbst gerichtet erlebt, statt umgekehrt.[8]

Ein solcher Abwehrmechanismus lässt sich bei der Führungskraft erkennen, die andere abweist, selbst aber glaubt, dass sie abgewiesen wird. Wenn ich Projektion in dem Kontakt zum anderen einsetze, so komme ich mit Teilen von mir selbst in Berührung, die ich bei dem anderen nicht als solche erkenne. Das klingt vielleicht verwirrend, aber ich bekomme keinen echten Kontakt. Das ist hemmend und abbauend, weil der andere nie das Gefühl hat, gesehen zu werden, sondern Rückmeldung auf etwas erhält, was er nicht als sich selbst versteht. Für denjenigen, von dem die Projektion kommt, ist es ebenfalls frustrierend, weil in der Begegnung immer Abstand und Widerstand zu finden sind. Wenn wir die Übertragung nicht bemerken, dann bleibt der Abstand bestehen.

Der abweisende Kollege

Ich kam einmal in eine Führungsgruppe, in der es eine Führungskraft gab, die einer anderen abweisend gegenüberstand. Das eigenartige war, dass derjenige, der die ganze Zeit abgewiesen wurde, nichts gegen denjenigen hatte, der ihn abwies. Es war jedoch zu einem Problem geworden, das für alle in der Führungsgruppe sichtbar war – ein Problem, das das ganze Team beeinflusste.

---

8 Perls, Goodman und Hefferline – 1951

Die abweisende Führungskraft erhielt durch ein tiefes Gespräch der Gruppe über ihre eigene Position mehr Einsicht in sich selbst. Sie erzählte viele Dinge über sich selbst, unter anderem, dass ihr eigener Vater sehr dominierend und definierend gewesen war. Sie hatte sich oftmals in das Weltverständnis ihres Vaters gepresst gefühlt. Sie erkannte, dass sie noch heute stark auf das Gefühl reagiert, eine Meinung aufgezwungen oder gesagt zu bekommen, was richtig und was falsch ist.

Der Mann sah auch ein, dass ein Teil dessen, was er an seinem Vater verabscheute, ein Teil von ihm selbst war. Das war eine Seite, zu der er sich nicht bekennen wollte. Diese Seite kam dadurch zum Ausdruck, dass er sich hin und wieder selbst sehr für eine Idee begeistern konnte und andere mit seinen Meinungen und Eindrücken überfahren konnte. Das wurde häufig zu einem Vortrag, was die anderen denken sollten, statt einer eher ausgewogenen Darstellung. Der Mann erkannte, dass es genau das war, wogegen er bei seinem Kollegen die größte Antipathie hatte. Der Kollege, mit dem es ihm schwer fiel, tendierte dazu, ihn überzeugen zu wollen. Je mehr er sich dem Kollegen entzog, ohne das Problem zu formulieren, desto stärker versuchte der Kollege in dem Bestreben, eine Reaktion zu erhalten, zu definieren, was der andere denken, meinen und fühlen sollte. Der Druck des Kollegen war also ein Versuch, mit der Führungskraft in Kontakt zu kommen und ihre Anerkennung zu spüren.

Wir alle haben mit Übertragungen zu tun, und sie sind oft schwer zu entdecken.

Indem er über sich selbst sprach, fand auch der Kollege Worte für seine eigenen Bedürfnisse. Er sah einen unbewussten Zugang zu einem bestimmten Typ von Menschen, der ihm jetzt stärker bewusst wurde. Der betreffende Kollege sagte anschließend, dass er sehr wohl die Eigenschaft an sich selbst erkennen könne, dass er die Führung übernahm, wenn er das Gefühl hatte, dass die Leute sich zurückzogen. Das war der Beginn einer guten Zusammenarbeit.

Als Kind ist es wichtig, andere Menschen um sich zu haben, die die eigenen Übertragungen ertragen können. Es ist gesund, „Mama ist doof" sagen zu können, wenn man selbst etwas falsch gemacht hat und ausgeschimpft wird. Das nimmt dem Kind etwas von dem Druck, doch wie immer wird Gutes verdorben, wenn es übertrieben wird. Wir alle haben mit Übertragungen zu tun, und sie sind schwer zu entdecken, doch wenn man offen ist, sich selbst im Beziehungsfeld näher anzuschauen, erleichtert man es dem anderen, sich frei zu machen.

Wenn Konflikte sehr aggressiv sind und man ein abbauendes Ziel vor Augen hat, kommt es zu Kränkungen der persönlichen Integrität und zwar unabhängig davon, ob man Mitarbeiter oder Führungskraft ist. Perls, der Vater der Gestalttherapie, sagt, dass Kränkungen der Anspruch sind, dass der andere sich schuldig fühlen soll. Im Kielwasser des Abbauenden liegt das Schuldgefühl, weil das Beziehungsfeld voller Angriffe, Kritik und Schelte ist. Menschen mit niedrigem Selbstwert interpretieren diese Art von Rückmeldung als Fehler ihres Selbst, und das lagert sich ab. Hier kommt ein anderer Abwehrmechanismus in Form unseres inneren „Sollte" ins Spiel. „Sollte" ist all das, was wir unsere Eltern und andere Autoritäten haben sagen hören, und was wir versucht haben, als einen wirklichen Teil von uns selbst zu integrieren. Das „Sollte" wurde allerdings nicht voll integriert, sondern plagt uns als etwas, was wir sein oder können sollten, statt als etwas, das wir sind. Dies ist unser innerer Kampf zwischen dem idealen und dem wirklichen Ich.[9]

Wenn wir die Übertragung nicht bemerken, dann bleibt der Abstand bestehen.

Die „Sollte-Abwehrhaltung" arbeitet mit dem Ego zusammen und ist oftmals der Übeltäter bei Selbstvorwürfen und Selbstkritik, denn es ist schwierig, etwas zu erfüllen, was ich nicht bin. Auf Selbstvertrauen basierende Anerkennung ist die zugängliche Ersatzenergiequelle, wenn jemand nicht als der gesehen wird, der er ist. Das geschieht nicht, weil wir uns entscheiden, nicht wir selbst zu sein, sondern weil wir stattdessen eine Anpassung von uns selbst erschaffen. Wir spielen das Gewünschte als Rollen und angeeignete Identitäten. Diese Rollen passen nicht richtig, was uns für den anderen zu einer nebulösen und unbestimmten Person macht.

Aus dem anderen heraus handeln

Ich arbeitete einmal mit einer jungen Führungskraft, die in einen Schlamassel geraten war. Der Mann hatte eine schwere Aufgabe in einer internen Servicefunktion erhalten, bei der es jahrzehntelang eingearbeitete Muster gab, die verändert werden sollten. Er war gut ausgebildet und war unter anderem Unteroffizier bei der Armee gewesen. Er nahm alles, was sein Chef sagte, auf, ohne das Gesagte zu filtern oder an die eigene Form und den eigenen Stil anzupassen.

Sein Chef hatte – vor einer Reise mit Kunden nach Finnland – gesagt, dass es wichtig sei, dass sie auf der Reise Zeit miteinander verbrächten. Im

9 J. Lumbye – 1974

Wortlaut hatte der Chef gesagt, dass es eine gute Idee wäre, einen der beiden Abende in Finnland nur für das Team zu reservieren. Die Kunden legten in der Zeit in Finnland eine große Kauflust an den Tag und kamen dem Unternehmen in wichtigen Bereichen entgegen. Als mehrere der teilnehmenden Kundenbetreuer meinten, dass das Team bei den Kunden nach der tollen Anerkennung mehr oder weniger in der Schuld stand – und der Chef im Übrigen seine Teilnahme an dem Treffen, das dem Team vorbehalten war, abgesagt hatte –, war es einleuchtend, die Kunden am letzten Abend zu einem gastronomischen Erlebnis einzuladen. Das geschah jedoch nicht, weil sich die junge autoritätsgläubige Führungskraft weigerte, dem Wunsch ihrer Leute nachzukommen und auf den Befehl ihres Chefs verwies, dass sie einen Abend allein miteinander verbringen sollten.

Als der Chef anschließend hörte, was geschehen war, war er erschüttert. Er fühlte sich ein wenig geschmeichelt, dass er einen so loyalen Soldaten hatte, war aber wütend darüber, dass es eine Führungskraft auf diesem Niveau nicht vermochte, die Situation zu handhaben.

Die junge Führungskraft war verwirrt. Sie wurde anschließend hart konfrontiert und zwar sowohl von ihren Untergebenen, die demotiviert waren, als auch von ihrem Chef, der sauer war. Die Führungskraft dachte, der Chef hätte gesagt, dass Führungsstil, Richtung und Konsequenz gezeigt werden sollten. Sie konnte jedoch sehr wohl erkennen, dass sie vergessen hatte, selbst zu denken. Oder anders gesagt: Sie verfügte in bedrängten Situationen über einen Abwehrmechanismus, der sie alles von der Autorität aufnehmen ließ und sie dazu brachte, unbewusst sich selbst und ihre eigene Urteilskraft beiseite zu schieben.

Das Verurteilende geht aus Verurteilung hervor.

Der Mann hatte ein etwas ungenaues Selbstgefühl und meinte, als Führungskraft der harte Hund sein zu müssen – eine Auffassung von sich selbst, die nicht voll integriert war. Durch Selbstreflexion fühlte er einen anderen Teil von sich sprechen – den Teil, der etwas in der Richtung sagte, dass an der Vorgehensweise etwas nicht stimmte, und dass er den kontaktvolleren Zugang zu anderen Menschen vermisste. In Folge erkannte er sich selbst nicht mehr, wenn er starrköpfig wurde und in ein beharrliches Festhalten an einer inneren und äußeren Autorität verfiel.

Das Verurteilende geht aus Verurteilung hervor. Der Mensch in der abbauenden Beziehung hat selbst viel Abbauendes in seinem Leben erlebt. Es entsteht daher häufig eine verurteilende Abgrenzung in den hemmenden und den bewahrenden Gruppen. Die Konflikte, die wir oft in der abbauenden

Beziehung erleben, drehen sich um soziales und asoziales Benehmen. Dabei gilt es als sozial akzeptabel, die Normen, Regeln und Formen anzunehmen, die den gesunden Interessen und Bedürfnissen des Einzelnen wesensfremd sind. Das führt dazu, dass der Mensch, der die aufgezwungenen Muster annimmt, viel von seinem Engagement verliert und die eigene Individualität aufgibt. Das tötet das Gemeinschaftsgefühl. Wir passen uns an das hemmende Muster an, was einen Abbau unseres Entfaltungspotenzials bedeutet.

Wenn wir statt Essen und Liebe Kritik und Herabwürdigung erhalten haben, ändern sich unsere Voraussetzungen für das Entwickelnde.

Wir erleben oft, dass der angepasste Mensch keine Farbe zu der jeweiligen Situation bekennt, sondern den Brocken einfach schluckt, was bedeutet, dass er es akzeptiert, sich selbst aufzugeben. Diese Anpassung unterstützt das nicht authentische und nebulöse Bild in den Augen des anderen, was den Kontakt hemmt und das innere Selbstwertgefühl bei demjenigen verringert, der sich anpasst.

Es ist gesund, das annehmen zu können, was der andere sagt, auch wenn das unkritisch passiert. Das Kind nimmt vieles von den wichtigen Erwachsenen als Teil des natürlichen Lernens an – Essen, Sprache, Werte und Verhaltensmuster. Kinder kopieren und ahmen nach – eine Fähigkeit, die gut und natürlich ist. Andererseits kann dieses Muster auch Kontakt abbauend und dadurch persönlich abbauend wirken, wenn der Mensch nämlich nie eine kritische Position einnimmt und vergisst, zu bewerten, zu sortieren und selbst zu wählen.

Wenn wir statt Essen und Liebe Kritik und Herabwürdigung erhalten haben, ändern sich unsere Voraussetzungen für das Entwickelnde. Der „Kritiker" ist ein weiteres persönliches Muster im Abbauenden. Derjenige, der heute kritisiert, ist selbst einmal kritisiert worden. Er ist verletzlich gegenüber Kritik. Er spricht auf dieselbe Art, wie zu ihm gesprochen wurde. Das ist eine ungleichwertige Form der Kommunikation, bei der mit dem anderen herablassend gesprochen wird. Zorn und Aggressivität werden hervorgerufen, wenn das innere Muster aktiviert wird. Derjenige, der angreift, verliert häufig seine Selbstachtung, weil es sich elend anfühlt, andere zu kritisieren. Es fühlt sich ebenso schlecht an wie damals, als die Person selbst kritisiert wurde. Das Gefühl, kritisiert worden zu sein, wird häufig durch eine emotionale Überschwemmung ausgelöst, die von den Wassern früherer Erfahrungen gespeist wird. In manchen Situationen trifft ein Kritiker auf einen Kritiker. Von denen gibt es in der Wirtschaft massenhaft, und sie kommen in den Organisationen, in denen die Nahrung aus Selbstvertrauen besteht, weit. Von dieser Energiequelle können wir in dem auf Wettbewerb basierten Ansatz, Anerkennung zu erlangen, jede Menge bekommen. Kritiker leisten viel und treiben sich selbst hart an, was die unbewusste Lebensweise der selbstkritischen Führungskraft ist.

Das erzeugt eine gewisse Einsamkeit und die Trennung von sich selbst und dem, was entwickelt und das Loch füllt. Wenn man sich als Person in einem kritischen inneren, ewig sich selbst bewertenden Zustand befindet, dann ist man sich selbst nicht wirklich ein Freund. Die Entfremdung und die Distanzierung von sich selbst sind spürbar und kommen im Kontakt und in der Rückmeldung zum Ausdruck. Die Distanz im Inneren der Führungskraft wird zum Abstand im Äußeren. Distanz kann ein Abwehrmechanismus sein, mit dessen Hilfe man es vermeidet, sich öffnen zu müssen.

> Wenn ein Konsens entsteht, dass es besser ist, zu schweigen als zu streiten, entsteht „das Bewahrende".

Einsamkeit ist für viele Führungskräfte eine Realität, die man im heutigen Führen oft erlebt. Für mich ist Einsamkeit beim Führen keine Realität, sondern ein Gefühl, das verändert werden kann. Es gibt Führungskräfte, die niemals Einsamkeit gespürt haben, auch wenn sie jeden Tag Entscheidungen allein treffen. Eine Entscheidung allein und mit dem Gefühl des Zugangs zu sich selbst zu treffen, ist für den selbstwertbasierten Menschen eine Selbstverständlichkeit. Der selbstwertbasierte Mensch weigert sich, sich selbst zu verlassen und sich verlassen zu lassen. Das Problem beim Führen ist nicht, dass die Führungskraft die Entscheidung letzten Endes selbst treffen muss – das hat sie ihr gesamtes Erwachsenenleben tun müssen. Das Problem entsteht dadurch, dass man Entscheidungen in Beziehung zu anderen treffen muss, und durch das Gefühl, das sich dabei ergibt. In hemmenden Beziehungsmustern ziehen sich die Leute von demjenigen zurück, der die Entscheidung trifft, um die eigenen Hände in Unschuld zu waschen, oder sie unterstützen ihn auf unkritische Weise, wodurch die Führungskraft keine stärkere Sicherheit oder das Gefühl von Vertrauen und dadurch von Gemeinschaft erhält.

Man könnte meinen, dass das, was die einsame Führungskraft benötigt, treue Gesellen sind, die mit ihr durch Dick und Dünn gehen. Vertrauen ist gut, doch unreflektiertes Vertrauen erzeugt Unsicherheit. Wir alle versuchen, uns in die Lage eines anderen zu versetzen, doch es gibt Menschen, die jede Form von Grenze zum anderen aufheben und eine Art Verschmelzung erzeugen. Diese Menschen erleben sich selbst als verschmolzen mit dem anderen und können keine aufrichtige Rückmeldung geben, weil das das Erleben von Verschiedenheit und Getrenntheit voraussetzt. Die gesunde Verschmelzung ist ein wichtiger Teil der Fähigkeit, sich einzufühlen und den anderen zu spüren, und zeichnet sich dadurch aus, dass man den Schritt wagt, sich jemandem zu überlassen und sich hinzugeben. In der weniger zweckmäßigen Form ist Verschmelzung die Abwehrhaltung hinter dem „Festhalten-am-Wir" in der Gruppe, die wir bereits angesprochen haben. Die ungesunde Verschmelzung passiert, wenn wir nicht in der Lage sind, aus dem anderen herauszutreten und wir selbst zu sein. Es ist gut für eine Person, sich mit dem anderen identifizieren und ihn spüren zu können, doch wenn es nur das ist, was man tut, erzeugt dies Kontaktstörungen.

> Diese Menschen erleben sich selbst als verschmolzen mit dem anderen und können keine aufrichtige Rückmeldung geben, weil das das Erleben von Verschiedenheit und Getrenntheit voraussetzt.

Wie oben illustriert entsteht im Abbauenden eine Reihe von Phänomenen, die wir leicht als hemmend erkennen können – Aggression, Angriff, Verteidigung, Rückzug und Flucht. Diese Abwehrmechanismen verringern Kontakt und Rückmeldung. Hinter der Abwehr liegen persönliche Muster, die durch Abbauendes aktiviert werden. Das Abbauende bestimmt die Stimmung, die Form und den Zugang zum anderen, was eine Art von rückläufiger Tendenz weiterführt. Dieses Gefühl nimmt man schnell wahr, wenn man in die Gruppe eintritt. In einigen Unternehmen ist das bis hin zum Empfangsbereich spürbar.

Bewahrende Beziehungen

Wenn abbauende Konfrontationen nicht mehr als Weg gesehen werden und ein Konsens darüber entsteht, dass es besser ist, zu schweigen als zu streiten, entsteht „das Bewahrende". Hier geht es um das Aufrechterhalten von etwas Bestehendem, das erträglich ist – eine Form von starrem Festhalten. In dieser Gruppe wird das Konfliktfreie und das Nicht-Verurteilende als richtig angesehen.

In dieser Beziehungsform gedeihen Äußerungen wie: „Ich werde mich nicht zum Richter über andere aufschwingen." Im Bewahrenden gibt es einen zugrundeliegenden Ansatz, der Einheitlichkeit sucht, weil das am sichersten ist. Man selbst zu sein und zu sich und den daraus entstehenden Konflikten zu stehen, hat zu sehr weh getan. Statt man selbst zu sein, werden Zusammenstöße ignoriert und unterdrückt. Es tritt ein Stillstand ein, der von einem Außenstehenden so verstanden wird, dass niemand eine Klärung dessen wünscht, was im Beziehungsfeld passiert. Es entsteht eine Art vereinheitlichte Haltung.

Die Beziehung, die früher konfliktgeladen war, wird vermieden, und es werden Ersatzbeziehungen ohne Gegenseitigkeit geschaffen. Die Begegnung zwischen Menschen geschieht ohne Kontakt, und es wird geredet, um eine Beziehung aufrechtzuerhalten, die nur an der Oberfläche besteht. Es entstehen „So-tun-als-ob"-Beziehungen und eine Pseudogegenseitigkeit, die nicht auf wirklichem Vertrauen basiert.

Die neuen Medien- und Kommunikationsformen können die bewahrende Beziehung unterstützen. E-Mails und Mobiltelefone ermöglichen Kontakt ohne persönliche Begegnung – einen Kontakt, bei dem man nicht auf die gleiche Weise die Rückmeldung des anderen spüren und wahrnehmen kann. Die indirekte Kommunikation wird hin und wieder als direkt abbauend erkennbar. Ein Beispiel ist, dass der Absender Nachrichten versendet, die von Angesicht zu Angesicht übermittelt werden sollten, um sich so die schwierige oder potenziell Konflikt auslösende Nachricht zu erleichtern.

Der Drang zu Selbstaufopferung ist in den bewahrenden Beziehungen groß.

Es herrscht das Gefühl, dass etwas fehlt oder dass alles indirekt gesagt wird – eine Unbestimmtheit, bei der jeder die anderen „scannt", ohne präzisieren zu können, wer welche Meinung hat. Alle orientieren sich anhand von Stimmungen und überprüfen ihre eigenen inneren Antennen, welche konstant abgestimmt werden müssen, um eine Peilung der anderen Person, des Unvollendeten und des Ungesagten zu bekommen. Dieser Zustand ist für viele Menschen unglaublich energieraubend und erzeugt zugleich ein merkwürdiges Gefühl von Zurückhaltung, weil es anscheinend nichts gibt, für das man sich anstrengen könnte.

Der Drang zu Selbstaufopferung ist in den bewahrenden Beziehungen groß. Ich nehme mich die ganze Zeit zusammen und benehme mich im Verhältnis zur Gruppe ordentlich. Ich ordne mich den unausgesprochenen Erwartungen der Gemeinschaft unter und navigiere über meine Vorstellungen dessen, was von mir erwartet wird.

Die Führung ist in dieser Art von Gruppe schwach. Häufig ist es eine einzelne Person, die den Ton angibt, und es wird eine Art oberflächliche Harmonie und Ruhe erzeugt. Es kann einen oder mehrere informelle Führungskräfte geben, die unter dem harmonischen Äußeren die Fäden ziehen. Eine Methode, indirekte Führung im Bewahrenden auszuüben, sind Triangulierungen. Ein Beispiel für Triangulierung ist, wenn zwei Personen einen Konflikt haben, und eine von ihnen eine Ersatzbeziehung schafft, statt den Konflikt aus dem Weg zu räumen. Es wird über einen Dritten gesprochen, und die beiden erzeugen ein gemeinsames Verständnis, das jedoch nicht mit dem Dritten geteilt wird. Die Person, die zu einem Ersatz wird, leidet häufig, weil sie auf eine Art reden und handeln muss, die dem gerecht wird, was der Ersetzende will. Die neue gemeinsame Haltung gegenüber dem Dritten zeigt sich in einem Verständnis, das für den Ausgestoßenen unsichtbar ist und von dem er nur etwas mitbekommt, indem er zuhört und sich den Inhalt zusammenreimt.

Das Gewebe der Triangulierung

Zwei Führungskräfte in der Führungsgruppe reden außerhalb des Besprechungsraums miteinander, und der Dritte kommt hinzu und schnappt etwas auf, woraufhin die beiden umgehend das Thema wechseln. Die Führungskraft, die gerade den Raum betreten hat, fragt: „Habt ihr über mich gesprochen?" Sie antworten mit einem: „Nein, überhaupt nicht, wie geht es dir denn?" Ihre Rückmeldung bedeutet keine Klärung und dreht den Fokus mit einer Frage zurück auf denjenigen, der eine Klärung sucht. Es wird keine bessere Antwort eingefordert. Der zuletzt Angekommene weiß, dass er darauf achten muss, was die beiden an Pseudokonsens geschaffen haben, und dass er sich den Inhalt während der Besprechung zusammenreimen muss. Er verhält sich daher passiv, hört aber während der gesamten Besprechung aktiv zu.

Rückmeldung bleibt aus oder wird durch Erklärungen und Ermahnungen wegrationalisiert. Indem man den Fokus auf eine „Das-müsstest-du-doch-verstehen-können"-Kommunikation und das unpersönliche Argument verschiebt, wird das Gefühl zu etwas, das nicht eintreten darf. Alle Führungskräfte haben Gefühle in die Dinge investiert, für die sie brennen, ansonsten brennen sie nicht. Wenn das Gefühl zu einem Verbot wird, vermeidet man die größeren Konflikte, doch der Mensch wird innerlich ausgelöscht. Beziehungen sind nicht mehr echt, weil niemand deutlich beziehungsweise wirklich er selbst ist.

Im Bewahrenden steckt eine Art fehlende Beziehungskompetenz, die bewirkt, dass wir unbewusst Abstand halten, jedoch ohne den Kontakt ganz abzubrechen. Es wird häufig als Konsens angesehen, dass Gefühle von der Beziehungsebene getrennt werden sollen. Wir müssen professionell und rationaler sein. Das bedeutet in Wirklichkeit: „Ich soll meine Gefühle nicht spüren und das, was ich registriere, nicht ausdrücken." Es gibt also Führungskräfte und Mitarbeiter, die dafür sind, die Dinge zu trennen – die in die Arbeit

> Im Bewahrenden steckt eine Art fehlende Beziehungskompetenz.

gehen, um zu arbeiten, und die Gefühle und Bedürfnisse pflegen, wenn sie nach Hause kommen. Das klassische Argument für das Trennen der engeren menschlichen Beziehung vom Fachlichen ist die Entlassungssituation.

Schauen wir uns ein Beispiel an:

Selbstsein, wenn ich lieber bewahren würde

Es folgt eine Geschichte, die die meisten Führungskräfte wiedererkennen werden: Ich habe Vertrauen zu einem anderen Menschen aufgebaut. Der andere und ich fühlen uns in der Zusammenarbeit wohl. Es gibt jedoch Punkte, bei denen ich der Meinung bin, dass die Qualifikationen des Mitarbeiters nicht ausreichen. Ich konfrontiere ihn damit, und wir erstellen einen persönlichen Entwicklungsplan. Wir packen die entstehenden Konflikte an und erfahren etwas übereinander und über unsere Verschiedenheit. Wir stimmen unsere Erwartungen ab, und es werden klare Ziele abgesteckt. Die Ziele werden unterstützt und verankert, und alles wird mit Handschlag besiegelt. Nach einer Weile stelle ich als Führungskraft fest, dass ich trotz meines Coachings, trotz der Bemühungen des Teams und trotz Weiterbildung nicht erkennen kann, dass sich der Mitarbeiter bewegt hat. Ich komme zu dem Schluss, dass es mit mir als Führungskraft nicht möglich ist, den Betreffenden zu bewegen, und dass dies eine Konsequenz haben muss, weil Kunden und Team besser gedient wäre, wenn an dem Platz jemand anderes säße. Da haben wir das Dilemma.

Wenn ich als Führungskraft nicht so viel von mir selbst investiert und mich nicht selbst in der Begegnung mit dem Mitarbeiter eingebracht hätte, würde es mir gefühlsmäßig vielleicht leichter fallen, ihn zu entlassen. Jetzt muss ich stattdessen durch einen schweren persönlichen Prozess, bei dem ich versuchen muss, in dieser Situation mir selbst gegenüber aufrichtig zu sein. Bei diesem Prozess muss ich selbst meinen Teil der Verantwortung übernehmen, dass es nicht gelungen ist, den Mitarbeiter höher zu qualifizieren. Ich werde vielleicht gezwungen, meinem eigenen Gefühl von Versagen, sogar Trauer, in die Augen zu sehen. Das ist ein schwieriger Ansatz für das Führen, aber auch ein mehr lebensbejahender und nährender Ansatz.

Meiner Ansicht nach ist die Lösung in dem oben beschriebenen Fallbeispiel, dass die Führungskraft ihre Selbstwert-Basis sucht und den Mut fasst,

> Führung als Disziplin ist noch nicht ernsthaft zum entwickelnden Ansatz übergegangen.

in einem sich entwickelnden Beziehungsraum statt in einem bewahrenden Beziehungsraum zu arbeiten.

Ich treffe auf diese Problematik häufig bei der Führungskraft, die für Veränderungen sorgt, die in eine existierende Organisation kommt und freie Hände bekommt, die eigene Mannschaft zusammenzusetzen. In der ersten Phase lautet ihre Aufgabe, die „Krankheiten" zu analysieren, Ursachen zu finden und aufzudecken, welche Leute sie behalten will, und wer ausgetauscht werden soll. Wie tut man das am besten? Die meisten werden wohl sagen, dass man am besten eng an die Leute rangeht, die einen Teil der Schuld, aber auch viele der Antworten tragen. Häufig passiert es jedoch, dass eine solche Führungskraft Abstand hält, weil sie weiß, dass sie sich in der anschließenden Phase von einem Teil der Leute trennen muss. Das ist menschlich, aber es ist abbauend. Der Prozess hat einen vorausbestimmten Ausgang, und viele von denen, die sich verändern könnten, bekommen nie die Chance, weil sie zurückgehalten werden von den Abwehrhaltungen in sich selbst und von der Angst vor der Begegnung mit einer Führungskraft, die Abstand hält. Sie stecken in ihren alten Mustern fest – Mustern, die nur dadurch entschärft werden können, dass diese Leute Vertrauen und eine helfende Hand von demjenigen erhalten, der die Beziehung führen soll.

Ein schöpferischer Führungsansatz in Bezug auf Veränderungen erfordert daher, dass die Führungskraft über Selbstwert verfügt. Sie muss es wagen, sich zu öffnen und auf Leute zuzugehen, die sie vielleicht abweisen und die sich nicht trauen, das zu tun, was sie selbst tut. Sie muss sich auch selbst durch jene Phase tragen können, in der sie sich vielleicht trotzdem von denjenigen trennen muss, die man nicht in dem Maß in Bewegung setzen kann, wie sie es sich vorstellt. Sie erhält in diesen Prozessen keine Stimulationen durch Selbstvertrauen, und sie muss von der von innen kommenden Energie zehren, die durch ihre Anerkennung von sich selbst entsteht.

Ich bin der Ansicht, dass Führung als Disziplin noch nicht den bewahrenden Beziehungsansatz verlassen und ernsthaft zum entwickelnden Ansatz übergegangen ist. Dafür gibt es viele gute Gründe.

> Wir müssen professionell und rationaler sein, bedeutet in Wirklichkeit: „Ich soll meine Gefühle nicht spüren und das, was ich registriere, nicht ausdrücken."

Persönliche Muster in der bewahrenden Beziehung

Wenn die Führungskraft Vorbehalte gegenüber der eher persönlichen Begegnung hat, spiegelt dies häufig eigene Unsicherheit wider – einen Drang zu Kompensation und Sicherheit in dem vertrauten distanzierten Ansatz, ohne Einmischung durch zu viele Gefühle und durch das, was sich daraus an Möglichkeiten für Zusammenstöße ergibt. Ich sehe das Bewahrende im Menschen als eine Abwehrhaltung, die sich das Leben vom Leib hält, aber die sich zugleich Sicherheit in dem Leben schafft, das der Mensch kennt und einigermaßen unter Kontrolle hat.

Der moderne Mensch schreit nach Entwicklung in der Beziehung, weil wir uns so in ein Wagnis begeben, das uns das wirkliche Leben spüren lässt. Dort riskieren wir es, zu verlieren oder zurückgewiesen zu werden und dadurch Schmerz zu spüren, doch wir riskieren auch, das Besondere zu erleben, das Glück und uns selbst wirklich zu spüren. Im Bewahrenden versuchen wir sicherzustellen, dass nichts riskiert wird – dass wir bleiben, wo wir sind. Das Rationale ist das, was ich habe, und das, was ich kenne. Das Du ist für mich ein unsicherer Bereich, und ich ziehe es vor, das, was ich kenne und unter Kontrolle habe, nicht zu verlassen. Ich möchte nicht riskieren, mich verändern zu müssen.

Der heutige Mensch schreit nach Entwicklung in der Beziehung, weil er nur so das wirkliche Leben spürt.

Selbstbeherrschung ist eine andere Abwehrhaltung, in der viele von uns sehr gut sind, und sie beinhaltet, dass man Reaktionen zurückhält. Wir können eine innere Reaktion und eine Spannung spüren, bringen diese jedoch unter Kontrolle und hemmen sie, so dass sie letzten Endes durch Gegenspannung ausgeglichen werden. Häufig geschieht dies durch Muskelkontraktionen. Eine solche Spannung kann Kopf- oder Magenschmerzen und andere physische Reaktionen auslösen. Wenn wir die Abwehrhaltung der Selbstbeherrschung einsetzen, bringen wir uns häufig selbst um das Feedback, das wir durch eine Öffnung hätten geben und bekommen können. Wir entscheiden uns stattdessen dafür, uns zu verschließen. Sich zurückzuhalten erfordert oft eine Menge Energie und macht den Menschen müde und schlapp. Häufig sickert das Eingesperrte dennoch durch, allerdings in Form von Stümperei, Tratsch oder Negativität.

Führungskräfte mit Stress kennen diese Abwehrhaltung. Das Ungesagte sammelt sich, weil der notwendige Austausch nicht erfolgt, und das erzeugt einen inneren Spannungszustand. Es reicht nicht aus, das Gefühl in sich selbst zu spüren, indem man es in einen inneren Gedanken umsetzt. Das Gefühl muss heraus, es muss laut ausgesprochen werden. Erst wenn ein zugrunde liegendes Gefühl gegenüber der Person, die es betrifft, oder jemandem, der sich in der Beziehung engagiert hat, ausgedrückt wird, tritt die entspannende und befreiende Wirkung ein. Man kann auch sagen, dass das Aussprechen und in

Worte Kleiden eines Bedürfnisses oder Gefühls das Bewusstsein schafft, das die Spannung auflöst.

Wenn Selbstbeherrschung gesund ist, dient sie uns dazu, uns selbst zurückzuhalten, damit wir nicht bei jeder Gelegenheit unterbrechen und dazwischenreden. Das kleine Kind lernt dies über den Dialog mit den Eltern und wird während des Heranwachsens aufmerksam auf sich selbst und auf den anderen sowie auf die Bedeutung, zu reden, aber auch darauf, zuhören und verstehen zu können. Das Problem ist, wenn die Selbstbeherrschung überhandnimmt, wird dennoch reagiert, aber das geschieht nach innen gekehrt, indirekt oder es wird an der verkehrten Person ausgelassen.

Am anderen Ende der Selbstbeherrschungs-Skala haben wir einen Charakterzug, der nicht für ausreichende Selbstbeherrschung und Selbstkorrektur sorgt. Dieser kann entstehen, wenn wir von Kindesbeinen an gelobt und bestätigt wurden, wie tüchtig und fantastisch wir sind, wodurch der wichtige andere, typischerweise die Mutter, ein Bild von sich selbst als gute Mutter aufrechterhalten hat.

Das Ungesagte sammelt sich, und das erzeugt einen inneren Spannungszustand.

Ein solcher Abwehrmechanismus entsteht beim Führen, wenn die Führungskraft nichts anderes tut als zu loben und aufrechtzuerhalten. Dieser Zustand ist möglicherweise darauf zurückzuführen, dass sich die Führungskraft grundsätzlich wünscht, dass alles, was sie selbst tut, in Ordnung ist. Die anderen Seiten der Person – die ganze Person – werden nicht gesehen. Der Mensch wird nicht durch Rückmeldung bestätigt. Erlebnisse von Unsicherheit, Einschränkungen, Zweifel und derartigem werden nicht von „den wichtigen anderen" und daher auch nicht von der Person selbst bestätigt. Sie werden so zurückgehalten. Das ist ein Fall von Vernachlässigung – nicht von Verhätscheln und auch nicht von aufrichtiger Anerkennung.

Diese Form von Beziehung zu Eltern und Führungskräften kann einen Menschen voll Selbstvertrauen erzeugen, der sich immer in den Vordergrund spielt, immer richtig ist, die Selbstsicherheit selbst ist. Zugleich hat diese Person eine Reihe eher negativer Charakteristika wie Aggressivität, wenn sie nicht die richtige Bestätigung erhält. Sie kann gegenüber anderen sarkastisch, kritisch und abwertend sein und dazu tendieren, sich mit Leuten zu umgeben, die ihr Recht geben. Man kann sagen, dass ihr Selbstwert im Kern niedrig ist, ihr Selbstvertrauen aber hoch. Sie hat nie gelernt, sich selbst im Ganzen zu zeigen, sondern zeigt nur die Teile von sich, in denen sie bestätigt wird. Wie bereits erwähnt, vermiedet sie häufig Kontakt, der sie den Teilen näher bringt, die sie bei sich selbst abgewählt hat, denn diese wirken chaotisch und zu unübersichtlich, um sich ihnen gegenüber in einem ganzheitlichen Sinn zu verhalten.

Diese Beschreibung ist eine Verallgemeinerung, doch viele von uns kennen das Muster von einer Führungskraft oder einem Kollegen in unserer Nähe. Diese Art persönlicher Muster erschweren den Kontakt.

Solche Muster verhindern die Rückmeldung, die nötig ist, damit eine Person korrigiert werden und sich selbst genauer erkennen kann. Einen solchen Menschen zu konfrontieren, erfordert eine Menge Mut.

Die doppelten Botschaften der Führungskraft

Ich habe hin und wieder charismatische Führungskräfte erlebt, die von anderen als Führungsikonen unserer Zeit beschrieben werden, die aber hinter den Kulissen Probleme haben, dafür zu sorgen, dass sich die Zusammenarbeit und die Beziehungen entwickeln. Diese Führungskräfte erleben in der eigenen Führungsgruppe mangelnde Unterstützung, weil sie nicht das Sparring und den Widerstand erhalten, die so wichtig sind. Und das wissen sie auch. Meist sind sie selbst der Hauptgrund dafür, dass sie das, was sie gerne hätten, nicht bekommen. In den meisten Fällen sind sie sich selbst über die von ihnen geschaffenen Muster nicht im Klaren.

Die Führungskraft fordert ihre Leute vielleicht sogar dazu auf, sie selbst zu sein und zu sagen, was sie denken. Wenn das Muster unbewusst ist, passiert es, dass der Einzelne das Gefühl hat, dass die eine Sache gesagt wird, aber eine andere gemeint ist. Ich saß einmal mit einer Führungsgruppe zusammen, bei der die Führungskraft alle in der Gruppe in hohem Maße dazu aufforderte, Mut zu zeigen und auf der Bildfläche zu erscheinen. Die Frau hatte das Gefühl, für die Gruppe eine Mutterfigur zu sein, und dass alle dauernd zu ihr kamen, um ihr OK zu bekommen. Sie war es leid, dass in der Gruppe so wenig Verantwortlichkeit existierte.

Im Laufe des fortschreitenden Tages wurde der Prozess immer stärker entwickelnd. Wir waren zwei Prozessberater, die mit der Gruppe arbeiteten, und versuchten, Kontakt und Rückmeldung zu erzeugen. Die Leute wurden immer mutiger, und irgendwann versuchte eines der Gruppenmitglieder, die weibliche Führungskraft zu konfrontieren.

Das Resultat war, dass sie auf eine Weise um sich schlug, die ihr Gegenüber grün und blau zurückließ. Man konnte deutlich ihre Aggressivität spüren und sehen, wie ihre Abwehrhaltung zum Ausdruck kam. Das hinterließ die Mitglieder der Gruppe in einer Art Zwickmühle. Auf der einen Seite sagte

Mutter, dass sie als sie selbst zu ihr kommen sollten, und auf der anderen Seite bekamen sie Schläge, wenn sie taten, was sie sagte.

Dies war der Beginn eines länger anhaltenden persönlichen Entwicklungsprozesses für die weibliche Führungskraft. Dieser Prozess wurde von den Gruppenmitgliedern unterstützt, denen die Muster der Führungskraft bewusst gemacht wurden, und die sich zurückzukommen trauten. Das ist etwas, das Mut erfordert, wenn der Einzelne bei früheren Versuchen, Rückmeldung zu bekommen, Schläge einstecken musste. Diese Art von Prozessen haben die besten Erfolgschancen, wenn sie mit Hilfe eines erfahrenen externen Prozessberaters bearbeitet werden – mit einem Coach, der das Abbauende und Bewahrende sieht, während es stattfindet, und der sich die Konfrontation zutraut.

Doppelbindung ist ein gut dokumentiertes psychologisches Muster, das häufig in der Eltern-Kind-Beziehung beschrieben ist. Eine Doppelbindung kann darin bestehen, dass die Mutter einen Wunsch äußert, aber entgegengesetzte Signale aussendet und dadurch das Kind in einer doppelten Bindung fängt. Das ist ein Mechanismus, den wir alle kennen, und den alle von Zeit zu Zeit anwenden. Ein Problem entsteht, wenn der Mechanismus in einer Form angewandt wird, bei der Abbau stattfindet, bei der der andere verletzt wird oder wenn dessen Selbstwahrnehmung in dem Versuch, den Schmerz zu dämpfen, schwächer wird. Dieser Mechanismus kann für die Beteiligten schwer zu erkennen sein und birgt die Gefahr, dass der Selbstwert auf beiden Seiten abgebaut wird.

Eine Variante der Selbstbeherrschung ist das Vermeiden von Kontakt und Rückmeldung. Dabei geht es darum, das, was weh tut, zu ignorieren. Es ist natürlich nicht möglich, die Sinneserfahrungen ganz auszuschalten. Ich spreche hier von einem Registrieren und Fühlen durch den Körper. Etwas dringt ein und sammelt sich trotzdem an, doch über die Umlenkung können die Eindrücke so effektiv im Hintergrund organisiert werden, dass es ihnen unmöglich wird, Reaktionen zu beeinflussen.[10] Wenn die erhaltene Rückmeldung nicht gespürt wird, kann sie auch nicht beantwortet werden, und damit vermeidet man Kontakt. Es entsteht eine Art von Stabilisierung des Status quo. Die Führungskraft, die dieses Muster nutzt, wird daher häufig gelassen und unberührt erscheinen. Sie hat eine Abwehrhaltung, die Feedback und Rückmeldung abprallen lässt, und so dauert das Bewahrende aufgrund seiner Stabilität an.

---

10 H. Hostrup – 1999

Die abblockende Abwehrhaltung wird auch als etwas Konfliktvermeidendes gesehen. Das ist eine Abwehrhaltung, die uns von dem Kontakt mit dem, was in uns passiert, abhält, und die aus diesem Grund abbauend wirkt und verhindert, dass wir unser Selbstgefühl entwickeln. Einer der großen Dämpfer ist der Humor. So stark ein herzhaftes Lachen sein kann, so schwach ist es, wenn es als Abwehrhaltung verwendet wird und die Rückmeldung schwächt. Das kennen die meisten.

Die vermeidende Führungskraft

Ich saß einmal mit einer Führungsgruppe zusammen und sah, wie es sich auswirkte, wenn ihnen die Muster der anderen immer klarer wurden. Sie sollten beschreiben, welche Abwehrhaltungen die anderen ihrer Ansicht nach hatten. Das sorgt normalerweise für starke Konfrontation und darf nur mit Leuten gemacht werden, die als Gruppe gut eingearbeitet sind. Bei dieser Gruppe verlief der Prozess jedoch völlig friedlich.

Das Bewahrende hat viele Bereiche fest im Griff.

Zwei Gruppenmitglieder sagten einem Dritten immer wieder, dass er ihrer Meinung nach den Kontakt ablenkte. Für mich war deutlich, dass sie Recht hatten. Er sprach die ganze Zeit vom Konflikt der beiden anderen, indem er deren ewige Zusammenstöße ins Lächerliche zog, und er riss Witze, wenn es zu nahe an ihn herankam. Er ging zwischen die beiden anderen, wenn sie begannen aufeinander zu stoßen, und lenkte mit eigenen Geschichten ab. Auf gut Deutsch würde man ihn konfliktscheu nennen.

Die Konflikte der anderen machten ihn unsicher, zum einen, weil er Angst davor verspürte, dass die Zusammenstöße die Zusammenarbeit zerstören würden, aber auch, weil er fürchtete, dass er selbst hineingezogen und für seine Haltung verantwortlich gemacht werden könnte. Dies fiel ihm schwer, da er für beide etwas darstellen wollte.

Das Ergebnis war, dass die ganze Zeit nicht abgeschlossene Konfrontationen oder bevorstehende Zusammenstöße im Raum standen. Die Konfrontationen verringerten das wirkliche Vertrauen, und die ablenkende Führungskraft war die ganze Zeit auf der Hut, was Energie kostete. Die Führungskraft befand sich daher ein bisschen außerhalb der Gruppe, weil sie selbst nicht fassbar war und weil in der Beziehung die ganze Zeit etwas Unerledigtes im Raum stand. Anfangs gab es keine Reaktion auf die Konfrontationen. Die beiden anderen blieben bei ihrer Meinung, dass er abwehrte, und die Führungskraft tat weiterhin genau das mit Humor, Witzen und Bemerkungen über den Konflikt der anderen. Das Muster wiederholte sich einige Zeit, weil die beiden anderen dazu tendierten, sich abwehren zu lassen.

Wie aus dem Nichts trat die ausweichende Führungskraft plötzlich in den potenziellen Konflikt ein. Die Führungskraft ging beharrlich zu den anderen, um mehr über sich selbst zu erfahren. Sie fragte nach konkreten Vorfällen, bei denen die anderen das Gefühl gehabt hatten, sie ließe die Dinge unabgeschlossen bleiben. Sie wollte wissen, was an ihrer Art und Weise die anderen zurückgelassen hatte.

Sie klärten die Sache, und als der Tag vorbei war, herrschte zwischen ihnen gute Stimmung. Die Führungskraft selbst spürte, dass das persönliche Bedürfnis nach Klarheit in der Beziehung größer geworden war als die Angst vor dem Konflikt. Diese zuvor so ablenkende Führungskraft war müde, hatte jedoch etwas viel Ernsteres und Nachdenklicheres an sich.

Der flexible und gesunde Einsatz des Ausweichens ist etwas, das die Führungskraft beherrschen muss. Die bewusste Wahl, welche Konfrontationen angenommen werden sollen und was einfach vorbeiziehen darf, ist wichtig. Es ist gesund, sich verschließen und sich auf sich selbst konzentrieren zu können, doch wenn das übertrieben wird, kann das ein bewahrendes oder direkt abbauendes Abwehrverhalten in der Beziehung entstehen lassen.

Aus unserer Darstellung von abbauenden und bewahrenden Beziehungen wird klar, dass hinter dem, was die Qualität der Beziehung oder einen Mangel derselben erzeugt, häufig persönliche Muster stecken. Das Bewahrende hat viele Bereiche fest im Griff. Das Muster ist schwer zu durchbrechen, doch unter der anscheinend harmonischen Oberfläche liegt das Potenzial und wartet darauf, sich zu entfalten.

Sich entwickelnde Beziehungen

In der sich entwickelnden Gruppe erleben wir eine eher Energie erzeugende Form der Rückmeldung und des Austauschs. Sie ist dadurch gekennzeichnet, dass sie engagiert und engagierend ist, und der grundlegende Ausgangspunkt ist, dass Verschiedenheit mit Potenzial gleichzusetzen ist. Somit entsteht ein Interesse an dem beziehungsweise ein Engagement für das, was anders als man selbst ist. Das andersartige wird mehr als Möglichkeit denn als Bedrohung gesehen.

Die Akzeptanz der Verschiedenheit und eine unterschiedliche Sicht auf die Dinge sind entwickelnd. Ohne Verschiedenheit würde nie ein Meinungsaustausch oder eine Qualitätssicherung erfolgen. Es wird immer Dinge geben, bei denen man sich einig sein sollte, dass man uneins ist. Das ist viel besser, als einen Pseudokonsens zu finden. Jeder von uns trägt seine eigene Brille, deren Gläser durch die Realität, die wir erlebt haben, und von den Erfahrungen, die wir gemacht haben, gefärbt wurden. Außerhalb der Welt der Mathematik und der Physik gibt es selten eine höhere Wahrheit. Es gibt deine Wahrheit, und es gibt meine Wahrheit, und dann gibt es vielleicht noch etwas, auf das wir uns als Wahrheit für uns beide einigen können. Wichtig für unseren Selbstwert ist nicht, Recht zu bekommen, sondern dass wir uns für unseren Beitrag respektiert und anerkannt fühlen. Wenn in der Zusammenarbeit ausreichendes Vertrauen herrscht, kann eine Sache durchaus ausgeführt werden, auch wenn einer der Beteiligten im Entscheidungsprozess eine Niederlage erlitten hat. Der bremsende Effekt einer Niederlage wird dadurch verhindert, dass der Besiegte gesehen und für seinen Beitrag und seinen Einsatz anerkannt wird.

> Konflikte müssen entstehen, wenn sich zwei Individuen trauen, ihre Verschiedenheit, Eigenart und Integrität zu bewahren.

Konflikte werden als positive Zeichen für Engagement und Willen gesehen. Konflikte müssen entstehen, wenn sich zwei Individuen trauen, ihre Verschiedenheit, Eigenart und Integrität zu bewahren. Der Ansatz besteht darin, das Potenzial, das in unserem Zusammenstoß liegt, mehr auszuschöpfen. Dazu gehört ein tiefer Glaube daran, dass der andere etwas zu bieten hat, auch wenn ich hier und jetzt nicht sofort den Inhalt verstehe. Das Problematische oder Unverständliche muss untersucht werden. Hier existiert der Wille, sich der Rückmeldung zu vergewissern und das durch Feedback von anderen aktualisierte Selbstverständnis zu pflegen. Das soll kein unkritisches Annehmen der Gesichtspunkte des anderen zum eigenen Besten sein, sondern eine Grundeinstellung, die auf einer guten Wertschätzung basiert, die besagt, dass ich bereit bin, falls notwendig die Auffassung von mir selbst zu ändern. Das beinhaltet eine Neugier, hinter die Kulissen des anderen zu blicken und ein Verständnis zu erlangen, das zu größerer Einsicht in sich selbst und in den anderen führen kann.

Sich entwickelnde Gruppen sind häufig dadurch gekennzeichnet, dass einige ihrer Mitglieder günstige Positionen und die dazugehörigen fachlichen Kompetenzen haben. In der Gruppe darf sich gern ein Initiator befinden, der neue Ideen und kreative Vorlagen liefert. Diese werden von einer unterstützenden Person weiterverfolgt, die die Ideen weiterentwickelt. Das Neue wird mit einer kritischen Position konfrontiert, um zu prüfen, ob das Vorgelegte auch hält, was es verspricht. Schließlich gibt es in der sich entwickelnden Beziehungsdynamik noch eine vierte Rolle, nämlich eine oder mehrere Personen, die Distanz zu der Diskussion bewahren und einen Blickwinkel von außen beisteuern. Sie sind gefühlsmäßig weniger involviert und können daher nüchternere und sachlichere Argumente einbringen. Die Verknüpfung von Rollen erzeugt eine sich entwickelnde Dynamik in größeren Gruppen. Dagegen ist es abbauend, wenn Rollen festgefroren werden und Personen immer in derselben Rolle festgehalten werden.

Dazu gehört ein tiefer Glaube daran, dass der andere durch diesen Konflikt etwas zu bieten hat, auch wenn ich hier und jetzt nicht sofort den Inhalt verstehe.

Dynamik schafft Konflikte, doch nur selten ergeben sich daraus abbauende Zusammenstöße, weil eine grundlegende Akzeptanz über die Notwendigkeit der Positionen herrscht. In der sich entwickelnden Beziehung besteht eine tiefere Anerkennung für die Initiative hinter einer Aussage und für die Tatsache, dass der andere Zeit und Energie darauf verwendet, seine Meinung kundzutun.

Ich sehe häufig, dass solche Gruppen in wichtigen und konfliktgeladenen Bereichen aus der wettbewerbsgeprägten Domäne der Argumentation in die Domäne des Dialogs wechseln. Hier gibt es keine vorherbestimmte Wahrheit bei den Parteien, sondern ein diffuses Gefühl, dass etwas Neues geschaffen werden kann, indem man sich gemeinsam aufmacht, um Verständnis der jeweils anderen Gesichtspunkte zu erlangen, und von dort aus das Neue zu erschaffen.

Die einsammeln, die übrig geblieben sind

Eine Führungskraft in einem großen skandinavischen Unternehmen hatte sich für eine flache Hierarchie entschieden. Das bedeutete, dass dieser Mann 12 Personen hatte, die an ihn berichteten. Das sind viele, wenn man auch nur ab und zu die ganze Runde machen will. Im Zusammenhang mit einer Umstrukturierung und einem Führungswechsel wurde einer seiner Leute überflüssig. Als ich mich mit dem Betreffenden traf, war dieser schlapp und resignierend. Er hatte begonnen, Bewerbungen an andere Unternehmen zu schicken. Er fühlte sich übersehen und unerwünscht.

Ich drängte ihn dazu, seine eigene Führungskraft aufzusuchen und ihr zu erzählen, wie er sich fühlte. Er konnte dem nicht viel abgewinnen, nahm jedoch seine letzten Ressourcen zusammen und nahm Kontakt auf. Zum Glück erhielt er eine Rückmeldung, die die Beziehung weiterentwickelte. Seine Führungskraft verstand die Signale, beruhigte ihn und erzählte ihm, was er gut gemacht hatte und was weniger gut gewesen war. Die Führungskraft machte die hinter der Neuorganisation stehenden Gedanken deutlich, was dazu führte, dass der Betroffene wieder das Gefühl bekam, dass ihm Vertrauen und Anerkennung entgegengebracht wurden. Er bekam eine Entschuldigung, dass er nicht proaktiv in den Prozess einbezogen worden war. Das war engagierend, weil er selbst gesehen wurde, und er gewann wieder den Glauben daran, dass man ihn benötigte und dass er weiterhin einen Wert für das Unternehmen darstellte.

Später lief es wieder schief, aber 12 Leute sind auch eine große Führungsgruppe. Es kann nicht alles durch Dialog geordnet werden, manchmal benötigt man eine Neuorganisation.

Damit die Mitglieder der Gruppe sich trauen, aufeinander zu reagieren, ist Vertrauen im Beziehungsfeld notwendig. Wie schon gesagt, bedeutet das, dass die dahinter liegende Absicht bei den Parteien in Ordnung ist, und dass es die unsichtbare Grundannahme gibt, dass wenn eine Person in der Gruppe ein Problem hat, alle in der Gruppe ein Problem haben. Der Einzelne kann um Hilfe bitten und tut dies oft, statt zu versuchen, allein damit fertig zu werden. Das ist nicht als Zeichen von Schwäche zu sehen, sondern als Vertrauensbeweis. Es schafft großes Vertrauen zum anderen.

Es obliegt der Verantwortung jedes Einzelnen, sich mit seinen Gedanken zu Wort zu melden, denn Passivität ist auch eine Rückmeldung und deutet fehlendes Engagement an. Diese Tatsache geht in vielen Führungsgruppen verloren, weil wir uns dafür entscheiden, von der gemeinsamen Verantwortung abzusehen, die sich aus dem Delegieren und der Selbstverantwortung ergibt. Wenn ich etwas delegiere und einen Verantwortungsbereich abspalte, so habe ich immer noch eine Mitverantwortung und kann mich nicht einfach passiv verhalten. Somit trägt der Verantwortliche die Hauptverantwortung. Wenn dieses grundlegende Engagement von Mitverantwortung nicht vorhanden ist, so zerfällt die Gemeinschaft selbst, und es bleibt eine gespaltene Individualität. Das bedeutet nicht, dass in diesen Gruppen keine Verantwortung verteilt wird.

Die hier beschriebenen Gruppen sind häufig dadurch geprägt, dass einer an den anderen sehr hohe Zielsetzungen und hohe Erwartungen hat, aber auch dadurch, dass es ein großes Engagement füreinander gibt. Das liegt an einem vorwärtsgerichteten Ansatz, der nicht darauf fokussiert, jemandem die Schuld zuzuschieben, sondern aus dem, was schief gelaufen ist, zu lernen anstatt zu kritisieren. Dafür muss Zeit investiert werden, man muss mit den Beziehungen arbeiten und man muss einander kennen lernen. Das schafft einen Nährboden für Verantwortung statt einer Kultur des Vermeidens. Ich sehe häufig bei allen Beteiligten den Ansatz, etwas zu ihrer Angelegenheit zu erklären, wenn es zwischen zwei Stühle zu fallen droht. Jeder tut seine Arbeit so, wie er es sich auch vom anderen wünscht. Man weiß, dass man beim nächsten Mal selbst in Schwierigkeiten kommen kann, und man will daher gerne helfen und unterstützen.

Angst tendiert in der sich entwickelnden Beziehung dazu, ausgesprochen zu werden, wodurch die Möglichkeit besteht, die Angst zu präzisieren und in Worte zu fassen, wovor man eigentlich Angst hat. Angst bearbeitet man am besten, indem man sie konkret macht. Dadurch wird das Gefühl in Sorge verwandelt. Angst tendiert dazu, sich auszubreiten und um sich zu greifen, doch sobald das Angstgefühl in Sorge verwandelt wurde, ist es konkret und im Bewusstsein abgegrenzt. Wenn die Beziehung vertrauensvoll und fürsorglich ist, dann hat es die Angst schwer. Der Übergang zum sich Entwickelnden ist dadurch gekennzeichnet, dass Angst und Sorge den Menschen nicht mehr im Griff haben und somit Engagement entsteht. Die Leute werden beflügelt und glauben daran, mehr zu können, als sie sich eigentlich selbst zugetraut haben.

In der sich entwickelnden Beziehung herrscht der gemeinsame Glaube, dass man Dinge ausprobieren und aus den entstehenden Fehlern lernen sollte. Das ist eine Art Experimentieren, die auf dem Gedanken basiert, dass es wichtig ist, Initiative zu bewahren und zu unterstützen – lieber eine Ressource verschwenden als eine Chance verschenken. Man kann nicht gewinnen, wenn man es nicht versucht. Versagen bedeutet nicht, sich zu irren, sondern es nicht ausprobiert zu haben.

Die Führungskraft übernimmt in einer solchen Gruppe die Hauptverantwortung für die Qualität der Beziehung und ist sich ihrer Verantwortung bewusst. Das Führen in der sich entwickelnden Beziehung beinhaltet mehr Herankommen als frühere Formen des Führens – nicht nur nahe heran an den anderen, sondern auch nahe heran an sich selbst. Es ist notwendig, den Prozess dort als Suche zu sehen, wo man noch kein vordefiniertes Ziel hat. Das wird zu einem gegenseitigen Erlebnisprozess, bei dem der Dialog und die Art, wie man miteinander spricht, entscheidend dafür sind, dass das Vertrauensniveau und damit der Kontakt erhalten werden und dass die Beteiligten weiterhin zuhören und engagiert bleiben.

Die Führungskraft in der sich entwickelnden Beziehung wird von ihren Leuten konfrontiert, wenn eine Konfrontation notwendig ist. Dies geschieht, weil sie wissen, dass ihr engagiertes Reagieren geschätzt wird, auch wenn die Führungskraft das, was gesagt wird, nicht schätzt. Dieser Rückmeldungsansatz zur Führungskraft stellt sicher, dass die Führungskraft im Takt mit dem eigenen Erfolg nicht immer eingebildeter wird. Eine Eitelkeit, bei der die Umgebung den Gruppenmitgliedern erlaubt, den Bodenkontakt zu verlieren, gibt es nicht. Es ist lebensgefährlich, wenn die Führung desorientiert und respektlos wird und die innere Qualitätssicherung verliert.

Führungskräfte auf der Überholspur begegnen uns manchmal mit dem Argument, dass der entwickelnde Ansatz beim Führen zu viel Zeit in Anspruch nimmt. Tatsächlich hat es sich jedoch gezeigt, dass eine sich entwickelnde Zusammenarbeit eher durch direkte Anweisungen auf einem einfachen Niveau gekennzeichnet ist.

Die Führungskraft kann dem anderen begegnen, indem sie ihm sagt, was zu tun ist und wann es fertig sein muss. Diese direkte Form kann nur effektiv sein, wenn die Beziehung auf Vertrauen basiert – einem Vertrauen, das dadurch geschaffen wurde, dass zu einem früheren Zeitpunkt im Beziehungsprozess Zeit in die Beziehung investiert wurde. Vertrauen sorgt dafür, dass der andere den Befehl aus Überzeugung und Verantwortung annimmt sowie dafür, dass sich das Gehirn optimal entfalten kann und nicht voller Sorge, negativer Gedanken oder Minderwertigkeitsgefühle ist.

Was hier über diesen knappen und auf Vertrauen basierenden Ansatz geschrieben wird, darf nicht missverstanden werden. Der Auftragserteilende spart nicht in allen Situationen Zeit. Das gute entwickelnde Gespräch darüber, wie ein Problem zu lösen ist, ist selten vertane Zeit – ein Gespräch, das eine gute Zielfestlegung und ein gemeinsames Verständnis der gegenseitigen Argumente enthält, gefolgt von einem Plan, dem sich alle anschließen; ein Gespräch, bei dem alle gesehen und gehört wurden und niemand hinterherhinkt. Die schnelle, oberflächliche und konfliktscheue Einigung führt später im Prozess zu jeder Menge Widerstand. Das endet mit nur halb ausgeführten Aufgaben und Frustration, die Führungszeit kosten. Auf der anderen Seite ist es offensichtlich, dass viele bewahrende Gruppen Energie für zeitaufwendige Diskussionen über nichts aufwenden, weil sie keine Möglichkeiten für einen potenziellen Konflikt im Gespräch schaffen wollen.

Ich begegne oft Führungskräften, die das Wort Konflikt nicht mögen. Sie sagen, dass es sich nicht gehört, in einer Zusammenarbeit Konflikte zu haben. Wenn ich von Konflikten spreche, meine ich Konflikte in einem positiven, entwickelnden Sinn. Wichtig ist, dass die Intention dahinter die ist, dass beide Beteiligten zusammen weiterkommen müssen. Ich spiele den Ball in der Regel zu demjenigen zurück, der das Wort Konflikt nicht mag, und sage, dass jede sich entwickelnde Gruppe drei, vier laufende interpersonelle Konflikte

> Wenn ich von Konflikten spreche, meine ich Konflikte in einem positiven, entwickelnden Sinn.

nennen können muss – Konflikte, bei denen sich die Parteien uneins sind und miteinander arbeiten, um Kontakt und eine entwickelnde Rückmeldung zu schaffen, damit sie zusammen weiterkommen. Das gilt im Übrigen auch für die sich entwickelnde Familie. Wenn man nicht eine Anzahl entwickelnder Konflikte nennen kann, die man in den wichtigen Gruppen in seinem Leben hat, dann ist man mit großer Wahrscheinlichkeit bewahrend, ausweichend oder abbauend.

Abschied vom Alten

Ein männlicher Geschäftsführer und seine Stellvertreterin hatten einige Jahre miteinander gearbeitet. Ihre Zusammenarbeit war eingespielt, und sie nutzten in hohem Maß die gegenseitigen Kompetenzen. Sie hatten das Unternehmen einst allein geführt, hatten vor kurzem aber beschlossen, eine richtige Führungsgruppe einzurichten. Es war deutlich, dass die beiden Alten sich des jeweils anderen sicher waren, jedoch eine große Unsicherheit spürten, ob die anderen in der Gruppe auch wirklich fähig genug wären.

Führungskräfte auf der Überholspur begegnen uns manchmal mit dem Argument, dass der entwickelnde Ansatz beim Führen zu viel Zeit in Anspruch nimmt.

Das Problem dabei war, dass die anderen weniger fähig blieben, weil sie nicht bestätigt und anerkannt wurden. Sie spürten den hemmenden Zweifel und blieben daher bewahrend. Sie konnten sich nicht als diejenigen, die sie waren, entfalten. Sie versuchten stattdessen, sich anzupassen und so zu werden wie die beiden Alten. Das war ein unmögliches Unterfangen, da kein Mensch wie ein anderer werden kann.

Die beiden älteren Führungskräfte hatten sich nicht von dem verabschiedet, was einmal war, sondern hielten stattdessen an dem fest, was noch davon übrig war. So konnten sie das Neue nicht begrüßen. Sie fühlten sich bei dem sicher, was einst gewirkt hatte, und wussten nicht, was das Neue bringen würde. Sie hatten sich nicht wirklich für die anderen geöffnet. Sie sahen daher auch nicht, was die anderen wirklich konnten, und wer sie eigentlich waren.

Die von der neuen Gruppe ausgehende Konfrontation zwang die beiden an der Spitze, sich ihr eigenes Muster zu vergegenwärtigen. Das endete damit, dass sie sich gemeinsam von dem verabschiedeten, was sie einst gehabt hatten, um danach das Neue zu begrüßen – etwas Neues, das sie alle erst gemeinsam schaffen mussten.

Hin und wieder muss es zu echten Zusammenstößen kommen, die beiden Seiten etwas bedeuten, ansonsten entsteht nicht ausreichend Entwicklung in der Beziehung. Somit erfordern sich entwickelnde Konflikte ein gewisses Maß an Selbstwert und Basieren auf Selbstwert bei der Annäherung an den anderen. Das muss schrittweise aufgebaut werden.

In der sich entwickelnden Beziehung gibt es ein intuitives Verständnis dafür, dass Wut nicht dasselbe ist wie Aggressivität. Wenn wir aggressiv sind, ist es unsere Absicht, dem anderen zu schaden. Ein solches Verhalten wird verhindert. Doch Wut ist ein Gefühl, das für den Menschen natürlich ist und das seinen Raum in jeglicher sich entwickelnden Zusammenarbeit haben muss. Sie kann zu Aggressivität führen, muss aber nicht. Die Aggressivität ist in der Regel darauf zurückzuführen, dass andere angegriffen haben, und dass ein Grundgefühl von Angst oder Ohnmacht entsteht. Die Gefühle dahinter werden in der sich entwickelnden Beziehung akzeptiert, verstanden und bestätigt, um der Person aus dem Ungleichgewicht der Emotionen zu helfen, während die abbauenden Angriffe durch Konfrontation bewusst gemacht werden.

Zu viele von uns haben zu viel von ihrem Leben auf abbauende Konflikte verwendet und sind daher mit Recht skeptisch. Andererseits kennen die meisten das Gefühl, einen Konflikt durchzustehen und zu fühlen, dass man gewachsen ist. Die Arbeit dabei war hart, aber in der sich entwickelnden Beziehung hat der Einzelne am Ende mehr über sich und den anderen erfahren. Das sind Lektion und Reifeprozess in der Beziehung. In der Innovationsforschung arbeitet man seit langem mit dem Begriff „ein System stören". Die festgeschriebenen mentalen Modelle müssen herausgefordert werden, und das soll natürlich Widerstand erzeugen. Genau in diesem Widerstand kann sich der selbstwertbasierte Mensch befinden, ohne sich selbst und damit das Potenzial in der Begegnung aufzugeben. Es geht um die Aufrechterhaltung eines Reibungsfeldes durch die Führung, die das Unternehmen immer in einem mentalen Zustand gesunder, konfrontierender Veränderungsbereitschaft hält. Diese Veränderungsbereitschaft wird durch den entwickelnden und Selbstwert unterstützenden Ansatz geschaffen.

Wenn wir in der Wirtschaft von Veränderungsbereitschaft, Veränderungsfähigkeit und Führen durch Veränderungen sprechen, ist es häufig notwendig, hinter den Führungsprozess zu blicken und sich die Qualität der Beziehung anzusehen. Zu viele Veränderungsprozesse verlaufen mit Schuldkomplexen, Kritik und der Zurschaustellung von Sündenböcken, als ob diese „nicht veränderungswillig wären". Ursache hierfür ist, dass diejenigen, die kritisiert werden, nie gesehen oder gehört wurden, oder dass sie für das Gefühl, das tief in ihnen steckt und das sie mit Recht bremst und ihre Handlungen steuert, nie

Verständnis oder Anerkennung erhalten haben. Diejenigen, die nicht veränderungswillig sind, werden unbewusst von inneren Erfahrungen und Selbstbildern geführt, die sie mit sich herumtragen.

Der neue Führungsstil trägt, wie bereits erwähnt, einen Widerspruch in sich. Auf der einen Seite soll die Führungskraft kontrollieren und überprüfen, ob Aufgaben in ausreichender Qualität ausgeführt werden, auf der anderen Seite soll die Führungskraft versuchen, dem Einzelnen zu helfen und ihn dabei zu unterstützen, die Kompetenzen zu entwickeln, die zur Lösung der Aufgabe notwendig sind. Das erzeugt einen Vertrauenskonflikt. In der sich entwickelnden Beziehung wird dieser Konflikt ausgesprochen und sichtbar gemacht. Die Führungskraft erzählt von den eigenen Überlegungen, Gefühlen und Bedürfnissen, wenn sie persönliche Gespräche mit Mitarbeitern führt.

In dem entwickelnden, Selbstwert aufbauenden Ansatz gibt es die Tendenz hin zum Vertrauensbasierten, Delegierenden und Engagierenden, wo Kontrolle und Nachfassen weniger zentral sind. Die Führungskraft verwendet mehr Zeit und Energie auf den sich entwickelnden Beziehungsraum und das Vorwärtsgerichtete, als darauf, zu überprüfen, Fehler und Mängel zu finden und nachzufassen, ob eine Aufgabe richtig ausgeführt wurde. Lob und Tadel sind in dieser Beziehungsform weniger dominant. Sie sind auch nicht notwendig, weil Eigenverantwortung und die grundlegende Anerkennung in der Beziehung von so hoher Qualität sind, dass sie ausfüllen, Energie erzeugen und Lust auf mehr machen.

Persönliche Muster in der sich entwickelnden Beziehung

Eine kluge Frau sagte einmal zu mir, dass etwa 70 Prozent von dem, was man in einem anderen Menschen sieht, man selbst ist. Beziehung ist voll von Übertragungen, die nur dadurch entwirrt und geklärt werden können, dass wir eine Rückmeldung über uns selbst erhalten. Wir verfangen uns darin, den anderen aus uns selbst heraus zu sehen. Dadurch fühlt sich der andere definiert, was eine konstruktive und schöpferische Rückkehr zum Dialog erschwert. Abwehrmechanismen waren einst gute und wirkungsvolle Ansätze, um sich zu schützen, doch später im Leben werden sie manchmal zum Gegenteil.

Das Aufwachsen in der Familie bildet die Grundlage für einen Teil der späteren Führungsmuster.

Sie führen dazu, dass wir vom anderen nicht lernen und uns in der Beziehung nicht entwickeln können. Sie machen die praktische Arbeit mit Beziehungsprozessen im Alltag wichtig.

Das Aufwachsen in der Familie bildet, wie bereits erwähnt, die Grundlage für einen Teil der späteren Führungsmuster. Viele haben ganz einfach nie erlebt, in einer sich entwickelnden Familie zu leben und haben keine inneren Erfahrungen gemacht, auf die sie sich stützen können. Viele von uns waren oder sind noch immer ungeübt darin, Entwicklung zu schaffen. Wir haben in diesem Buch beschrieben, wie Anerkennung den leistungsorientierten Menschen antreibt, und wie ein selbstwertbasierter Führungsstil sich entwickelnde Beziehungen schaffen kann – Beziehungen, die dazu beitragen, Abwehrmechanismen aufzulösen. Wir kommen zurück auf praktische Methoden, wie man mit dem Aufbau des Entwickelnden und des Selbstwertbasierten arbeitet. Nicht alle Abwehrmechanismen können ohne professionelle therapeutische Hilfe beseitigt werden, doch Therapie und Coaching sind nicht die einzigen Wege, um mit sich selbst zu arbeiten. Susan Hart schreibt Folgendes über Abwehrmechanismen in Beziehungen:

Eine reife Persönlichkeitsstruktur erkennt man an einem flexiblen Nervensystem mit einem hohen Maß an Integration neuraler Netzwerke und der Entwicklung reifer Selbstschutzstrategien, die sich nur selten manifestieren, weil das Nervensystem flexibel ist und die Person selbstreflektierende Fertigkeiten einsetzen kann. Je primitiver und unreifer die Selbstschutzstrategien sind, desto stärker ist die Persönlichkeit in einem rigiden Zustand eingesperrt, in dem sie leicht durch Chaos überwältigt werden kann und in dem die Möglichkeit der Auflösung besteht.

Das oben gesagte zeigt, dass das System verändert werden kann. Alle Systeme können verändert werden. Führungskräfte können dazu beitragen, dass wir durch unser Verhalten neue Erfahrungen machen. Wir können im anderen Erlebnisse und damit Veränderungen neuraler Schaltungen erzeugen, die es ermöglichen, einen neuen Kontext zu schaffen, aus dem etwas anderes entstehen kann. Dieser Prozess muss mehrere Male wiederholt werden, um die neuralen Schaltungen zu verstärken. Hart schreibt, dass die Vergangenheit umgewandelt werden kann, indem sie auf andere Weise zusammengesetzt wird. Die Therapie ist ein Übungsraum, und die Wirklichkeit ist draußen vor der Tür.

Der Großteil von Führungskräften besteht aus erfinderischen Menschen mit guten Lern- und Handlungskompetenzen. Sie haben, wenn sie erst ein-

> Viele haben nie erlebt, in einer sich entwickelnden Familie zu leben.

mal den Sinn erkennen, oft jede Menge an Potenzial, Willen und Fähigkeiten. Die Bewegung kann von zwei Seiten kommen: von einer professionellen Einflussnahme auf die Systeme oder – was in vielen Fällen wichtig ist – von dem täglichen aufrichtigen Training in der Beziehungsarbeit.

Zentraler Punkt in dem persönlichen Muster hinter der sich entwickelnden Beziehung ist das Selbstsein. Es ist das auf dem Selbstsein beruhende Verhalten, das sich entwickelnde Systeme schafft. Das beginnt damit, dass die Führungskraft es übernimmt, für Kontakt zu sorgen oder ihn wieder herzustellen und Rückmeldung sicherzustellen. Das beginnt auch damit, dass die Führungskraft die Situation des anderen sowie die dahinter liegende Intention anerkennt und sieht und dass sie dafür sorgt, sich selbst deutlich zu machen und das eigene Selbstgefühl zu trainieren. Veränderung findet statt, wenn man Verständnis zeigt, ohne dem anderen zwangsläufig recht zu geben. Es geht darum, durch eine bessere Art, die Dinge zu tun, Erlebnisse zu schaffen. Ein Erlebnis nach dem anderen bewegt sich in Richtung eines neuen und eher das Selbst aufbauenden Ansatz. Das inspiriert und bringt andere dazu, nachzuziehen.

Wenn der Kontakt bisweilen dennoch unterbrochen wird, weil sich eine Abwehrhaltung aufbaut, sind zwei Dinge für das Wiederherstellen der Verbindung entscheidend:

- Zum einen müssen wir das Bedürfnis des anderen nach Abwehr anerkennen. Niemand versteckt sich ohne einen Grund. Vielleicht gab es im Leben der Person früher einmal einen guten Grund dafür, auf Abwehr zu setzen, und einige der Alarmzeichen, die die Abwehrhaltung aktivieren, sind in der Situation zu erkennen. Wir müssen also versuchen, in der Abwehrhaltung das Positive zu sehen – nicht als bewahrende Überpositivität, die dafür sorgt, dass alles erlaubt ist, sondern als eine Rückmeldung, die den Menschen in genau der Situation sieht, in der er sich gerade befindet. Das ist eine Reaktion, bei der wir unser Äußerstes tun, um das, was der andere überspielt, sowie das Bedürfnis, das sich dahinter verbirgt, in Worte zu fassen. Wir erledigen unseren Teil der Beziehungsarbeit, indem wir erst versuchen zu verstehen und zuzuhören – indem wir unsere Fähigkeit trainieren, in den anderen hineinzuhorchen. Dieser Ansatz wird in dem Kapitel „Selbstwertbasiertes Führen in der Praxis" wieder aufgegriffen.

Wenn wir uns durch Reflexion und im Dialog darüber klar werden, wo im Gespräch der Kontakt abgebrochen wurde, und wenn wir dies aussprechen, geschieht es häufig, dass sich der andere gesehen fühlt und das eigene Selbstgefühl spürt.

- Zum anderen dürfen wir nicht vergessen, dass wir häufig selbst einen Anteil daran haben, dass die Abwehrhaltung des anderen aktiviert wurde. Wir müssen also einen Blick in uns selbst werfen, unsere Absicht ergründen, schauen, wo wir definieren, kritisieren oder angreifen. Wenn wir uns durch Reflexion und im Dialog darüber klar werden, wo im Gespräch der Kontakt abgebrochen wurde, und wenn wir dies aussprechen, geschieht es häufig, dass sich der andere gesehen fühlt und das eigene Selbstgefühl spürt. Wir können in Folge versuchen, unser Gegenüber durch einen anderen Zugang zu erreichen. Um dem anderen entgegenzukommen, hilft es in der Regel, von unserer Absicht und unserem aufrichtigen Willen zu erzählen. Wir müssen versuchen, zu verstehen und zu erkennen, was eigentlich blockiert. Der Abwehrmechanismus wird dadurch verringert, dass wir unseren Willen zeigen. Es bedarf eines Glaubens, der den anderen davon überzeugt, dass wir die Beziehung wollen. Dadurch erkennen wir den Wert des anderen an und dadurch geben die meisten ihre Abwehrhaltung auf. Was wir brauchen, ist Engagement, und das ist es, was das Engagement des anderen auslöst.

Wir müssen versuchen, zu verstehen und zu erkennen, was eigentlich blockiert.

Wenn jemand sich versteckt

Dieses Fallbeispiel handelt von einer kritischen Führungskraft in ihrer Anlaufphase in einer Führungsgruppe. Sie versteckt sich und beobachtet, ohne sich persönlich einzubringen. Ihr Abwehrmechanismus bei Veränderung und Neuem lautet Distanz. Sie hat aus Erfahrung gelernt. Sie hat früher in ihrem Leben zu früh versucht, sich zu öffnen, und ist auf Ablehnung gestoßen. Mit der Zeit ist sie wachsam geworden, um nicht in Situationen zu geraten, in denen sie exponiert ist. Sie ist diejenige Person, die immer abwartet und hinterher die kritische Position einnimmt. Wenn man als entwickelnde Führungskraft diesen neuen Mann weiter vorne haben will und möchte, dass er sich freier in den verschiedenen Rollen während der Zusammenarbeit bewegt, was tut man dann?

Im konkreten Fall versuchte die Führungskraft, ein Gefühl von Sicherheit zu erzeugen und den Selbstwert des neuen Mannes zu bestätigen, indem sie ihn sah und ihm erzählte, was sie sah. Sie sagte, dass ihr klar sei, dass das Wachsame einen Zweck hätte, und dass dies damit zu tun haben könnte, auf sich selbst aufzupassen. Indem sie einen Rahmen von Sicherheit schuf und selbst vorausging und indem sie sich selbst einbrachte und öffnete, ebnete sie den Weg. Schrittweise begann der Neue, sich zu spiegeln, sein eigenes Bedürfnis zu spüren, mehr von sich selbst zu zeigen und sich mehr zu öffnen. Für mich als Zuschauer sah es so aus, als ob die Führungskraft das sich Entwickelnde in der Beziehung auslöste, indem sie einen entwickelnden Ansatz verfolgte.

Das Problem besteht manchmal darin, dass der „innere Kritiker" oder andere persönliche Abwehrmechanismen bei einem anderen Gruppenmitglied, das dieselbe Problematik hat, Abwehrhaltungen auslösen. In diesem Fall fiel es einem anderen Gruppenmitglied ebenfalls schwer, sich zu öffnen. Die Person erklärte ihr Problem mit einem fehlenden sicheren Rahmen. Sie konnte der Gruppe nicht beitreten, weil sie das Gefühl hatte, auf Probe zu sein und sich die ganze Zeit gegenüber einem „Richter" verantworten zu müssen. Der Neue in der Gruppe aktivierte die Abwehrmechanismen des anderen in der Beziehung, weil er kritisch und beobachtend war.

Das hätte der Beginn eines abbauenden Gruppenverhaltens durch nicht abgeschlossene Zusammenstöße und Rückzüge sein können. Die Führungskraft spürte das Prozessuale und sah ihren eigenen Anteil darin, dass sie nicht darauf gedrängt hatte, das Verborgene ans Licht zu bringen. Sie begann darauf zu drängen, dass die Betroffenen in Worte fassten, was sie aufhielt.

Auf diese Weise wurden alle ermuntert, sie selbst zu sein und zu erzählen, was sie im Verhältnis zueinander beunruhigte. Dadurch entwickelte sich ein Gefühl, sich „sichtbar" zu machen. Die anderen erhielten Einblicke, was hinter den Abwehrmechanismen steckte. Das löste die Abwehrmechanismen in der Gruppe schrittweise auf und baute neues Vertrauen auf.

Wenn die Leute in einer Gruppe unsicher sind, entsteht häufig ein doppeltes Muster, das die Gruppe teilt. Der eine Typ von Mensch reagiert, indem er Druck macht, um gehört zu werden und sich zu profilieren. Häufig ist dies ein „Schaut-mich-an"-Bedürfnis, das steuert, was gesagt wird, egal, ob man überhaupt etwas zu sagen hat. Der andere Typ von Mensch zieht sich zurück, wartet ab und beobachtet. Beide Ansätze arbeiten auf der Grundlage dessen, was als Bedürfnis gespürt wird. Es gibt das Bedürfnis, in einer unsicheren Umgebung gesehen zu werden, und das Bedürfnis nach Abstand zum potenziell Gefährlichen. Bei keinem von beiden stellt sich die Befriedigung des Bedürfnisses ein. Das eigentliche, darunter liegende Bedürfnis ist nämlich Sicherheit in Form von Anerkennung des Menschen hinter dem Muster und Vertrauen in die Beziehung zum anderen. Das ist es, was ein sich entwickelnder Mensch spürt und ausdrückt.

Es ist wichtig, den anerkennenden und entwickelnden Ansatz nicht für eine Art Zaubertrank zu halten. Es ist harte Arbeit, und es gibt keine Methode, die immer wirkt. Der anerkennende Dialog, der in dem Versuch, die Bedürfnisse zu „sehen" und dadurch das Selbstgefühl zu bestätigen, hinter die Handlung und in die Absicht blicken möchte, wirkt nicht immer. Manchmal ist die andere Person einfach noch nicht dazu bereit. Häufig sind wir mit unserer Eigeneinsicht noch nicht soweit im Reinen, dass man uns ernsthaft als klar definiert und authentisch wahrnehmen würde. Wenn wir uns selbst unserer eigenen Abwehrmechanismen in einem bestimmten Bereich nicht bewusst sind, so ist es für uns sehr schwer, anderen in dem selben Bereich zu helfen.

Über Aggression und den anderen

Eine Führungskraft erhielt plötzlich Besuch eines sehr verärgerten leitenden Angestellten, der mit der Faust auf den Tisch schlug und lautstark von einem Ereignis berichtete. Der leitende Angestellte wollte wissen, was die Führungskraft mit der Person zu tun gedenke, die einen Patzer gemacht hatte.

Die Führungskraft selbst war eine ruhige Person, der lautstarke Wutausbrüche fern lagen. Sie nahm eine Abwehrhaltung ein und wandte das Erklärungssystem an, in dem sie selbst von ihren Eltern erzogen worden war – eine Logik, die auch in den ersten Unternehmen, in denen sie gearbeitet hatte, gepflegt worden war. Diese Reaktion auf Wutausbrüche rationalisierte und erklärte, dass diese falsch wären. Sie ermahnte den verärgerten leitenden Angestellten und bat ihn, sich zu beherrschen.

Der leitende Angestellte verließ den Raum mit dem eigenartigen Gefühl, etwas an Engagement verloren zu haben und falsch zu sein. Die Führungskraft wiederum hatte das Gefühl, dass es zwar gut war, dass dem anderen eine Grenze gesetzt worden war, dass aber das Problem, mit dem der leitende Angestellte gekommen war, dadurch nicht gelöst war.

Die Führungskraft in dem oben beschriebenen Beispiel ist sich ihrer eigenen Furcht vor Zorn bewusst und hat ein schwaches Selbstgefühl in diesem Punkt. Sie rationalisiert stattdessen und macht sich hinterher ihre Gedanken zum Inhalt der Problemstellung. Der leitende Angestellte war als er selbst gekommen, er war in seinen Gefühlen authentisch gewesen und hatte erwartet, dass ihm mit Gefühl statt mit Gedanken begegnet würde.

Wenn die Rückmeldung auf etwas, das als Gefühl begann, rational gemacht wird, wird die Rationalisierung tendenziell gewinnen. Die Privatwirtschaft ist die Domäne des Gedankens, und zu vielen Führungskräften wird gestattet, im eindimensionalen Führen zu verharren. Man braucht schon Rückgrat, um an seinem Gefühl festzuhalten und das abbauende Verhalten der Führungskraft herauszufordern. Dieses Verhalten, das man vielleicht intuitiv spürt, beruht auf etwas Tieferem – nämlich der eigenen Abwehrhaltung der Führungskraft. Diese Art von Konflikten erfordert Selbstwert.

Fallbeispiel – vom Abbau zur Entwicklung

Das folgende Fallbeispiel ist ein gutes Beispiel für einen Menschen, dem eine die Beziehung entwickelnde persönliche Führungskraft fehlte. Es ist auch ein gutes Beispiel dafür, wie ein Mensch, der krank vor Stress ist, selbst zu einem Auslöser werden kann, der damit anfängt, in einer ansonsten äußerst abbauenden Kultur mehr sich entwickelnde Beziehung zu schaffen. Der Fall ist ein leuchtendes Beispiel dafür, was mit Menschen passiert, die sich selbst zu etwas zwingen, was schlecht für sie ist. Er zeigt, dass Führungskräfte etwas von ihrem Selbstwert abbauen, wenn sie sich nicht wohl fühlen. Der Fall zeigt auch, dass wir großartige Ergebnisse erzielen können, auch wenn wir hauptsächlich von Stimulationen des Selbstvertrauens getrieben sind.

Er macht deutlich, dass Stimulierungen des Selbstvertrauens dem Selbstwert nicht helfen. Und nicht zuletzt sehen wir, wie das Erreichen eines übergeordneten Ziels der Beginn eines stärkeren Basierens auf Selbstwert werden kann.

Der Fall zeichnet persönliche Abwehrmechanismen nach und zeigt, wie der Körper reagieren kann, wenn das Selbst und eigene Bedürfnisse verleugnet werden. Er gibt gute Beispiele dafür, was es bedeutet, gesehen zu werden, und welchen Selbstwert erzeugenden Effekt dies auf den Menschen hat.

Auf dem Weg zu einer besseren Selbstwert-Basis

Als ich meinen Coach, Martin, im August 2004 traf, war ich gerade von einer geschäftlichen Auslandsreise zurückgekommen. Ich war müde, weich und unter Druck – müde nach der Reise und weil ich am nächsten Tag früh zur Arbeit musste. Ich sehnte mich nach Ruhe. Ich war weich, weil ich müde war und meine Kinder vermisste, von denen ich mich morgens viel zu schnell verabschiedet hatte. Ich war unter Druck, weil ich wusste, dass eine Menge

E-Mails warteten, und ich im tiefsten Inneren Angst davor hatte, was der Tag bringen würde. Ich fühlte mich nicht als Herrin der Lage.

Ich hatte eine Chefin, vor der ich im tiefsten Inneren Angst hatte. Ich hatte den Mut, ihr in einem persönlichen Gespräch zu erzählen, dass ich sie als einschüchternd erlebte, doch das nahm sie schockiert auf und sagte, dass ihr das noch nie jemand gesagt habe. Es half nicht, es ausgesprochen zu haben. Sie war zu diesem Zeitpunkt 42 Jahre alt und hatte keine Kinder. Ich bekam von ihr Respekt aufgrund von harter Arbeit, indem ich meine Sachen in Ordnung hielt und indem ich unausweichlich auf meine Ziele hin arbeitete. Jahr für Jahr erreichte ich meine Verkaufsergebnisse. Selbst in dem Jahr, in dem ich als einzige in Europa alle Ziele erreichte, hatte ich Angst vor ihr. Ich erreichte mehr, machte sie zufriedener, wurde mehr gelobt, doch es ging mir langsam immer schlechter.

Ich sagte selten nein, denn ich hatte Angst davor, dann ihren Respekt zu verlieren. Mein Ziel war es, Direktorin zu werden, nachdem ich jetzt drei Jahre lang Senior Managerin gewesen war. Ich dachte, dass es an der Zeit wäre, und dass meine Resultate für sich sprachen.

Meine neu aufgetretene Allergie wurde immer schlimmer. Manchmal saß ich in Besprechungen und war nicht in der Lage, durch die Nase zu atmen. Ich nieste so viel, dass mich ein Kunde einmal fragte, was mir die Firma denn antäte.

Mein Sohn kam in die Kinderkrippe, und er brauchte sechs Monate, um sich einzugewöhnen. Er wurde von einer Mutter unter Druck abgeliefert, und ein kleines Kind fühlt sich nicht wohl, wenn es von einer Mutter abgeliefert wird, der man es ansieht, dass sie ihn eigentlich nicht zurücklassen will. Ich redete mir die ganze Zeit über ein, dass ich zur Arbeit müsste und dass eines Tages alles gut werden würde.

Als die Firma beschloss, die gesamte europäische Organisation umzustrukturieren, war das die Kulmination meines alten Lebens und der Beginn meines neuen. Diese Veränderung hätte für meine Person eine Veränderung in horizontaler Richtung bedeutet, also neue Arbeitsaufgaben und keine damit einhergehende Beförderung. Dagegen wehrte ich mich. Wenn ich nicht Direktorin werden könnte, so war dies die Selbstquälerei, als die ich das ganze plötzlich ansah, nicht wert. Nach langen Gesprächen mit meinem Mann kündigte ich. Ich tat dies, ohne irgendwelche Pläne für die Zukunft zu haben. Die einzige Sicherheit, die wir hatten, war ein abbezahltes Haus.

Es ist unglaublich, was passiert, wenn man sich selbst zu erkennen gibt. Innerhalb von zwei Wochen wurde mir eine Stelle im Hauptsitz in den USA mit globaler Verantwortung innerhalb meines Fachgebiets angeboten. Das war die Direktorenstellung, die ich angestrebt hatte. Ich muss dazu sagen, dass mir die Stelle in einer umstrukturierten Organisation angeboten wurde, bei der niemand sonst befördert worden war. Ich ging mit mir selbst zu Rate, und da begann ein Befreiungsprozess, denn ich seither genieße.

Indem ich Nein sagte und mich sichtbar machte, wurde mir die Stelle angeboten, von der ich viele Jahre lang geträumt hatte. Doch meine Allergie war auf dem Höhepunkt, und zwar mitten im Februar – es lag also nicht an den Pollen. Ich war ausgebrannt. Mit meiner Gesundheit stand es nicht zum Besten. Mir wurde klar, dass ich überhaupt nicht die Energie hatte, meinem Wunsch nach einer Direktorenstelle gerecht zu werden – weder in Dänemark noch im Ausland. Forderungen von und Verantwortung für andere als mich selbst und meine Familie waren ausgeschlossen.

Das war ausschlaggebend dafür, dass ich mein Leben selbst in die Hand nahm. Ich sagte mir, dass endgültig damit Schluss sein sollte, dass ich mein eigenes Leben nicht steuerte. Es konnte doch nicht wahr sein, dass ich mich von anderen steuern ließ. Also rief ich meine etwas überraschte Chefin an und lehnte das Angebot dankend ab. Ich sagte ihr, dass ich mich dringend von meinem Arbeitsleben frei machen müsste. Ich reichte nach 14 Jahren treuer Dienste meine endgültige Kündigung ein. Danach schickte ich Mails an meine Kollegen sowie an meine Kunden und erzählte ihnen von meiner Entscheidung.

Die Rückmeldungen, die ich auf meine E-Mails erhielt, waren überwältigend. Alle meine Erfolge in der Arbeit lassen sich nicht mit dem inneren Gefühl vergleichen, das ich nach Erhalt all dieser positiven Äußerungen spürte, die in Worte fassten, was ich für mich selbst tat. Das half mir und motivierte mich total. Ich hatte den Sprung ins Nichts gewagt, ohne einen neuen Job in naher Zukunft, ohne Arbeitslosenversicherung und nur mit dem Wunsch, wieder zu mir selbst zu finden und mehr aus meinen Bedürfnissen heraus zu handeln. Ich wollte zusammen mit meinem Mann, meinen Kindern und meinen engsten Freunden sein.

Für mich war es jedoch wichtig, meine lange Karriere in der Firma sowohl intern als auch gegenüber unseren Kunden auf professionelle und ordentliche Weise zu beenden.

> Ich wusste, dass ich mein eigenes Glück geschaffen hatte.

Ich erledigte die Aufgaben, die beendet werden konnten, und übergab alle Projekte mit sämtlichen Informationen und einer Übersicht über alle Termine an meine Kollegen. Bei einer Abschiedstelefonkonferenz mit meinen europäischen Kollegen und meinem amerikanischen Chef sagte meine Führungskraft:

„Gute Chefs hinterlassen immer einen Nachruhm, und genau das hast du in unserem Unternehmen getan." Das war für mich der richtige Abschluss.

Ich brauchte vier Monate, um die Stresssymptome loszuwerden und einigermaßen zu einem psychischen und physischen Gleichgewicht zurückzufinden. Ich hatte gegenüber Angehörigen, Kollegen und Kunden bewusst geäußert, dass ich mich in den kommenden Monaten nach keiner Stelle umsehen wollte. Und daran hielt ich mich auch. Wenn ich das Gefühl ausdrücken soll, das ich hatte, nachdem ich aufgehört hatte, so war es im Vergleich zu den Tagen zuvor ein Gefühl, als wäre ich aus einem Gefängnis entlassen worden. Als ob eine Zwangsjacke geöffnet worden wäre. Ich erlebte ein riesiges Glücksgefühl an dem Tag, an dem ich allein im Haus war, die Kinder in der Schule und im Kindergarten, mein Mann in der Arbeit, und ich aß zu Mittag und betrachtete die Vögel im Garten, ohne einen Plan für den Tag zu haben. Ich werde niemals diese Erlösung in mir selbst vergessen. Es war ein innerer Rausch, der Woche für Woche anhielt.

Sechs Monate danach, immer noch ohne Arbeit und ohne Lust, mir einen neuen Job zu suchen, rief mich meine frühere Firma an, um sich zu erkundigen, wie es mir ging und welche Pläne ich für die Zukunft hätte. Ich erzählte, dass ich mich an nichts Festes binden wolle und nicht Vollzeit arbeiten wolle, dass ich aber meine Kollegen und die Marken vermisste, die ich einst hatte. Sie machten mir das Angebot, zurückzukommen und mit einem Halbjahresvertrag auf unserem englischen Markt zu arbeiten, wobei ich je eine Woche in England und eine in Dänemark wäre.

Ich spielte den Ball zurück und bot ihnen einen Viermonatsvertrag an, dreieinhalb Arbeitstage pro Woche und jede zweite, dritte Woche eine Reise nach England, jedoch nicht mehr als drei Tage am Stück. Über das Gehalt wurden wir uns schnell einig, und drei Wochen später saß ich im Flugzeug nach London und freute mich sehr darauf, meine Kollegen wiederzusehen, und zwar zu Arbeitsbedingungen und mit einem Gehalt, die zu hundert Prozent mit meinen Wünschen übereinstimmten. „So ein Glück muss man haben", sagten viele meiner Freunde. Doch ich wusste, dass ich mein eigenes Glück geschaffen hatte.

Meine Güte, wie glücklich war ich, dass ich mich jetzt als ich selbst und nicht „im Besitz" von jemand anderem fühlte.

Die erste Prüfung, ob ich das, was ich von meinem Coach und aus der Zeit der Ruhe und Selbstreflexion gelernt hatte, auch befolgen würde, stand an, als das UK-Team eine Kundenpräsentation halten sollte. Vor der endgültigen Vorstellung lagen Wochen harter Arbeit. Ich erkannte bald den Geschmack der Angst wieder – der Angst davor, ob ich der Sache gewachsen wäre, ob ich

bei der Vorstellung nervös werden würde und die Sache nicht würde durchführen können. Eine Angst, die so viele meiner Ressourcen mit Beschlag belegen würde, dass es sich auf meine Gesundheit und meine Familie auswirken
würde. Ich reagierte schnell auf das Gefühl, schneller, als ich es in meinem
früheren Leben getan hätte. Ich rief die Person, für die ich in England arbeitete, an und sagte ihr – ich fragte nicht –, dass ich ihr bei der Planung der
Präsentation und bei allen praktischen Dingen am Tag selbst beistehen würde,
doch dass ich mich noch nicht bereit fühlte, mich vor die Kunden zu stellen
und zu präsentieren. Das nahm sie mit vollem Verständnis auf, und ich wurde
stattdessen der Eisbrecher und Stresshammer bei den Besprechungen. Das
wurde ich, weil ich mich wohl fühlte und den Überblick und den Humor hatte,
nach dem das Team in dieser von Angst geprägten Situation hungerte.

Vier Wochen später kam für mich die größte Prüfung. Nun sollte ich gegen meine frühere Chefin antreten. Wir sollten einen Jahresbericht für 2007
und Pläne für 2008 vorlegen. Ich hatte gelernt, dass ich mich sicher fühlen
muss, und dass ich mich vergewissern muss, um mich herum Leute zu haben,
die mir wohlgesonnen sind, damit ich mein Bestes geben kann.

Wenn ich mich sicher fühle, kann ich mehr oder weniger jedes Ziel erreichen, das ich mir setze, und dort Türen eintreten, wo sich andere Menschen
zurückhalten. Ich habe auch gelernt, dass ich ich selbst sein muss und nicht
versuchen darf, mich als etwas darzustellen, das ich nicht bin. Das ist eine
ganz neue Erkenntnis, die an sich eine unglaubliche Sicherheit verleiht.

Ich erzählte daher meiner Kollegin, dass ich bereit wäre, zuzuschlagen und
die Präsentation zu machen, wenn sie das wünschte. Es zeigte sich, dass es
sie selbst extrem nervös machte, genau vor der Chefin eine Präsentation zu
halten, die ich immer als einschüchternd und angreifend empfunden hatte.
Sie war erleichtert darüber, die Präsentation mit mir teilen zu können. Vor der
Besprechung umarmte ich sie. Ich erzählte ihr, dass wir beide unsere Gründe
hätten, gegenüber unserer Chefin nervös zu sein, doch dass es gut gehen würde, wenn wir zusammenhielten.

Die Besprechung begann wie immer. Im Raum herrschte eine Stimmung
voller Furcht und Abwarten darauf, was die Chefin sagen würde. Meine Güte,
wie glücklich war ich, dass ich mich jetzt als ich selbst und nicht „im Besitz"
von jemand anderem fühlte. Als ich an die Reihe kam, meine Präsentation zu
machen, sagte ich mit einem Lächeln: „Dieser Bereich hier ist für mich nach
nur acht Wochen auf dem englischen Markt immer noch etwas Neues. Nach
einem gründlichen Überblick über das Material werde ich Ihnen darlegen,
was ich zum derzeitigen Zeitpunkt weiß. Wenn Sie Fragen haben, die ich
nicht beantworten kann, möchte ich das ganze Team bitten, mir zu helfen."

Danach kam der entspannteste und spannendste Jahresbericht in meinen 15 Jahren in der Firma. Als unsere Chefin anschließend sagte, dass sie erneutes Vertrauen darin habe, dass die UK ihre festgelegten Budgets erreichen würden, wussten wir, dass wir unseren Plan durchgebracht hatten. Ich hatte mich auf meinen eigenen Fahrersitz gesetzt und blieb meinen eigenen, darunter liegenden Bedürfnissen treu. Ich hatte ein gewisses Niveau erreicht – man konnte mit mir führen oder ohne mich, aber nicht durch mich hindurch.

... man konnte mit mir führen oder ohne mich, aber nicht durch mich hindurch.

Kürzlich wurde ich von einem früheren Kunden angerufen, der mich zu einem persönlichen Gespräch treffen wollte, da er gehört hatte, dass ich wieder auf dem Arbeitsmarkt wäre. Ich fuhr zu dem Treffen und erhielt das Angebot, seine Nachfolgerin zu werden, wenn er in einem halben Jahr in Rente gehen würde. Ich sollte als geschäftsführende Direktorin eine Firma mit vielen Angestellten und einem Kundenportfolio in Europa und im Nahen Osten leiten.

Ich nahm es als ein großes Kompliment, lehnte aber dankend ab, da diese Art von Job zum damaligen Zeitpunkt nicht in mein Leben passte. Er sagte mir, dass er hohen Respekt vor meiner Lebensführung habe, und fragte, ob er mich in sechs Monaten wieder anrufen dürfe, um zu hören, ob ich meine Meinung geändert habe. Das war ein schönes Gefühl innerer Wertschätzung, das mich durchströmte, als ich nach dem Gespräch zu meinem Auto ging und nach Hause fuhr.

Es ist immer schwer zu sagen, wie die Dinge hätten laufen können, wenn etwas anders gewesen wäre. Es ist eine Überlegung wert, ob es der Chefin der Führungskraft und der Führungskraft selbst in diesem Fall etwas gebracht hätte, wenn es früher im Prozess einen katalysierenden Einfluss gegeben hätte – einen Prozessleiter, der Licht in die abbauenden und hemmenden Muster in der Beziehung zwischen ihnen hätte bringen können. Ich sprach selbst mit der Chefin der Führungskraft und versuchte anschließend auf diese Möglichkeit aufmerksam zu machen, doch bei ihr war keine Bereitschaft vorhanden. Allerdings hat sich wieder eine Gelegenheit ergeben, und die beiden begegnen sich jetzt auf eine gleichwertigere Weise, die neue Möglichkeiten schafft.

Das schöne an dieser Geschichte ist, dass man spürt, was im Leben eines Menschen passiert, wenn wir unsere Werte wirklich ernst nehmen und aus uns selbst und unseren tieferen Bedürfnissen heraus handeln.

Zusammenfassung

Die selbstwertbasierte und sich entwickelnde Beziehungsform ist ein wechselseitiger Prozess auf der Basis von Selbsteinsicht in eigene Muster, kombiniert mit einem Training, die Bedürfnisse des anderen zu sehen und zu verstehen, und angereichert mit Wissen über Beziehungen, Abwehrmechanismen und Dialog. Zuhören ist wichtig, doch zuhören allein ist nicht genug. Die Stärke, zur Sache kommen zu können, ist wichtig, denn wenn genügend gesprochen worden ist, muss man Entscheidungen treffen und eine vorwärtsgerichtete Handlung ausführen. Der Ausführung muss das Einsammeln der Leute folgen, die nicht mitgekommen sind. Das ist eine Reise voller Zusammenstöße, Beulen und Lerneffekte, doch es gibt auch jede Menge Erlebnisse, Freundschaften, Zusammenarbeit und erzielte Ergebnisse.

Das war ein schönes Gefühl innerer Wertschätzung, das mich durchströmte.

In dem Maß, wie sich jeder Einzelne in der Gruppe in der Beziehung zum Nächsten selbst trainiert, werden die Zusammenarbeit und die Konflikte weniger bedrohlich, weniger zeitaufwendig und mehr lebenspendend und schöpferisch. Wenn wir den entwickelnden Ansatz erst einmal probiert haben, kann nichts den Menschen zum Hemmenden oder Bewahrenden zurückbringen. Kein Gehalt wäre hier hoch genug, denn der wahre Kern des Menschen wird in den beiden anderen Beziehungsformen zerstört.

Die Beziehung ist der Weg und die Möglichkeit. In der Begegnung zwischen zwei verschiedenen Menschen, die an der eigenen Verschiedenheit festhalten, liegt Energie in Form der potenziellen Kraft. Die Beziehung ist zugleich der Ort, an dem wir das Risiko durch Zusammenstöße und potenziellen Abbau spüren. Wenn nicht auf uns eingegangen wird, verursacht das Schmerz – das ist etwas, was viele von uns viel zu gut kennen. Wenn das passiert, wird unser Abwehrmechanismus aktiviert.

Wir beschreiben in diesem Kapitel drei grundlegende Beziehungsformen – die abbauende, die bewahrende und die sich entwickelnde Beziehung. Kontakt und Rückmeldung in einer Beziehung entscheiden darüber, ob die Beziehung das eine oder das andere wird. Der Kontakt ist die Verbindung zum anderen, und die Rückmeldung ist das, was über diese Verbindung geschickt wird. Kontakt und Rückmeldung werden durch persönliche Abwehrmechanismen gehemmt. Es ist wichtig zu unterstreichen, dass alle drei Beziehungsformen in jeder Beziehung vorkommen. Sie sind ein Teil der weitaus meisten Menschen. Entscheidend ist, ob die Beziehung überwiegend abbauend oder überwiegend sich entwickelnd ist.

- Die abbauende Beziehungsform ist dadurch gekennzeichnet, dass Verschiedenheit als Konfliktpotenzial gesehen wird. Diese Beziehungsform tendiert sehr stark dazu, auf Mängel und Fehler zu fokussieren. Wir befinden uns im Herrschaftsbereich der Argumentation, wo alles entweder richtig oder falsch ist. Daraus resultiert Angriff und Abwehrhaltung. Die Aufklärung erfolgt in der Regel rückwärtsgewandt und wird zur Diskussion darüber, wer schuld ist. Das Ergebnis ist Vermeidung und fehlende Verantwortung.

- Die bewahrende Beziehung ist dadurch gekennzeichnet, dass versucht wird, Verschiedenheit auszugleichen. Es wird eine Art „Pseudokonsens" geschaffen. Die Rückmeldung in der Beziehung bleibt aus oder erfolgt indirekt, um die Konfrontation zu vermeiden, die erfahrungsgemäß nichts Gutes mit sich bringt. Wenn es zu Zusammenstößen kommt, werden diese ignoriert, und die Lust, Nein zu sagen, wird unterdrückt. Es entsteht eine Art Stillstand in der Beziehung. Das führt dazu, dass man sich aufopfert und zusammenreißt. Es herrscht eine gewisse Verantwortlichkeit, jedoch nur so viel, dass sichergestellt wird, dass alles so bleibt, wie es ist. Dieses Verhalten soll Muster aufrechterhalten und die Unsicherheit, die eine Alternative mit sich brächte, auf Abstand halten.

- Die sich entwickelnde Beziehungsform ist dadurch gekennzeichnet, dass Verschiedenheit als ein Potenzial gesehen wird. Die Eigenart im Menschen gedeiht. Die Verschiedenheit ist ein Potenzial in der Zusammenarbeit, weil in ihr die Möglichkeit steckt, Fähigkeiten, Meinungen und Ideen zu kombinieren. Diese Zusammenarbeit führt zweifellos zu Konfrontationen und Konflikten, doch wenn die Beziehung sich entwickelnd und anerkennend ist, dann schlagen sich die Zusammenstöße in weiterem menschlichen Wachstum und geschäftlicher Innovation nieder. Das wird als sinnvolles Schaffen zusammen mit anderen erlebt. Man wird und bleibt engagiert. Der persönliche Selbstwert wächst, und das erzeugt eine Loyalität zu dem, was sich entwickelt. Es erfolgt ein Zustrom hin zu dem, was man als gut für sich selbst empfindet, und diese Geschichte wird verbreitet. Die Aufklärung von Fehlern erfolgt konstruktiv und vorwärtsgerichtet. Die Leute trauen sich, zu handeln und Verantwortung zu zeigen, weil Engagement in genauso hohem Maß belohnt wird wie Erfolg.

Kapitel 5

Selbstwertbasiertes Führen in der Praxis

In diesem Kapitel wollen wir versuchen, uns praktischen Ansätzen für das selbstwertbasierte Führen zu nähern. Das Kapitel ist für alle, die raus gehen und nach den in diesem Buch beschriebenen Grundsätzen handeln wollen.

Der selbstwertbasierte Führungsansatz ist nicht werkzeugorientiert. Stattdessen nutzt er den Menschen und die Beziehung als Werkzeuge. Dieser Ansatz ist eher eine Absicht, die den Kontakt unterstützt, als eine Methode. Das bedeutet jedoch nicht, dass werkzeugbasierte Ansätze beim Führen von Menschen verkehrt sind. Das bedeutet auch nicht, dass es in dem selbstwertbasierten, anerkennenden Ansatz nicht auch Praktiken gäbe, die durch den Einsatz von Werkzeugen geprägt sind. Das sind bloß nicht die Werkzeuge, die wir so gut kennen. Viele beliebte Bücher über Führung beschreiben genaue Werkzeugansätze, die vorschreiben, was die Führungskraft Schritt für Schritt tun soll. Auch wenn man als Führungskraft der Ansicht sein kann, dass diese Literatur die Wirklichkeit vereinfacht – die beschriebenen Ansätze sind leicht zugänglich, populär und im besten Fall auch wirkungsvoll. Ich sehe mindestens drei Arten von Führungseinsätzen, die Beziehungsarbeit nutzen. Diese Einsätze sind situations- und beziehungsabhängig.

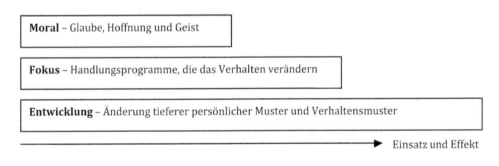

Abb. 9: Modell: Drei Ebenen der Einflussnahme auf Beziehungen[1]

---

1 Inspiration von K.I. Howard et al. "A Phase Model of Psychotherapy Outcome", 1993. Im ursprünglichen Modell heißt Stufe 2 "Symptomlinderung" und Stufe 3 "Persönlichkeitsentwicklung". Das Modell wurde verwendet, um zu erklären, wo die kognitive Therapie ihre Stärke hat, nämlich gerade auf Stufe 2.

Moralisierung beziehungsweise Remoralisierung ist die erste Form von Führungsintervention. Hier haben wir es mit aufmunternden Worten zu tun, mit einer Ermutigung oder einer Beratung, die neuen Glauben und neuen Geist erzeugen. Viele Menschen bewegen sich und sorgen für Veränderungen, wenn ihr Interesse geweckt wird, weil sie fühlen, dass auf sie eingegangen wird und sie gelobt werden. Das sorgt für Aufmunterung und Hoffnung auf etwas Besseres. Man sagt, der Glaube könne Berge versetzen. Kranke Patienten werden manchmal allein durch den Glauben an Genesung gesund. In der Arzneimittelbranche spricht man vom Placebo-Effekt oder dem Glauben daran, dass die Pille wirkt. Das zeigt etwas von dem Zusammenhang zwischen Psyche und Körper. Der Glaube reicht manchmal aus. Beim Führen geht es darum, das hinzuzufügen, was notwendig für eine Veränderung ist, aber auch darum, nicht mehr und nicht weniger zu tun. Wenn die Remoralisierung ausreicht, ist das in der gegebenen Situation angemessen.

Es sind im Laufe der Zeit viele Bücher über Führung geschrieben worden, die handlungsorientierte Ansätze für die Remoralisierungsdisziplin beschreiben. Ein Großteil der Führungsparadigmen ist um das Charisma und das Erzeugen von Glaube und Hoffnung aufgebaut. In diesem Genre finden wir auch den Coach, der tausende von Menschen versammelt und durch seine Einsicht, seine Persönlichkeit und sein großes Engagement begeistert. Das kann in der konkreten Lebenssituation gut und lebenspendend sein. Die Führungskraft kommt beim Führen allerdings nicht damit aus, nur mit Moral als Führungsansatz zu arbeiten. Es werden Situationen und Problemstellungen auftreten, die einen anderen Ansatz erforderlich machen.

> Beim Führen geht es darum, das hinzuzufügen, was notwendig für eine Veränderung ist.

Fokussierung beziehungsweise Refokussierung ist eine weitere Form von Führung. Sie ist wirkungsvoll und bietet viele Methoden. Wir schaffen mit diesem Ansatz eine Symptomlinderung und bisweilen eine Heilung. Refokussierung ist der größte Teil dessen, worauf die Führungskraft ihre Zeit im Alltag verwendet. Diese Form der Führung nimmt ihren Ausgangspunkt häufig in der Warum-Frage. Warum ist es schief gelaufen? Sie identifiziert die Ursache und arbeitet an einer Lösung des Problems. Beispiele dafür sind: Kostensenkung, Effizienzsteigerung und Reorganisation.

Hier versucht die Führung durch Analyse, Fragen, Unterricht und Anweisungen die richtigen Gedanken zu erzeugen, die zu Handlungen führen. Die Führung erzeugt Denkmuster, die das unterbrechen, was Symptome verursacht. Ausgangspunkt ist das rationale Verständnis und eine Ermutigung zur Reflexion. Gibt es andere vorteilhaftere und mehr Ergebnisse erzielende Ansätze? Fokussierungs- und Refokussierungsführung sind wichtig und ein Teil dessen, was Führungskräfte beispielsweise in MBA-Studiengängen lernen.

Zwischenmenschliche Veränderungsprozesse bilden das dritte Niveau der Führungsintervention.

Hier arbeitet man nicht so sehr mit der Warum-Frage, sondern mehr mit dem Wie und Was. Warum tue ich das, was ich tue? Das ist schwer zu beantworten. Hierbei handelt es sich häufig um persönliche Muster. Es ist leichter, darüber zu sprechen, wie ich die Dinge tue, und etwas über sich selbst zu lernen, wenn man sich im Prozess befindet. Der Ansatz, der mit zwischenmenschlichen Veränderungen arbeitet, dauert im Vergleich zu den beiden anderen Methoden normalerweise länger. Wir haben es hier mit Prozessen zu tun, die in der Managementliteratur relativ wenig beschrieben sind. Es ist schwieriger, zwischenmenschliche Veränderungen werkzeugbasiert durchzuführen, weil es um Selbsteinsicht, Abbau von Abwehrmechanismen, Rückmeldung und Kontakt geht. Die Technik ist der Kontakt zum anderen und zu sich selbst sowie ein Training in Rückmeldung. Die werkzeug- oder technikbasierte Begegnung hat im Vergleich nicht so großes Potenzial für den die Beziehung entwickelnden Kontakt und die Rückmeldung. In dem Artikel „Stoff zum Nachdenken" beschreiben Billund und Zimmer, dass die Anwendung einer scheinbar richtigen Kommunikation in einigen Fällen zu einem Ruhekissen werden kann oder mit unseren Worten, dass sie bewahrend wirkt: „Wir haben gesehen, dass die ‚richtige' Kommunikation wie ein Deckmantel auf einer Arbeitsumgebung liegt, die von dem Mangel an echter kollegialer Gegenseitigkeit und fachlichem Sparring geprägt ist."[2]

Wenn der anerkennende Dialog zu etwas wird, dem man genügen muss, besteht die Gefahr, dass er allzu nett und gefällig wird, wodurch alles anerkannt wird, ohne untersucht zu werden. Das führt leicht zu einem Stillstand in der Beziehung. Der Annerkennungsansatz in der Kommunikation ist kein Werkzeug, sondern ein persönliches Selbstsein. Er beeinflusst die Umgebung dahingehend, dass sie die entsprechende Selbstverantwortung zeigt. Ein Beziehungsansatz, der mit Werkzeugen arbeitet, tendiert dazu, eine weniger ergiebige Begegnung zur Folge zu haben. Dies kann beim Führen durchaus in Ordnung sein, es darf nur nicht die einzige Begegnung bleiben.

Die Führungskraft unserer Zeit muss auf allen drei Niveaus arbeiten können und das manchmal sogar gleichzeitig. Das Problem ist, dass Führung als Disziplin hauptsächlich so beschrieben wird, als würde sie nur auf den beiden ersten Niveaus basieren, und das häufig sogar getrennt voneinander. Die theo-

Warum tue ich das, was ich tue?

2 H. Alrø und M. Kristiansen – 2005

retischen werkzeugbasierten Rahmenbedingungen können kaum die gesamte Wirklichkeit in der Begegnung im Beziehungskontext enthalten.

Ein gutes Beispiel für den refokussierenden, werkzeugbasierten Ansatz erlebt man meiner Ansicht nach zurzeit im Bereich des Führungscoachings, wenn die Führungskraft ihre Mitarbeiter coachen soll. Dieser Ansatz hat viele Facetten und Elemente und damit sowohl Stärken als auch Schwächen. Er basiert zum Großteil auf Werkzeugen und erlernten Techniken.

Bei einem Teil des Coachings geht es darum, dass die Führungskraft es vermeiden soll, mit Antworten und Lösungen zu kommen, und stattdessen Fragen stellen soll, um so den anderen dazu zu bringen, die Antworten zu formulieren. Das Prinzip dahinter ist, dass die Person, die selbst auf die Lösung kommt, ein Verstehen erlangt und sich eine Kompetenz einprägt, die sie zukünftig in ähnlichen Situationen anwenden kann. Das Ziel kann sein, eine Lernumgebung zu schaffen – eine Umgebung, in der Mitarbeiter selbst mit Lösungen für eigene Probleme kommen, statt sich an die Führungskraft zu wenden und eine Antwort zu erwarten. Das spart Zeit und Ressourcen und unterstützt eine höhere Mitarbeiterkompetenz, eine höhere Verantwortung und ein besseres Engagement. Der Gedanke wirkt logisch, und die meisten können den Sinn dahinter verstehen. Doch kein Werkzeug ist für alles gut, und ab und zu wirkt diese Methode genau entgegen der eigentlichen Absicht.

Wenn die Rahmenbedingungen zu einem Mantra werden, steigt die Gefahr, dass der Kontakt und damit die sich entwickelnde Rückmeldung ausbleiben. Der Coaching-Ansatz wird allzu häufig zu einer Abwehrhaltung, bei der sich die Führungskraft hinter der fragenden Haltung versteckt und so vermeidet, mit dem konfrontiert zu werden, was sie eigentlich selbst meint. Wenn diese Form zu einer künstlichen und methodenbasierten Begegnung wird, wird das so aufgefasst, als würde die Führungskraft eine Abstand schaffende, nicht gleichwertige Beziehung suchen. Das kann zu einem manipulierenden Ansatz werden, bei dem sich die Führungskraft nicht traut, dem Mitarbeiter gleichwertig zu begegnen. Wenn das passiert, entsteht Misstrauen, und das schwächt Engagement und Kreativität beim jungen Wissensmitarbeiter und sorgt für Kopfschütteln beim erfahrenen.

Werkzeuge, die im Weg stehen

Wir arbeiteten einmal mit einer Führungskraft als Teil einer Führungsgruppe. Sie hatte eine sechsmonatige Ausbildung im Coachen und Führen durchlaufen. Die Führungskraft erzählte offen über ihr umfassendes 600-seitiges Handbuch. Obwohl es schon vier Monate her war, dass sie die Ausbildung beendet hatte, hatte sie es noch nicht wirklich benutzen können. Sie sagte Folgendes: „Es ist so schwer, sich all die Techniken zu merken."

Das Paradoxe war, dass sie über eine starke Intuition und ein gutes Gespür für Beziehungen verfügte. Wenn sie die einsetzte, war das für Mitarbeiter und Kollegen eine Bereicherung. Doch sie setzte sie zu selten ein, weil ihr Fokussieren auf die Techniken dazu führte, dass sie die ganze Zeit daran dachte, wie sie fragen sollte, statt einfach sie selbst zu sein. Daher konnte sie ihr Potenzial nicht entfalten.

> Selbstwertbasiertes Führen ist ein Gedanke, eine Art des Seins und Handelns, der in der Person der Führungskraft selbst entsteht – ein Führen, das auf der zwischenmenschlichen Entwicklung basiert, was sich schwer zu einer Methode machen lässt.

Wenn man sehr auf Werkzeuge setzt, besteht für mich die Kehrseite darin, dass der Mensch und der bereichernde Kontakt in den Hintergrund treten. Andererseits sind viele der Ansicht, dass Werkzeuge wie die Fragetechniken im Coaching dort, wo der Kontakt sowieso schon schlecht ist, die Beziehungsarbeit relativ gesehen verbessern können. Nach unserer Auffassung sind Werkzeuge auf Stufe 1 in der Entwicklung der Führungskraft notwendig (siehe das Modell mit den Entwicklungsstufen im Kapitel über selbstwertbasiertes Führen), doch wenn sie eingesetzt werden, muss dies auf dem Interesse, dem Gespür und dem Selbstgefühl der Führungskraft basieren. Wir sind der Ansicht, dass das große Potenzial für die Schaffung von Engagement darin liegt, dass sich das Führen von Menschen mehr dahingehend orientiert, die Beziehung durch einen selbstwertbasierten Ansatz zu entwickeln statt sich allein auf werkzeugbasierte Ansätze zu stützen. Dieser Prozess ist weniger kontrollierbar, aber auch lebensbejahender und schöpferischer, wenn er sich entfaltet.

Selbstwertbasiertes Führen ist ein Gedanke, eine Art des Seins und Handelns, der in der Person der Führungskraft selbst entsteht – ein Führen, das auf der zwischenmenschlichen Entwicklung basiert, was sich schwer zu einer Methode machen lässt. Andererseits haben wir im Laufe der Zeit mehrere Ansätze zu einer Selbstwert entwickelnden Beziehungs- und Führungsform aufgedeckt. Diese Ansätze können als Werkzeuge bezeichnet werden, auch wenn sie sich als etwas anderes darstellen als das, was die Führungskraft normalerweise mit greifbaren Methoden verbindet.

Wir stellen im Folgenden zwei selbstwertbasierte Führungspraktiken vor – das Führen des Möglichkeitsraums und das Führen des Kraftfelds in der

Beziehung. Das sind zwei verschiedene Ansätze, die am besten wirken, wenn sie in einem gemeinsamen Zusammenhang praktiziert werden.

Führen des Möglichkeitsraums

Der Möglichkeitsraum ist eine Antwort auf die Fragen „Wer bin ich?" und „Wer bist du?", „Was können wir?" und „Was wollen wir zusammen?". Er bedeutet eine doppelte Anerkennung – für den, der ich bin und für das, was ich kann. Er hat zu tun mit der Bearbeitung und Beantwortung von zentralen Beziehungsfragen, die eine Einsicht in die Person selbst und in die anderen in der Gruppe entwickeln. Das ist ein Ansatz, der für das Vertrauen sorgt, das erforderlich ist, damit man sich damit abgibt, sich zusammenzutun. Im Möglichkeitsraum wird ein Team geboren. Ohne diese frühe Abstimmung besteht die Gefahr, dass sich ein Großteil des persönlichen Potenzials niemals entfaltet und Potenzial bleibt.

"Eine lernende Organisation ist ein Ort, an dem die Leute permanent entdecken, wie sie ihre Realität erzeugen und wie sie diese ändern können", schreibt Peter Senge in seinem berühmten Buch „The Fifth Discipline – The Art and Practice of the Learning Organization".[3]

Wir stehen permanent unter dem Einfluss von Veränderungen in unserer Umwelt, doch wir sind auch in der Lage, Veränderungen selbst zu beeinflussen. Die kleinste Einheit in einer Organisation sind zwei Personen – wenn es nur eine wäre, wäre es keine Organisation. Veränderungen geschehen nicht dadurch, dass einer voran geht, es sei denn, er kann den anderen mitziehen. Wenn alle anderen stehen bleiben, kommt es zu keiner Veränderung der Organisation. Das macht das Beziehungsfeld zu einem Möglichkeitsraum.

Jetzt-Situation ⇨	Traum ⇨	Möglichkeit ⇨	Handlung
Kraftfeld hier und jetzt	Vision von der Zukunft	Was ist möglich?	Was tun wir? – Ziele
Wer bin ich, und wer bist du?	Wie sieht dein Traum im Vergleich zu meinem aus?	Was willst du, und was will ich?	Was tun wir? – Aufgabenverteilung, Ausführung und Nachfassen
Was bremst, und was treibt an?	Was bremst, und was treibt an?	Was bremst, und was treibt an?	Was bremst, und was treibt an?

3 P.M. Senge – 1990

Abb. 10: Der Möglichkeitsraum

Das Modell zeigt, dass wir anfangen müssen, unseren Ausgangspunkt im Hier und Jetzt zu nehmen. Wir müssen einander ansehen und zu verstehen versuchen, was den anderen antreibt. Wollen wir etwas zusammen und können wir eine gemeinsame Haltung entwickeln, wie wir die Dinge zusammen tun wollen?

Auf jeder Stufe gibt es eine Bremskraft und eine Antriebskraft. Darauf komme ich bei dem Thema Kraftfeldarbeit zurück, dem nächsten Führungsansatz in diesem Kapitel.

Wichtig ist, zuerst herauszufinden, wer die anderen sind, und ob es Menschen mit Werten und Einstellungen gibt, von denen ich angezogen werde und durch die ich mich entwickle. Gemeinsam finden wir heraus, was wir zusammen tun werden, und ob wir uns auf etwas einigen können, was wir wirklich zusammen tun wollen. Viele Führungskräfte finden diesen Ansatz verkehrt. Sie sagen: „Wir beginnen doch üblicherweise damit, herauszufinden, wohin wir wollen, und schauen erst danach, was wir an Leuten und Kompetenzen benötigen, um das Ziel realisieren zu können." Das Problem ist aber, dass Ziele nicht mehr das sind, was sie einmal waren.

Es wird immer schwieriger, an langfristigen Zielen festzuhalten. Diese werden von dynamischen Faktoren und von der Veränderungsgeschwindigkeit zerstört. Das ist kein neues Argument. In dem Buch „Der Weg zu den Besten" von Jim Collins ist eines der Hauptargumente, dass die Ziele dynamisch sind und dass es daher in höherem Maß darum geht, die richtigen Leute an Bord zu bekommen – Menschen, die improvisieren und zusammenarbeiten können. Es ist besser, die Leute an Bord zu bekommen und unterwegs zu improvisieren, als zu glauben, dass man die komplett richtige Strategie und den genauen Kurs schon am Ausgangspunkt abstecken kann.

Viele Führungskräfte begegnen mir mit großer Empörung, wenn ich sage, dass Ziele beim Führen der Zukunft nicht besonders wichtig sind. Natürlich weiß ich, dass das übertrieben ist, aber so setzen die Leute ihren Hintern in Bewegung. Wir alle kennen das Zitat aus „Alice im Wunderland" beziehungsweise irgendeine abgeleitete Version davon: „Wenn du nicht weißt, wo du hin willst, sind alle Wege gleich gut." Die Führungskraft von gestern wurde mit dem Gedanken erzogen, dass Ziele für Ruhe sorgen und dem Mitarbeiter einen Anhaltspunkt geben.

Oft ist persönliche Führung von so schlechter Qualität, dass der Mensch vor Verzweiflung zugrunde gehen würde, wenn es keine Navigation und kein Ziel gäbe, die in etwa die Richtung angeben. Man kann sagen, wenn ich nicht weiß, warum ich hier bin, und auch nicht weiß, wohin ich will, kann ich ebenso gut zu Hause bleiben. Vielleicht könnte man richtiger sagen, dass der Mitarbeiter ganz einfach verwirrt wird und seine Orientierung verliert.

Wenn wir nicht immer mit der Sicherheit, die für grundlegende Geborgenheit und Motivation sorgt, erfahren können, wo wir hin sollen, dann müssen wir wissen, warum wir an Bord sind. Wir müssen die innere Kraft aktiviert haben, die dafür sorgt, dass wir uns trauen, aus uns selbst und aus unserem Team heraus zu navigieren. Das erhöht die Chance, dass wir einer zunehmend chaotischen Welt begegnen können, ohne umgeworfen zu werden.

Solches Führen lässt jeden Mitarbeiter verstehen und erkennen, warum gerade er in die Gruppe und in das, was geschaffen werden soll, passt.

Führen im Möglichkeitsraum arbeitet damit, die richtigen Menschen zu finden, aber auch damit, sie richtig zu machen. Ein solches Führen lässt jeden Mitarbeiter verstehen und erkennen, warum gerade er in die Gruppe und in das, was geschaffen werden soll, passt. Wenn ich Engagement zeigen soll, ist es wesentlich, dass ich weiß, warum gerade ich in den Möglichkeitsraum passe.

Es geht um die Beantwortung dessen, was Arthur Young vor vielen Jahren in seinem berühmten Teammodell beschrieben hat. Sein erster Schritt hin zum Einrichten einer Teamzusammenarbeit war die Beantwortung der Frage: „Warum bin ich hier?" Die Antwort muss sowohl von außen als auch von innen kommen. Der einzelne muss versuchen, seine eigene innere Wertschätzung zu suchen und sich zu trauen, sich selbst die grundlegenden Fragen zu stellen.

Die Gruppe und vor allem die Führungskraft müssen anerkennen, dass man als Mensch und als kompetente Person der Richtige für das Team und für die Aufgabe ist. Das geschieht durch eine Anerkennung der Kompetenzen und durch eine Anerkennung der Eigenart der Person mit der dazugehörigen Verschiedenheit in Form von eigenen Gedanken, Gefühlen und Grundwerten.

Eine solche Geborgenheit schaffende Anerkennung kann nur erfolgen, wenn Zeit investiert wird, um einander kennenzulernen. Diese Investition schafft Vertrauen und sorgt für die Ruhe, die notwendig ist, wenn sich Ziele permanent verändern. Es muss sich so anfühlen, als ob ich ein Teil dessen bin, das vonnöten ist, damit wir zusammen etwas aus den Möglichkeiten erschaffen können. Der Wissensmitarbeiter und die Führungskraft von morgen wollen nicht nur irgendjemand in der Gruppe sein, sondern sie wollen ein Teil einer Gruppe sein – ein wichtiger Baustein, der zusammen mit den anderen eine gut funktionierende Einheit ausmacht.

Es muss sich aufrichtig und gleichwertig anfühlen. Ich muss fühlen, dass das, was wir zusammen wollen, ein Teil meines persönlichen Traums ist. Das setzt voraus, dass ich meinen Traum formuliere, dass ich dafür kämpfe, dass er von den anderen gesehen wird, und dass ich daran festhalte, die Vision und die Ziele ausgehend von dem zu formen, wofür ich brenne. Wenn das nicht möglich ist, ist es besser, das Team zu verlassen und sich eine andere Gruppe zu suchen – eine Gruppe, deren Träume und deren Ansätze zur Realisierung derselben meinen eigenen mehr entsprechen.

Die Führungsgruppe im Möglichkeitsraum

Mein Kollege und ich arbeiteten einmal mit einer Führungsgruppe. Der Leiter der Gruppe kam aus einer sehr angesehenen Position und einem sehr angesehenen Unternehmen. In seinem früheren Job war er zu einem der Kronprinzen auserkoren worden. Er entschied sich plötzlich dafür, seine Stelle zu verlassen und in ein kleineres Unter- „Warum bin ich hier – warum tue ich, was ich tue?" nehmen mit einem großen Entwicklungspotenzial zu wechseln. Er begann mit dem Veränderungsprozess und fing an, eine Vision und eine Strategie zu entwerfen. Das Unternehmen, in das er gekommen war, hatte eine ziemlich lässige Kultur entwickelt. Die Führungsgruppe war von einem bewahrenden Beziehungsprozess geprägt. Der vorherige Leiter der Gruppe war nach Aussage mehrerer Personen der genaue Gegensatz zu der neuen Führungskraft gewesen. Die neue Führungskraft wollte vorwärts, schickte E-Mails um fünf Uhr früh und hatte nur einen begrenzten Zeitraum ihres Lebens dafür re- serviert, ein paar konkrete Ziele in dem Unternehmen zu erreichen. Danach würde sie ihre Mission als erfüllt ansehen, was sie auch nicht verheimlichte.

Irgendwann im Laufe des Arbeitsprozesses, in dem der Möglichkeitsraum geschaffen werden sollte, fand die neue Führungskraft heraus, dass viele in der Gruppe der Ansicht waren, sie wäre in ihrem Auftreten zu aggressiv, und etliche fühlten sich unsicher dabei. Das hatte dieser Mann schon zuvor bemerkt, er hatte es aber versäumt, das aufzugreifen. Er hörte zu und versuchte, zu verstehen. Seine Leute gaben ihm Rückmeldung und sagten, dass sie ihn als Person nicht spüren konnten. Eine Konsequenz seines Eintritts in das Team war gewesen, dass die meisten sich verkehrt fühlten. Sie fanden, dass sie seinem hohen Standard und seinem hohen Energieniveau nicht gerecht werden könnten. Ihm wurde klar, dass er übersehen hatte, dass etliche in der Gruppe einfach nicht wussten, ob er sie überhaupt gebrauchen konnte. Er hatte gespürt, dass da etwas in ihm war, das in bremste. Er hatte seine Gewohnheiten geändert und hatte begonnen, sich zurückzuhalten und zum Beispiel früh morgens oder an Wochenenden keine E-Mails mehr zu schicken.

Die Situation entwickelte sich zu einem großen Maß an persönlicher Anerkennung, und die Führungskraft fasste in Worte, was sie bei jedem einzelnen ihrer Leute schätzte. Ihre Leute sagten ihr, dass sie gern noch mehr von ihr als Mensch haben wollten. Sie erzählten, was sie schätzten und in welchen Punkten sie von einander noch mehr sehen wollten. Der Tag endete damit, dass die Führungskraft gegenüber der Gruppe auf ehrliche Weise ihr Dilemma zum Ausdruck brachte. Sie sagte:

„Ihr seid die Führungsgruppe dieses Unternehmens. Ich verstehe jetzt viel besser, dass ich ganz anders bin als ihr und dass ich gezwungen bin, mir zu überlegen, ob ich der richtige Mann im richtigen Job bin. Ich komme aus einer ganz anderen Kultur und einer fundamental anderen Art, die Dinge zu tun. Vielleicht können wir uns in der Mitte treffen, doch ihr sollt wissen, wenn jemand gehen muss, bin ich es, der geht, und nicht ihr."

Das sorgte natürlich für einigen Tumult in der Gruppe. Mehrere hatten Angst davor gehabt, dass die neue Führungskraft sie unterschätzen und für zu leicht befinden würde. Jetzt wurde ihnen bewusst gemacht, dass ihr fehlendes Engagement für das Neue in Wirklichkeit auf einem fehlenden Glauben an sich selbst im Verhältnis zu der neuen Aufgabe und dem wichtigen anderen beruhte.

Als die Führungskraft mehr von sich selbst preisgab, begannen die anderen allmählich auch, mehr sie selbst zu sein. Sie hatten erfahren, dass sie so, wie sie waren, gut genug waren, dass sich aber die Führungskraft mehr Engagement wünschte, ansonsten würde sie sich nach etwas anderem umsehen. Das schwächte die Furcht ab und löste Vertrauen aus. Es erzeugte Engagement, sich in die Beziehung und den Glauben daran einzubringen, dass sie mit ihrer Verschiedenheit die Aufgabe zusammen lösen könnten.

David Maister, ein Guru im professionellen Dienstleistungssektor und in der Unternehmensberatung, schreibt in einem Artikel:

(...) however, without a majority of key players committed to collaboration and investment in the future, it is unlikely that most of what is usually considered to be firm-level strategy can really be accomplished. Before discussing their plans, firms need to uncover whether their people really want to go on a journey – any journey – together.[4]

---

4 D. Maister – 2007

Maister betont hier, wie wichtig es ist, dass wir im Möglichkeitsraum als Gruppe arbeiten, wenn wir ein Team sein wollen, das sein Potenzial entfaltet – dass wir einander „sehen" und spüren wie in dem oben beschriebenen Beispiel. Wir müssen versuchen, einen gemeinsamen Traum zu schaffen, der eine Richtung vorgibt – einen Traum, der nicht nur davon handelt, in welche Richtung wir wollen, sondern auch, wie wir reisen wollen.

Haben wir Interesse an denen, mit denen wir die Reise antreten sollen? Wollen wir mit dem anderen die dreieinhalb Stunden von Rødovre in Dänemark bis Bodafors in Schweden zusammen im Auto sitzen? Besteht mit diesen Menschen hier die Möglichkeit für die Schaffung einer sich entwickelnden Beziehung? Gibt es da für mich ein Potenzial? Der Möglichkeitsraum entsteht dadurch, dass sich kompetente Menschen zusammensetzen, dass einer beim anderen Engagement hervorruft und dass sie Pläne machen.

Ich finde, dass sich viel zu viele Führungskräfte damit begnügen, dass das Produkt, das Renommee des Unternehmens und das Gehaltspaket in Ordnung sind. Es braucht jedoch mehr, wenn wir ernsthaft das Engagement des Menschen wollen, und die große Wertschöpfung tritt erst ein, wenn Führungskräfte damit beginnen, Führungskräfte zum Wachsen zu bringen. Wir wissen ja, dass wir das Unternehmen aufgrund von schlechten Beziehungen verlassen. Wenn wir das wissen, wissen wir auch, was am wichtigsten ist, um den Menschen wirklich zu engagieren.

Das macht den Möglichkeitsraum und die Arbeit mit den Möglichkeiten zu einem zentralen Punkt. Das gilt auch für Unternehmen, die ihre übergeordneten Ziele von außen erhalten, oder für Vertriebsgesellschaften ohne eigene Autonomie. So etwas erzeugt nur einen enger begrenzten Möglichkeitsraum, doch der wesentliche Punkt ist immer noch, sich anzusehen, was ich und die anderen eigentlich mit dem Möglichkeitsraum, der trotz allem immer vorhanden ist, anfangen wollen.

Das Sichtbarmachen des Möglichkeitsraums besteht mindestens aus folgenden Einsichten:

- Wollen wir zusammen etwas bewerkstelligen?

- Wer bin ich – was sind meine Bedürfnisse und Werte?

- Wer bist du?

- Was ist mein Traum – was will ich?

- Was ist dein Traum?

- Was sind meine Kompetenzen und Stärken, und womit will ich mich einbringen?

- Was sind deine Kompetenzen?

- Was schränkt die Möglichkeiten ein? Äußere Faktoren und Schwächen der Gruppe?

- Wie komme ich in die Nähe dessen, wo ich hin will – wie will ich reisen?

- Wie willst du in die Nähe des Traums kommen?

- Bestehen irgendwelche Zusammenhänge und wenn ja, treibt uns das gemeinsam an?

- Warum bin ich hier?

- Die anderen müssen die Frage beantworten, warum ich hier bin.

- Wenn ich dieselbe Frage für mich selbst beantworte – warum bin ich hier?

- Eine tiefgehende Reflexion über die Möglichkeit, ein Teil dessen zu werden, was die Gruppe zusammen erreichen will. Eine Suche, die aufdeckt, ob ich die anderen möchte, ob ich das, womit ich beitragen kann, geben möchte, und ob wir wirklich einen gemeinsamen Traum haben, sowie ob die Reise an sich ein Traum werden kann.

Das Führen des Möglichkeitsraums handelt davon, dass das Team zusammen Möglichkeiten und Bedrohungen aufdeckt, um danach einzeln für sich abzuwägen, ob das etwas ist, was jeden einzelnen anzieht. Jede Person muss ihre Bedürfnisse und ihre wertebasierten Einstellungen sichtbar machen. Man muss versuchen, die Stärken und Schwächen in der Gruppe abzuklären. Es muss zusammengearbeitet werden, und dies soll in einem Zusammenhalt für eine gewisse Zeit münden.

Die Führungskraft muss etwas sagen wie: „Ich will mich für drei Jahre mental an dieses Team binden, das sich auf einer Reise hin zu einem Ziel befindet." Diese Selbstverpflichtung ist nicht unausweichlich, sondern spiegelt eine solide Absicht wider, die auf den zugrunde liegenden gemeinsamen Absichten basiert. Das folgende Zitat aus der Zusammenfassung eines Coaching-Prozesses für Führungskräfte könnte ein Beispiel hierfür sein:

Ob wir das Ziel erreichen, weiß niemand, doch die Chancen erhöhen sich, wenn wir richtig zusammenarbeiten. Vielleicht entscheiden wir uns im Laufe der Zeit, eine neue Richtung einzuschlagen. Das ist für mich nicht das Wichtigste. Das Wichtigste ist, dass wir in Richtung unseres Traums reisen und dass die Reise von Qualität geprägt ist. Zusammen haben wir die Möglichkeit, uns unsere Träume zu erfüllen. Das fühlt sich sinnvoll an.

Zitat einer Führungskraft

Wenn wir erst die Entscheidung getroffen haben und uns auf die Reise gemacht haben, müssen wir die Augen auf den Weg und auf das, was hier und jetzt passiert, richten. Wir müssen uns auf die Fahrt konzentrieren, weil das entscheidend dafür ist, ob wir bei hoher Geschwindigkeit noch reagieren können. Wenn wir dann davonrasen, müssen wir bisweilen auf die Bremse steigen, uns auf einen Hügel in der Nähe setzen und uns einen Überblick verschaffen. Wir müssen uns die Möglichkeiten ansehen und die weitere Fahrt beurteilen, müssen einander ansehen und fragen, was uns in die richtige Richtung zieht und was uns zurückhält. Hin und wieder müssen wir getrennt werden, und neue Leute kommen dazu. Einzelne haben sich vielleicht festgefahren oder besitzen nicht mehr die notwendige Motivation. Das ist natürlich und ein Teil dessen, was sich das Team und der Leiter des Teams klar machen müssen, und woran sie arbeiten müssen, um es durchzustehen.

Das erfordert eine Führungskraft, die ein Rennen fahren kann, die aber auch weiß, dass hin und wieder ein Boxenstopp notwendig ist – eine Führungskraft, die sich traut, die eigene Gruppe in den Möglichkeitsraum mitzunehmen, und eine Gruppe, die sich traut, sich selbst, einander und ihre Führungskraft herauszufordern.

Führen des Kraftfeldes

Eine Orientierung hin zum Jetzt findet in immer höherem Maß Einzug in die Führungspraxis, weil alles andere Vergangenheit oder reine Raterei über die Zukunft in einer sich zunehmend verändernden Welt ist. In jedem neuen „Jetzt" steckt eine Kraft, die vorwärts treibt, und eine, die den Menschen zurückhält. Die Gesamtmenge an Antriebskräften kann der Außenstehende als kollektiven Teamwiderstand, kollektive Teamantriebskraft oder beide Dinge gleichzeitig spüren.

Das Kraftfeld enthält das kollektive Potenzial für Engagement. Im Kraftfeld holt man sich einen Großteil der persönlichen Kraft, und das Muster des Kraftfelds ist entscheidend dafür, ob der Einzelne sich entwickelt oder abbaut, ob der Selbstwert gesteigert oder verringert wird. Das Kraftfeld enthält den gesamten Selbstwert der Gruppe.

Im folgenden Abschnitt werden Sie Beispiele für einen Ansatz finden, der sich in Richtung des Jetzt orientiert und der eine Führungspraxis wiederentdeckt, die versucht, bremsende Aspekte aufzulösen und entwickelnde zu unterstützen. Die Gedanken über das Kraftfeld sind inspiriert von Kurt Lewin, der als Vater der modernen Sozialpsychologie und Gruppendynamik anerkannt ist.[5]

Das Kraftfeld verändert sich im Laufe der Zeit. Das Erneuerungstempo des Kraftfeldes hängt in ebenso hohem Maß von der Fähigkeit der Gruppe ab, interne Bremskräfte aufzulösen, wie von der Veränderungsgeschwindigkeit der Umgebung. Ich muss betonen, dass die Zusammenarbeit der Führungsgruppe und des Ergebnisse erzielenden Teams durch interne Störungen in Beziehungen und durch bremsende Handlungen im Beziehungsfeld gehemmt wird.

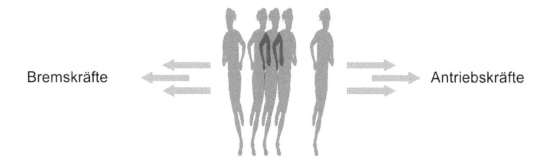

Bremskräfte   Antriebskräfte

Abb. 11: Das Kraftfeld

Die Kraftfeldarbeit ist kontinuierlich und läuft parallel zu der aufgabenorientierten Führung. Das sind zwei Wege, die es in der Führungsarbeit immer gegeben hat. Häufig wird jedoch, wie gesagt, nur letzteres bewusst als Führen ausgeführt. Ziel der Kraftfeldarbeit ist es, das, was zurückhält, zu identifizieren und aufzulösen, und das, was vorwärts zieht, auszulösen. Ausführung und

---

5 K. Lewin – 1951

Maßnahmenergreifung im Bereich von Unternehmensschwerpunkten gehört zur normalen Führung von Aufgaben.

Beziehungsstörungen, die Zeit kosten

Nicht alle Führungskräfte nutzen den Großteil ihrer Zeit für den Aufgabenweg. Ich bin auch einzelnen Führungskräften begegnet, die am Zugrundegehen waren, weil all ihre Zeit für Probleme zwischen Angestellten, Streitereien, Krankheiten, fehlende Motivation und Kleinigkeiten draufging, die auf mich wie Kinderkram wirkten. Wenn der Alltag voll von solchen Dingen ist, ist es besser, einen ganzen Tag dafür zu opfern, die wichtigen Themen in Angriff zu nehmen, statt sich jeden Tag mit den kleinen Problemchen herumschlagen zu müssen.

Wir versammelten die Abteilung, und alle konnten ihre Frustrationen vorbringen. Alle erhielten Gehör. Zum Schluss sagte die Führungskraft, dass sie nicht mehr könne und das Handtuch werfe.

Dann nahm sie sich zusammen und erzählte den anderen, wie es ihr eigentlich ging. Dieser Mann sagte, dass seiner Meinung nach alle miteinander nur verantwortungslose Streithähne wären, die viel zu lange verzogen worden waren. Er fand, dass sowohl er, als auch die vorherige Führungskraft es ihnen erlaubt hatten, all ihre Streitigkeiten den Führungskräften auf den Tisch zu legen, statt selbst etwas daran zu ändern. Sie wären eine Horde unverantwortlicher Kinder, und er hätte seine ganze Zeit darauf verwendet, zu versuchen auf sie aufzupassen.

Es wurde ganz still. Das musste erst einmal verdaut werden, doch nach der Pause stand eine mutige Frau auf und sagte, dass sie auf diese Gardinenpredigt seit 12 Jahren gewartet hätte. Jetzt war es Zeit für Veränderung.

Man hätte annehmen können, dass die Kritik der Führungskraft eine Abwehrhaltung hätte auslösen müssen, doch irgendwie muss sie jeden einzelnen in ihrer Wut „gesehen" haben, und sie hatte etwas in Worte gefasst, was jeder Einzelne bei sich selbst wiedererkennen konnte. Die Reaktion in der Gruppe war positiv, was wohl auch damit zusammenhing, dass die Führungskraft zum ersten Mal seit langer Zeit zeigte, wie es ihr ging. Sie zeigte ihnen, wer sie war.

Es ist optimal, wenn die Kraftfeldarbeit ein integrierter Teil der Besprechungsstruktur der Gruppe ist, in der es Runden gibt, bei denen jede Person Antriebskräfte, Gefühle und Bedürfnisse hier und jetzt in Worte fasst. Das bedeutet im Verhältnis zur Jetzt-Situation, zu der auch die Beziehung zum anderen (zum Kollegen oder zur Führungskraft) gehört, dass die Führungskraft wie ein Handball- oder Eishockeytrainer immer mal wieder einen Time-Out nimmt und den Prozess im Dialog und in der Arbeit betrachtet, die von den Mitgliedern der Gruppe ausgeführt wird. Das wird als „katalysierendes Führen" bezeichnet, das darauf abzielt, das Hemmende und Bewahrende im Prozess herauszureißen und besonders diejenigen Muster anzustoßen, die Selbstwert und Zusammenarbeit entwickeln. Alle in der Gruppe tragen dazu bei, sich in Richtung des Prozesses zu orientieren. Jeder Einzelne übernimmt eine Verantwortung für die Qualität des Prozesses, unter anderem die, diejenigen aufzusammeln, die unterwegs verloren gegangen sind.

Bisweilen ist die Führungskraft selbst als ein Teil der Gruppe im Prozess dabei, und bei anderen Gelegenheiten ist sie eher jemand, der den ganzen Prozess leitet. Dadurch wird das Selbstgefühl der Führungskraft besonders in den Mittelpunkt gerückt. Es handelt sich um einen laufenden Wechsel zwischen der Inhalts- und der Prozessspur, verstanden als Wechsel zwischen dem Konkreten und dem, was darunter liegt und dafür sorgt, dass das Konkrete auf Widerstand trifft und gebremst wird. Das ganze ist ein Training, direkte Rückmeldung zu erhalten und Kontakt in den Beziehungen zu bekommen.

> Im Kraftfeld holt man sich einen Großteil der persönlichen Kraft, und das Muster des Kraftfeldes ist entscheidend dafür, ob der Einzelne sich entwickelt oder abbaut, ob der Selbstwert gesteigert oder verringert wird.

Es ist gute Praxis, ein paar Mal im Jahr einen externen Prozessleiter einen Gruppencheck durchführen zu lassen. Dieser Fachmann arbeitet dann mit dem Kraftfeld der Gruppe und den daraus abgeleiteten Mustern. Das entwickelt die Führungskraft und die Gruppe. Es stellt sicher, dass die hemmenden und bewahrenden Muster identifiziert und bearbeitet werden.

Die Begegnung in der Partnergruppe

Wir hatten kürzlich die Aufgabe, im Zuge der Entwicklung einer größeren Partnergruppe in einem in Skandinavien beheimateten Dienstleistungsunternehmen mit dem Kraftfeld der Jetzt-Situation zu arbeiten.

Die Verkaufsabteilung verbuchte einen guten Kundenzugang, doch es fiel ihnen schwer, ihre Wissensmitarbeiter zu halten. Das galt vor allem für die jungen, kommenden Talente, denen bei der Konkurrenz laufend mehr Gehalt und größere Herausforderungen angeboten wurden. Der einzige Rohstoff des

Unternehmens waren das Gehirn und die Zusammenarbeit zwischen den Gehirnen.

Auf Partnerniveau war deutlich, dass das Unternehmen von einer Verkaufskultur angetrieben war, bei der starke Persönlichkeiten Anerkennung auf der Grundlage von Umsatz bekamen und verteilten. Das war es, was wirklich Anerkennung brachte. Das Problem war, dass dieselbe Partnergruppe eine Strategie festgelegt und ein unterstützendes Mitarbeiterentwicklungsprogramm ins Leben gerufen hatte, das Führungskräfte sowohl für Menschen als auch für Wissen aufbauen sollte. Das wurde getan, um Professionalität und das, was dafür sorgt, dass Mitarbeiter bleiben und sich im Unternehmen entwickeln, in den Mittelpunkt zu rücken.

Ziel der Kraftfeldarbeit ist es, das, was zurückhält, zu identifizieren und aufzulösen, und das, was vorwärts zieht, auszulösen.

Während unserer Prozessarbeit auf der Partnerebene im Unternehmen wurde deutlich, dass die Führungskräfte, die über die Kompetenzen auf der interpersonellen Ebene verfügten, und die sich zudem in Managerpositionen befanden, nicht den notwendigen Selbstwert besaßen, um eine ausgeglichenere Kultur zu schaffen. Sie waren der Meinung, dass sie raus gehen und verkaufen und mehr Zeit darauf verwenden sollten, neue Kunden zu gewinnen. Unter den Tisch fiel die Tatsache, dass es nicht mehr genug Leute gab, um Leistungen in ausreichend hoher Qualität zu liefern.

Zu der Verkaufskultur gab es intern kein echtes Gegengewicht in Form einer von Wissen und Zusammenarbeit angetriebenen Kultur. Trotz guter Absichten und der Versuche der Verkäufer, der anderen Seite in sich selbst und in den anderen zu begegnen, wurde das Gewicht ständig auf das Umsatzorientierte gelegt, und die Kultur, die die Qualität der Leistungen betraf, wurde automatisch mit einer geringeren Priorität versehen.

Wir arbeiteten mit der Partnergruppe, und nach und nach konnten sie das benennen, was sie davon abhielt, die formulierte Strategie zu befolgen. Während einer der Sitzungen hatte ein mächtiger und für Verkäufe sorgender Partner einen ausschlaggebenden Dialog mit einem anderen Partner. Die größte Stärke des anderen Partners war seine Führungskompetenz – das Führen von Teams und die Fähigkeit, Anerkennung und sich entwickelnde Arbeitsumgebungen zu schaffen. In seinem Team waren die Leute loyal und leisteten viel. Der hoch respektierte Verkaufsleiter sagte: „Ich weiß nicht, wie oft ich dich für die Führung deiner Leute anerkannt habe. Ich habe oft gesagt, wenn ich dich nicht hätte, wüsste ich nicht, was ich tun soll." Der andere blickte zu Boden und schämte sich deutlich, dass ihn die tolle Anerkennung, die er erhielt, nicht inspirierte und begeisterte. Er stammelte etwas wie, dass er sich auch freute. Alle konnten sehen, dass er nicht freudig wirkte.

Er sagte, dass er gerne mit Menschen arbeitete, doch dass er immer noch fand, dass er etwas mehr verkaufen sollte – und das trotz der Tatsache, dass er eine 360-Grad-Messung erhalten hatte, die ganz klar zeigte, dass seine Stärken nicht im Bereich Verkauf und Kundenkontakt lagen. Hilfe kam von einem anderen Partner, der die ganze Zeit in angemessenem Abstand zugehört hatte. Er sagte: „Wisst ihr was? Ich sitze hier und bin mir nicht sicher, was ihr einander eigentlich sagt. Ich sehe, dass ich zusammen mit vielen anderen von euch dazu beitrage, ein diffuses Signal zu senden. Wenn ich als einer unserer Ergebnisse erzielenden und einflussreichen Partner einen Menschen für seine Menschenführung loben kann, bin ich dankbar. Wenn ich einen großen Verkauf abschließe oder dies einem von euch anderen gelingt, bin ich in Ekstase. Ich glaube, aus mir strahlt es förmlich heraus, was für mich das Wichtigste ist."

Jetzt war es dem informellen Leiter der Gruppe, der der erfahrenste und am besten verkaufende Partner war, möglich, den Partner zu „sehen", der der „People Manager" war. Er sagte so etwas wie: „Ich glaube, dass du in Wirklichkeit gerne das tun möchtest, was du am besten kannst, doch es ist schwierig, wenn ich die ganze Zeit zeige, dass etwas anderes das Wichtigste ist."

Von hier an begann die Gruppe entwickelnder zu arbeiten – von Schuldzuweisungen und Selbstwert-Abbau bei den Leuten, die die Entwicklung des Glaubens an die eigenen Stärken am nötigsten hatten, hin zu dem Punkt, wo man die Jetzt-Situation so sah, wie sie nun einmal war und ist.

Das Gefühl wahrzunehmen, ist häufig ein Schritt hin zu einer Veränderung in der Beziehung. Die Gruppe begann einander aufzubauen, indem sie die Jetzt-Situation, die Schwierigkeit, die darin lag, in einer Verkaufskultur Führungskraft für Wissen und für Menschen zu sein, und die Zugkräfte, die unvermeidlich in jeder einzelnen Person entstehen, anerkannte. Sie setzten eine Reihe von Maßnahmen in Gang, die die Schieflage korrigierten und die Wissens- und Menschenführung besser ins Unternehmen einband. Die Führungskräfte für Wissen und die Manager begannen, in ihre jeweils eigene Richtung zu ziehen.

Das Kraftfeld ist immer in Bewegung, und es tauchen permanent neue Antriebskräfte auf. Das ist kein Prozess, der endet oder abgeschlossen wird.

Die Kraftfeldführung muss daher ein kontinuierlicher Teil dessen sein, worauf sich das Führen im Alltag konzentriert.

Das Kraftfeld ist dadurch charakterisiert, dass jeder einzelne in der Gruppe sich selbst regelmäßig folgende Fragen stellt:

- Was treibt mich jetzt gerade an?

- Was hält mich zurück?

- Was treibt andere im Team an?

- Was hält die anderen im Team zurück?

Die Kraftfeldarbeit entfaltet sich konkret dadurch, dass die Gruppe sich zusammensetzt und alle wechselweise ihre Themen kundtun. Diese Themen sind Brems- und Antriebskräfte im Verhältnis zur Gruppe sowie zur Hier- und Jetzt-Situation im Unternehmen. Die Themen werden in Listenform niedergeschrieben und gewichtet. Daraufhin beginnt die Gruppe damit, das erste Thema zu bearbeiten. Jedes Thema wird zunächst einmal von einer Führungskraft dargelegt und von den Gruppenmitgliedern, die den Punkt vorgeschlagen haben, vertieft. Derjenige, um „dessen" Thema es geht, erhält Redezeit, und alle anderen hören zu und versuchen zu verstehen.

Das Kraftfeld wird in Gang gesetzt, und alle äußern ihre Gedanken und Gefühle in Bezug auf das, was gesagt wurde. Wenn es sich um Beziehungsthemen handelt, muss die Führungskraft zunächst einmal versuchen, keine Lösungen finden zu wollen und stattdessen dazu ermutigen, dass die Dinge ausgesprochen werden und dass jeder einzelne für seine Ansichten und seine Position gesehen wird. Sie muss jeden Einzelnen für sein Engagement bestätigen – dafür, dass er sich hinstellt und seine Meinung sagt. In diesem Prozess werden die Kraftfeldwerkzeuge eingesetzt, die später in diesem Kapitel beschrieben werden.

Die Themen können anschließend in einem Handlungsplan zusammengefasst werden. Der Plan enthält die Schwerpunkte, die identifiziert wurden, und die konkreten Handlungen, die ausgeführt werden müssen, sowie die Verantwortlichen und eventuell eine Frist.

Ich denke dabei an all das, was mit konkreten Aufgaben zu tun hat. Der Beziehungsanteil kann auch beschrieben werden, am besten wird er jedoch bearbeitet, wenn er ausgesprochen wird. Es gibt immer zwei verschiedene Arten von Themen im Kraftfeld. Die konkreten inhaltlichen Themen und die

Themen, die mit Beziehung und Prozess zu tun haben. Das eine ist ergebnisorientiert, und das andere ist beziehungsorientiert. Beide Richtungen wurden in diesem Buch bereits beschrieben.

Die meisten Gruppen müssen hin und wieder konzentriert und außerhalb des geschäftigen Rhythmus des Alltags mit dem Kraftfeld arbeiten. Es kann schwierig sein, dem Beziehungsaspekt auf den Grund zu gehen, wenn es an Zeit fehlt. Häufig führt der Zeitfaktor dazu, dass wichtige Teile des Prozesses im Jetzt forciert werden. Das befreit die Führungskräfte jedoch nicht von der Verantwortung, sich um die Probleme zu kümmern, wenn sie entstehen.

Imelda McCathy und Peter Lang beschreiben den Begriff „die fünfte Provinz" und das, was dazu beitragen kann, einen Dialograum zu schaffen – das, was eine gleichwertige Begegnung unterstützt, die die Möglichkeit beinhaltet, über Macht, Gleichgewicht und Beziehung zu sprechen. Es heißt, dass es in einer Zeit, in der die Clans im Kampf miteinander standen, mitten in Irland die fünfte Provinz gab. Trotz ihrer Kämpfe trafen sich die Clans einmal jährlich zu Beratungen in der fünften Provinz. Bei diesen Versammlungen ließen die Häuptlinge Schwert und Krieger draußen, hier galt nur das Gespräch. Die fünfte Provinz war der Ort, an dem man sprach und zuhörte. Hier wurden Regeln für die Kriegsführung vereinbart, und Streitigkeiten wurden beigelegt. Wenn die Beratungen zu Ende waren, gingen alle zurück nach Hause, um sich später wieder auf dem Schlachtfeld zu treffen.[6] In einigen Organisationen wird die Kraftfeldarbeit durch solche Treffen vom Alltag getrennt.

Wir haben den Effekt eines parallel zu den eiligen Führungskräftetreffen existierenden Rahmens gesehen, in dem die Gruppe den selbstwertbasierten und aufbauenden Ansatz trainieren und entwickeln kann. Ein solcher Rahmen oder Container kann das Energiegefüllte und das Konfrontierende enthalten. Es gibt folgende Anforderungen an einen entwickelnden Rahmen: Es muss Zeit da sein, es muss klare Vereinbarungen in Bezug auf den Inhalt geben, es muss eine erwartungsvolle Atmosphäre herrschen und es muss die Möglichkeit zur persönlichen Verbesserung geben. Ferner ist es wichtig, dass es ein gutes Gefühl in Hinsicht auf die richtigen Absichten, unterstützende Annahmen sowie Vertrauen, Ruhe und Sicherheit gibt. Der Einzelne soll wissen, dass die Wahrscheinlichkeit besteht, gesehen und gehört zu werden, beziehungsweise, dass man, falls das nicht klappt, auf ihn zurückkommen wird.

Es gibt viele Ansätze, das Vertrauensfundament zu entwickeln, das so entscheidend dafür ist, dass wir das in Angriff nehmen, was uns zurückhält. Der Kontakt ist immer der Hauptweg, und es geht darum, dass wir versuchen zu

---

6 H. Alrø und M. Kristiansen – 2005

verstehen. Kierkegaard hat in seiner berühmten Schrift darüber, dem anderen zu helfen, den Boden bereitet für ein besseres Verständnis dessen, was hinter der Schaffung von aufrichtigem Vertrauen steckt. In dem Buch „Über meine Wirksamkeit als Schriftsteller" aus dem Jahr 1848 schreibt er: „Dass man, wenn es in Wahrheit gelingen soll, einen Menschen an einen bestimmten Punkt zu bringen, zunächst einmal darauf achten muss, ihn dort aufzusuchen, wo er sich befindet, und dort zu beginnen." Wir beginnen mit einer Besprechung hier und jetzt und müssen einander zuhören, um zu verstehen, was der andere davon ausgehend, wo er sich gerade befindet, versteht. In einigen Situationen kann es schwierig sein, zu diesem Verständnis zu gelangen. Das Training in diesen Prozessen erfolgt im Möglichkeitsraum und im Kraftfeld der Beziehung. Im folgenden Abschnitt spezifizieren wir Ansätze, die die Fähigkeit der Führungskraft unterstützt, effektiver mit der Beziehung zu arbeiten.

Kraftfeldwerkzeuge

Diese Ansätze für Werkzeuge sind weder in eine Rangfolge gebracht noch gewichtet worden. Sie können als Methoden und Vorgehensweisen betrachtet werden, die je nach Problem und Herausforderung benutzt werden können.

Liste der Kraftfeldwerkzeuge:

- Führen durch Rückmeldung

- Wertebasiertes Führen

- Führen durch Dialog und Kontakt

- Prozessführung

- Externes Coaching und externe Prozessführung

Der Weg zum kraftvollen Kontakt und zur wirkungsvollen Rückmeldung kann lang sein, und häufig benötigt man Hilfsmittel wie 360–Grad-Analysen, Training in Prozessführung, das Teilen von persönlichen Grundwerten oder externes Coaching. In vielen Organisationen reicht es allerdings oft aus, sich auf das Kraftfeld zu konzentrieren, um die gewünschte Beziehungsentwicklung auszulösen.

Das Arbeiten mit dem Kraftfeld und das Implementieren dieses Ansatzes im eigenen Team erhöht schon an sich das Maß an Kontakt und Rückmeldung, an Werteorientierung, an Prozesseigentümerschaft und an anerkennenden Dialogen.

Führen durch Rückmeldung

Rückmeldung muss nachgefragt werden. Die entwickelnde Rückmeldung muss dort, wo sie bisher abbauend oder bewahrend ist, als ein Ziel definiert werden.

Der frühere amerikanische Topmanager Jack Welch beschreibt in seinem Buch „Winning" den „candor effect", bei dem es um Ehrlichkeit und Direktheit geht, und darum, dass der Mensch in der Organisation kein aufrichtiges persönliches Feedback gibt. Welch sagt, dass sich zu viele Menschen zurückhalten.

I end up asking audiences when I do presentations – how many of you have recieved an honest, straigth-between-the-eyes feedback session in the last year, where you came out knowing exactly what you have to do to improve and where you stand in the organization?

An einem guten Tag sind es 20 Prozent, die angeben, ehrliches Feedback und ehrliche Rückmeldung bekommen zu haben. Das wird laut Jack Welch nicht besser, wenn er fragt, ob sie selbst anderen in der Arbeit ein präzises und ehrliches Feedback geben. Welch ist der Ansicht, dass nicht die Konkurrenz von außen der schlimmste Feind des Unternehmens ist, sondern dass der Feind die fehlende Fähigkeit der Organisation ist, das zu sagen, was gesagt werden muss.

Führungskräfte wie Jack Welch betonen die Bedeutung dessen, dass Mitarbeiter ihre Führungskraft führen, indem sie diese mit ehrlichem Feedback und ehrlichen Anforderungen versorgen. Das macht das Führen für die Führungskraft leichter und erzeugt beim Mitarbeiter die Verantwortung, nach dem zu streben, was er haben möchte. Wenn die gesamte Organisation diese Dialektik kopiert, entsteht ein ausgeprägtes Maß an Verantwortung und Zeiteinsparung.[7] Dieses Prinzip gilt nicht nur vertikal für die Beziehung zwischen Führungskraft und Mitarbeiter, sondern in ebenso hohem Maß horizontal für Beziehungen zwischen Führungskräften oder zwischen Mitarbeitern.

---

7 J. Welch – 2005

Auf dem anderen Ende der Skala von Rückmeldungstrainings haben wir die 360-Grad-Analyse. Das ist ein verhältnismäßig neues, doch mehr und mehr genutztes Werkzeug. Die Analysen werden häufig mithilfe von web-basierten Fragebögen durchgeführt, die von Mitarbeitern, Kollegen und Chefs ausgefüllt werden. Einige Unternehmen und Berater führen Rund-um-Messungen durch und befragen auch Freunde, Ehepartner und Kunden. Die 360-Grad-Analyse ohne Informationstechnologie und Fragebogen ist ja eigentlich eine Feedback- und Rückmeldungsrunde, bei der man ganz einfach diejenigen befragt, die wichtig sind, und aufdeckt, von was sich die anderen mehr wünschen, und von was sie reichlich bekommen.

Diese Methode beinhaltet, Spiegelungen der eigenen Stärken und Schwächen sowie der Bedrohungen und Möglichkeiten um einen herum zu erhalten.

Das ist eine Form der Rückmeldung, die direkter ist als diejenige, die wir normalerweise einsetzen. Der Vorteil einer direkteren Form im Gegensatz zu der 360-Grad-Analyse und anderen Werkzeugansätzen besteht darin, dass wir eine größere Möglichkeit für Kontakt in der Begegnung bekommen. Eine solche Form kann in unsere normalen Reaktionen bei der Arbeit, als Teil des Nachfassens bei Projekten, in die Bewertung und in die engagierte Annäherung aneinander integriert werden.

Viele Menschen beklagen sich über E-Mails und SMS-Nachrichten, weil dies eine kurze und schnelle Kommunikationsform ist, bei der häufig der Kontakt ausgelassen wird. Man riskiert, dass die Rückmeldung zu kurz gerät. Das schafft Raum für Deutungen, weil versucht wird, in das Gesagte Bedeutungen hineinzuinterpretieren. Wenn uns der Gesichtsausdruck, die Sprechweise und die Nuancen des persönlichen Gesprächs fehlen, dann entgehen uns wichtige Informationen. Ich finde allerdings, dass man in einer E-Mail schon Kontakt schaffen kann, wenn die Beziehung ansonsten kontaktvoll ist. Das erfordert aber das Bewusstsein, wie wichtig eine kontaktvolle Rückmeldung ist.

Rückmeldung über E-Mail

Ich hatte in meiner Mailbox eine E-Mail, die sich dort schon seit einem Monat befand.

Es war die Erklärung zu einem Modell, das mir eine Kollegin geschickt hatte. Das Modell stimmte mit etwas überein, das ich selbst in dem Manuskript zu diesem Buch geschrieben hatte, nur auf andere Weise erklärt. Ich wusste nicht recht, was ich mit der E-Mail anfangen sollte und wollte sie gerade löschen.

Da dachte ich plötzlich an Rückmeldung und an unterlassene Rückmeldung. Diese ist eines der Kennzeichen des Bewahrenden und Abbauenden. Ich beschloss daher, der Kollegin eine E-Mail zu schicken. Ich bedankte mich für ihren Einsatz und erklärte, dass es dasselbe Modell wie das im Buch wäre, nur mit anderen Worten.

Am Tag darauf traf ich meine Kollegin, und sie bezog sich auf meine E-Mail: „Es war schön, dass du geantwortet hast, denn ich hatte schon Angst, dass meine Gedanken zu nichts zu gebrauchen wären."

Mir wurde bewusst, dass mein Schweigen als Ablehnung gelesen worden war, dass aber meine kurze Rückmeldung als eine Anerkennung aufgefasst wurde. Diese Wertschätzung quittierte sie mit ihrer Rückmeldung, was mir wiederum ein gutes Gefühl gab.

Wenn Sie in manchen Situationen oder in einer bestimmten Beziehung feststellen, dass Ihnen die Rückmeldung fehlt, dann denken Sie doch mal darüber nach, ob es sich nicht lohnt, nach ihr auf die Jagd zu gehen. Auf Rückmeldung wird viel zu häufig verzichtet, und wir glauben, dass das Zeit spart. Ich behaupte, dass es Zeit verbraucht. Der Mangel an aufrichtiger Rückmeldung sorgt für Missverständnisse und führt zu Spekulationen und negativen Denkmustern. Das ist Energie, die verbraucht wird, ohne etwas zu schaffen, und die die Ressourcen beim Einzelnen und beim Unternehmen schwächt.

Versuchen Sie mal als Übung, auf die Rückmeldung zu achten, die Sie im Laufe eines Arbeitstages geben. Versuchen Sie auf E-Mails Rückmeldungen zu geben, damit derjenige, der Ihre E-Mails erhält, sich gesehen fühlt. So etwas kann man ganz kurz fassen. Erzählen Sie Ihren Kollegen, wann Sie was tun. Denken Sie darüber nach, wer vielleicht auf Ihre Rückmeldung wartet. Denken Sie darüber nach, wen Sie deutlicher machen können, indem Sie selbst deutlicher sind.

Versuchen Sie als Übung auch, fehlende Rückmeldung einzufordern. Wenn Sie in eine Aufgabe viel Engagement gesteckt und sie abgeliefert haben und jetzt auf Antwort warten, dann versuchen Sie, vom anderen das zu bekommen, was Sie brauchen. Es ist viel besser zu erfahren, dass er Ihre Sachen nächste Woche lesen wird, als dazusitzen und zu denken, dass er wohl nicht zufrieden ist und deshalb nicht antwortet.

Wenn Sie jetzt wissen, wie wichtig Rückmeldung für Sie und für den anderen und Ihre Beziehung ist, dann erwägen Sie doch, ob Sie selbst nicht mehr davon schaffen wollen. Wenn Sie vom anderen etwas erhalten haben, denken sie daran, auf ihn zurückzukommen. Versuchen Sie, sowohl das Konkrete als auch das Engagement dahinter anzuerkennen. Versuchen Sie zu sehen, dass die Person ihr Bestes gegeben hat, wenn es sich so verhält. Meistens gibt es etwas, das es wert ist, anerkannt zu werden, und was daher unbedingt erwähnt werden muss, weil der andere so in seiner Entwicklung weiterkommen kann und sein Engagement intakt bleibt.

Wertebasiertes Führen

Persönliche Werte sind ein Teil unseres Fundaments – eines Fundaments, über das wir schon in dem Kapitel „Selbstwertbasiertes Führen" gesprochen haben, und in dessen Zusammenhang wir auf das Modell unserer inneren Ebenen verwiesen haben. Werte sind wichtige Zugkräfte, die unsere Handlungsmuster beeinflussen. Wir verwenden die verschiedenen Ebenen unseres inneren Sortierfilters, um richtig und falsch zu trennen. Diese Ebenen müssen anderen bewusst gemacht werden und wir müssen von ihnen erzählen, weil sie Einfluss auf jede Zusammenarbeit haben. Es ist daher ein wesentlicher Punkt, dass die Führungskraft ihre persönlichen Werte beim Führen einsetzt.

Werte einzusetzen bedeutet, sie auszusprechen und sich auf sie zu beziehen. Das ergibt eine Rückmeldung, die authentisch wirkt, weil sie auf den tieferen inneren Ebenen im Menschen basiert.

Das Teilen persönlicher Werte ist ein beziehungsschaffender Ansatz, der das Erzielen von Ergebnissen verbessert. Das lässt sich dadurch erreichen, dass jede einzelne Führungskraft oder jedes einzelne Teammitglied eigene Grundwerte aufdeckt sowie eine Präsentation vorbereitet, die erklärt, warum diese so sind, wie sie sind. Die Werte werden anschließend der Gruppe vorgestellt. Das ist ein guter Anfang, doch Werte müssen in jeder einzelnen Interaktion im Alltag angewandt, vorgezeigt und festgehalten werden.

Vor allem in den wichtigen problematischen Beziehungssituationen muss sich die Wertebasierung bewähren. Wiederum ist Aufmerksamkeit der erste Schritt – Aufmerksamkeit darauf, dass es da etwas gibt, was persönliche Werte heißt, und eine vage Neugier darauf: „Ich möchte mal wissen, wie die für mich aussehen." Der nächste Schritt ist die Einsicht in unsere Werte und deren Aufdeckung, woraufhin wir hinaus ins Leben treten und bewusst die Verantwortung dafür übernehmen, unseren eigenen Werten Ausdruck zu verleihen.

Es gibt viele gute Bücher, die Richtlinien für das Aufdecken von Werten bieten, darunter das Buch „Co-Aktives Coaching".[8] Die Fragen, die die Autoren dieses Buches häufig stellen, sind folgende:

• Was ergibt Sinn? Was war in meinem Leben sinnvoll? Was ist in meinem Leben gerade jetzt sinnvoll? Beschreiben Sie sinnvolle Zeiten in Ihrem Leben und schauen Sie sich an, wodurch sie sich auszeichnen.

• Wovon träumen Sie in Ihrem Leben? Beschreiben Sie Ihre Träume und schauen Sie sich an, was sie sinnvoll macht.

• Warum sind Sie anders als der andere? Beschreiben Sie Ihre Eigenart und schauen Sie sich an, ob diese Beschreibung mit Werten aufgeladene Begriffe enthält.

• Warum liebt ein anderer Mensch sie? Was führt dazu, dass einige Menschen sie mögen? Was schätzen sie gerade an Ihnen?

• Warum lieben Sie sich selbst? Was schätzen Sie an sich selbst am meisten? Achten Sie darauf, ob ein Unterschied darin besteht, was andere an Ihnen schätzen, und was Sie selbst an sich schätzen. Fragen Sie sich, wie das sein kann.

• Was ist für Sie das Wichtigste, aufgrund dessen Sie Anerkennung erhalten – von sich selbst und von anderen?

• Schauen Sie, ob das dasselbe ist wie das, wofür Sie geliebt werden, und das, wofür Sie sich selbst lieben. Wenn es größere Unterschiede gibt, so hat das vermutlich damit zu tun, dass Sie in Ihren Grundwerten unklar sind.

Persönliche Werte teilen sich nicht in fachliche und private Werte auf. Wir alle gehen mit den Werten zur Arbeit, die wir nun einmal haben. Unsere Werte sind früh in unserem Leben entstanden, und sie sind daher mit unserer ganz eigenen Geschichte verbunden. Sie entspringen dem, was in unserem Leben sinnvoll gewirkt hat, und dem, was uns Anerkennung und Liebe gebracht hat. Es ist nichts Ungewöhnliches, wenn wir erleben, dass sich die Gewichtung unserer Grundwerte verschiebt. Das passiert, wenn wir in neue

8 Co-aktives Coaching – 2005

Lebensphasen eintreten – die Top Ten unserer Grundwerte bleiben allerdings häufig dieselben während unseres gesamten Lebens.

Das Problem mit der Bestandsaufnahme von Werten ist, dass wir zu den falschen Werten gelangen können. Es kann schwierig sein, Grundwerte aufzudecken, weil wir vielleicht in Wirklichkeit etwas anderes sein möchten. Werte, die nur Show sind, sind Werte, die wir nicht integriert haben, und die wir uns selbst als Charakterzug aufzwingen. Das können Lebensauffassungen sein, die wir von „den wichtigen anderen" in unserer Kindheit und unserem Erwachsenenleben aufgeschnappt haben. Es können Gegenreaktionen auf genau dieselben Menschen sein. Solche Werte sind ein Teil der „Sollte"-Stimme in uns selbst. Wir tendieren dazu, an all das zu denken, was wir gerne sein wollen, statt an das, was wir wirklich sind. Es kann schwer sein, zu lernen, mit uns selbst zu leben, wenn wir nicht derjenige sind, der wir zu sein glauben.

Persönliche Werte teilen sich nicht in fachliche und private Werte auf.

Der Wunsch, anders zu sein, als wir sind, kann uns die Aufräumarbeit bei den Show-Werten persönlich erschweren, das ändert aber nichts daran, dass wir ohne diesen persönlichen Einsatz unsicher und weniger authentisch auf andere Menschen wirken. Das hat seinen Preis im neuen Führungsstil, und daher ist die Arbeit mit Werten wichtig für den Beziehungsteil des Führens.

In Bezug auf die Grundwerte ganz genau zu sein, sorgt bisweilen dafür, dass die Prioritäten in einem Menschenleben total durcheinander kommen. Ich habe erlebt, dass eine solche Abklärung für manche Menschen epochal war. Für andere ist sie nur eine weitere Übung, die für Selbsteinsicht sorgt, aber keine größere persönliche Veränderung mit sich bringt. Wie man so etwas erlebt, hängt davon ab, wie gut man sich bereits kennt und wieviel Einsatz man bei dieser Arbeit zeigt. Für denjenigen, der eine tiefere und genauere Selbsteinsicht hat, trägt die Übung vielleicht nur zu einer Schärfung bei.

Über meine eigenen Werte

Ich selbst habe einen Wert mit hohem Stellenwert, nämlich die Freiheit. Ich bin seit Abschluss der Handelshochschule selbständig. Mein Vater war selbständig, und mein Adoptivvater war selbständig. Mich zieht es immer zu Positionen, die mir einen großen und freien Handlungsspielraum bieten. Ich hatte eine Zeitlang einen Chef, und das lief gut. Wenn ich zurückblicke, so hängt das wohl damit zusammen, dass im Job, aber auch in seinem Führungsstil ein hohes Maß an Unabhängigkeit herrschte. Eine kurze Zeit lang habe ich es mit einem Vorstand über mir versucht, der die Zügel ziemlich anzog, und das funktionierte überhaupt nicht.

Ich habe einst geglaubt, dass Geld Freiheit bedeutet, doch als ich am meisten davon hatte, war ich unglücklicher als je zuvor. Ich hatte mein Gefühl von Freiheit aufgrund einer Menge von Aktienoptionen und einer Haltefrist verloren, die mich an meine Stelle banden. Freiheit als Wert hat heute einen nuancierteren persönlichen Sinn für mich. Mir geht es um die innere Freiheit, mich zu trauen, an mich selbst zu glauben und meinen Weg zu wählen.

Die stärkste Wertegrundlage findet man häufig in Unternehmen, die einen dominierenden Unternehmer zum Gründer hatten.

Außer der Freiheit sind die Werte „Integrität" und „Entwicklung" für mich zwei starke Grundwerte. Ich achte sehr auf meine Grenzen und habe in meinem Leben erlebt, was passiert, wenn ich mich zu lange anpasse und zu große Teile von mir selbst negiere. Ich suche oft Entwicklung und habe lange mit fachlicher und persönlicher Entwicklung gearbeitet. Ich bin Gründer, Führungskraft und Wissensmitarbeiter gewesen. Mein ganzes Leben lang habe ich mich fortgebildet. Dies ist etwas, was ich heute als eine Notwendigkeit in einer wettbewerbsgeprägten Gesellschaft ansehe, was aber auch im Zusammenhang damit gesehen werden muss, dass ich ein Suchender bin. Mich treibt die Suche danach, zu spüren, dass ich lebe – eine Suche, die entsteht, wenn ich spüre, dass ich etwas neues lerne und meine Sichtweise auf mich selbst weiterentwickeln kann. Wenn mich Leute beschreiben sollen, so kommen Sie unweigerlich auf diese Teile meiner Persönlichkeit zu sprechen, und zwar deshalb, weil diese Teile zentrale Bausteine in meinem menschlichen Fundament sind – Bausteine, über die ich erzähle, und die ich in meinem Alltag auslebe.

Es ist wirkungsvoll, persönliche Werte in das Kraftfeld einzubringen. Wenn diese bewusst gemacht und mit anderen geteilt worden sind, können die anderen in der Beziehung besser navigieren. Wir können wählen, ob wir zusammenstoßen wollen, weil wir wissen, dass wir, wenn wir A sagen, bei der Person einen Knopf drücken, der sie auf A reagieren lässt. Wir wissen so, warum ein Konflikt entsteht, und können uns manchmal dafür entscheiden, damit in den Dialog einzutreten, statt uns über das Konkrete zu streiten. Im Konflikt geht es meist nicht um das Konkrete, sondern um das, was dahintersteckt.

Es ist von zentraler Bedeutung, persönliche Werte ins Spiel zu bringen, wenn man an der Führungsspitze des Unternehmens sitzt. Hierdurch wird nämlich die Wertegrundlage des Unternehmens geschaffen und implementiert. Die stärkste Wertegrundlage findet man häufig in Unternehmen, die einen dominierenden Unternehmer zum Gründer hatten – Unternehmen, die Familienunternehmen sind und von einem Mann oder einer Frau gegründet wurden, der oder die bei der Entstehung des Unternehmens den eigenen soliden Werteabdruck hinterlassen hat. Die Führungskraft wurde in Folge auf der Grundlage der Wertehaltung des Gründers angestellt. Die Individuen in einer Führungsgruppe haben somit eine beachtliche Anzahl übereinstimmender persönlicher Werte.

Wenn die Wertegundlage des Unternehmens nicht funktioniert, dann liegt das in der Regel daran, dass die Geschäftsführung „Show-Werte" verordnet und diese als etwas präsentiert, was „man" sein sollte.

Es sind Werte, die zum vorhandenen Fundament passen – wertebasiertes Führen ist damit etwas ganz Natürliches und wird zu einem persönlichen Prozess. Der Mitarbeiter spürt die Werte der Führungskraft und den Menschen hinter den Worten jeden Tag. Die Werte aktivieren das Gefühl und werden in Augen, Mund und Sprache lebendig. Sie werden als authentisch gedeutet und für wert befunden, nach- und ausgelebt zu werden.

Wenn die Wertegrundlage des Unternehmens nicht funktioniert, dann liegt das in der Regel daran, dass die Geschäftsführung „Show-Werte" verordnet und diese als etwas präsentiert, was „man" sein sollte. Das bedeutet eine Regelung des erwünschten Verhaltens im Unternehmen, ohne dass die Werte in den persönlichen Werten, von denen die Führungskraft selbst angetrieben wird, tief verankert sind. Es kommt allzu häufig dazu, dass die Führungskraft wackelt und unklar wirkt – und die Werte bisweilen direkt zu umgehen scheint. Werte werden eingedampft zu Worten auf einer Website oder einem Poster, nach denen niemand navigiert oder sich orientiert. Für manche Mitarbeiter werden sie zu Lügen, die direkt demotivierend wirken und Aggression erzeugen.

Führen durch Dialog

Die Ansätze, die wir bisher behandelt haben, sind wichtig, doch uns fehlt noch der Leim, der alles miteinander verbindet. Was wir sagen, lässt sich auf viele Arten sagen. Es lässt sich so sagen, dass es gehört werden kann und Kontakt erzeugt, oder es lässt sich so sagen, dass es all die persönlichen Abwehrmechanismen aktiviert und vom Kontakt abschneidet. Die Dialogform, über die wir hier sprechen, ist entscheidend dafür, ob der Inhalt als einladend oder abstoßend empfunden wird. Vor diesem Hintergrund könnte man meinen, dass der Dialog den Kontakt erzeugt. Ich hätte den Abschnitt auch „Führen durch Kontakt" nennen können. Doch der Kontakt enthält, wie bereits erwähnt, mehr als bloß den Dialog.

Die Kontakt erzeugende Dialogform hat ihren Ursprung in einem Wunsch danach, den anderen so zu „sehen", wie er ist, und das anzuerkennen, was zwischen dem anderen und einem selbst passiert. Diese Form hat eine Reihe von Charakteristika:

PERSÖNLICH SEIN

Es ist wichtig, einen persönlichen Ausgangspunkt einzunehmen und andere dazu zu ermutigen, dasselbe zu tun. Das bedeutet, dass jeder „ich will" statt „du bist" sagt. Es geht darum, aktive persönliche Aussagen zu machen, bei denen man sagt, was man haben möchte. Es reicht nicht aus, zu sagen: „Ich bin jetzt sauer". Das ist eine Einladung, die eine Vertiefung verdient, warum jemand sauer ist, und darauf sollte eine aktive Aussage folgen – eine Aussage, die zeigt, was der Betreffende will, oder andeutet, was er braucht. Es ist wichtig, dass jede Partei versucht, bei sich selbst zu bleiben. Wenn wir zu häufig „du bist" sagen, dann sind wir dabei, den anderen zu definieren. Dieses Recht hat niemand, auch nicht als Führungskraft. Niemand kann es ertragen, definiert zu werden, und das Definieren sorgt für Widerstand und aktiviert Abwehrmechanismen. Das Gegenteil ist, bei sich selbst zu bleiben und sich deutlich und aus sich selbst heraus leicht verständlich zu machen.

ZUHÖREN

Es wird so oft gesagt, dass Zuhören wichtig ist, doch das macht es nicht weniger wahr. Wenn Bremskräfte im Spiel sind, ist es eine gute Idee, als Führungskraft mit dem Zuhören zu beginnen, nachzufragen und zu untersuchen. Man sollte zuhören, was gesagt wird, aber auch, wie es gesagt wird, und was es bei einem selbst bewirkt. Beim Zuhören geht es um verschiedene Stufen des Zuhörens.

Die erste Stufe des Zuhörens ist diejenige, bei der wir uns eigentlich am liebsten selbst reden hören möchten, und daher hören wir das, was wir gerne hören möchten. Bei der zweiten Stufe geht es darum, dem anderen und seinen Bedürfnissen zuzuhören. Die dritte Stufe des Zuhörens ist dadurch gekennzeichnet, dass wir uns selbst und dem anderen sowie allem, was sich gleichzeitig dazwischen befindet, zuhören. Das erfordert einen konzentrierten, fokussierten Einsatz und ein gewisses Training.

Auf Stufe drei des Zuhörens beschäftigt uns sowohl die verbale als auch die nonverbale Kommunikation, und wir versuchen zu hören, was hinter dem Gesagten steckt. Wir suchen nach den Gefühlen und nach den Bedürfnissen, aus denen diese Gefühle entspringen, sowie nach Mustern, die das hemmen, was eigentlich gesucht beziehungsweise erklärt wird. Indem wir das Verständnis suchen, das der andere von seiner Situation hat, sehen wir, wie der andere diese erlebt. Schibbye sagt über das tiefe Zuhören in der anerkennenden Beziehung: „Wir hören ein ganzes Orchester, müssen aber lernen, zwischen den verschiedenen Instrumenten zu unterscheiden."[9]

KÖRPERSPRACHE ABLESEN

Auf der Stufe drei des Zuhörens ist die Körpersprache für die Signalwirkung ebenso wichtig wie die Worte. Schauen Sie sich den Gesichtsausdruck an und achten Sie darauf, ob eine Übereinstimmung zwischen Stimmführung, Ausdruck und Inhalt im Gesagten sowie in der Art, wie das Gesagte von Ihnen aufgefasst wird, besteht. Wenn der Rückmeldung die persönliche Resonanz fehlt, so gibt es etwas, was in der Person selbst nicht geklärt ist. Wenn Sie mangelndes Bewusstsein oder Selbstgefühl erkennen, dann versuchen Sie, die Reflexion in Gang zu bringen. Das geht am einfachsten dadurch, dass Sie sagen, was Sie sehen.

ANERKENNUNG SCHAFFEN

Versuchen Sie, den anderen anzuerkennen – nicht nur für das, was die Person kann, sondern auch für das Gefühl und das Bedürfnis, die hinter der Handlung oder der Aussage stecken. Das wurde in diesem Buch schon so oft gesagt. Versuchen Sie, die Absicht und den Willen anzuerkennen, auch wenn letztendlich etwas anderes herauskommt. Hinter einem Angriff liegt ein Schmerz. Achten Sie auf die Intention. Suchen Sie das, was hinter dem Selbstvertrauen, dem Zorn, dem abweisenden Verhalten oder dem Rückzug steckt. Dadurch erlebt der andere verstärkt Ihre Wertschätzung, und das schafft Vertrauen und eine Gegenseitigkeit, die belohnt wird, und die Sie in die Lage versetzt, noch mehr von dem zu geben, was die Beziehung entwickelt.

Vergessen Sie nicht, auf den Betreffenden zurückzukommen, wenn Sie eine Absage erteilt haben. Es gibt immer einen Vor-, Während- und Danach-Prozess. Der Danach-Prozess entscheidet darüber, ob es beim nächsten Mal einen neuen, entwickelnden Vor-Prozess gibt. Ein kleiner Trick, der jedoch

9 A.L. Schibbye – 2002

nicht zu häufig angewandt werden soll, ist zu wiederholen, was der andere sagt. Dadurch fühlt sich der andere gehört und verstanden. Die Wiederholung ist eine Art zu zeigen, dass man die Person „gesehen" hat. Wenn wir hören, wie unsere eigenen Worte wiederholt werden, spüren wir das Gefühl, das hinter dem steckt, was wir sagen. Das erhöht unser Selbstgefühl.

GLEICHWERTIGKEIT ANSTREBEN

Streben Sie eine gleichwertige Beziehung an. Das ist nicht dasselbe wie eine gleichgewichtige Beziehung. Die Beziehung ist asymmetrisch, und die Führungskraft sollte ihre Hauptverantwortung in der Beziehung deutlich machen, sich aber nicht unnötig distanzieren. Genau besehen sitzen Führungskraft und Mitarbeiter nur einmal im Jahr auf jeweils ihrer Seite des Tisches, und zwar dann, wenn das Gehalt verhandelt wird. Die restliche Zeit kann die Führungskraft ihre Rolle ebenso gut fallen lassen und auf Augenhöhe herabsteigen. Sie kann die Dinge sagen, wie sie sind, statt Spielchen zu spielen, sich hinter der Expertenrolle oder künstlichen, mechanischen Fragen zu verstecken. Wenn sie nicht integriert sind, tendieren Werkzeuge dazu, ein Gefühl mangelnder Würde zu erzeugen.

Die Führungskraft wird hin und wieder gezwungen sein, zur Sache zu kommen und Entscheidungen zu treffen, und das geschieht am besten direkt und ehrlich. Man kann das als man selbst ohne die Distanz der Rolle tun. Das macht die Beziehung gleichwertiger und zieht den anderen weiter.

SICH SELBST SUCHEN

Streben Sie danach, Ihre eigenen Gefühle, Bedürfnisse und abgeleiteten Gedanken in der Argumentation und im Dialog zu spüren. Geben Sie zurück, was Sie spüren, und versuchen Sie, keine Abwehrhaltung einzunehmen. Machen Sie sich selbst deutlich, indem Sie mithilfe Ihrer Werte und Ihrer grundlegenden Antriebskräfte argumentieren. Versuchen Sie nicht, Konflikte zu vermeiden. Diese werden immer auftreten, wenn wir deutlicher werden. Wenn Sie auf Gleichwertigkeit bestehen und Respekt für die Verschiedenheit der Beteiligten zeigen, hilft das, Ihre Deutlichkeit zu betonen; das ist das eigentliche Entwicklungspotenzial, aber auch das Konfliktpotenzial.

KRITIK VERMEIDEN

Vermeiden Sie abbauende Kritik. Wenn etwas schlecht ausgeführt ist, versuchen Sie, Ihre Wut und Frustration als persönliche Wut vorzubringen. Setzen Sie Ihre Grenzen aus sich selbst heraus, statt anzugreifen und Ansprüche geltend zu machen. Das bedeutet so wenig „verkehrt gemacht" und so wenig Schimpfen wie möglich. Mit Schimpfen meine ich, auf eine Weise zu kritisieren, dass der andere anfängt, sich dafür zu schämen, wer er ist. Wenn jemand ausgeschimpft wird, wird er häufig seine wahren Gefühle abweisen. Niemand entwickelt sich aufgrund von negativer persönlicher Kritik. Schimpfen hat uns als Kinder abgebaut, und es baut uns auch noch als Erwachsene ab. Es sorgt für keine Verbesserung. Es unterbricht bloß den Kontakt, verringert das Selbstvertrauen und bisweilen den Selbstwert. Falls es dazu führt, dass die Person sich ändert oder eine Handlung auf eine Ihrer Ansicht nach zweckmäßigere Weise ausführt, so sind Sorge und Angst häufig der Antrieb. Das führt nicht zu dauerhaften Veränderungen und begründet kein eigentliches Lernen.

Versuchen Sie mit Ihrer negativen Rückmeldung zu experimentieren. Behalten Sie den Prozess im Auge und achten Sie darauf, wann der Kontakt und die entwickelnde Rückmeldung abgebrochen werden. Denken Sie daran, dass aller Anfang schwer ist, und dass Sie natürlich reagieren dürfen. Es geht nicht darum, eine neue Rolle einzuführen, in die Sie schlüpfen sollen, sondern dass Sie Ihr eigenes persönliches Selbstsein finden.

EIN DEFINIEREN DER WAHRHEIT VERMEIDEN

Versuchen Sie zu vermeiden, die Wahrheit zu definieren, es sei denn, Sie sind sich sicher, dass es eine gibt. Universelle Wahrheiten begrenzen den Entfaltungsraum des anderen und lösen Protest, Abwehr oder Passivität aus. So bekommen Sie nicht den Dialog und das Sparring, die für das gemeinsame Entwickeln von Lösungen so lebenswichtig sind.

In den Fällen, in denen Sie keinen Dialog sondern Handlung wollen, sollten Sie sagen, dass Sie eine Entscheidung getroffen haben. Verpacken Sie das nicht in etwas Allgemeingültiges, sondern sagen Sie stattdessen, dass Sie jetzt eine konkrete Lösung haben möchten. Das ist fair, das ist Ihr Recht als Führungskraft und es ist verständlich. Aber sagen Sie auch, dass Sie sich im Klaren darüber sind, dass Sie genau das jetzt tun. Der andere hat so die Freiheit, zu antworten, ohne von einer allgemeingültigen Wahrheitsdefinition eingeschränkt zu sein, die eine aufrichtige, persönliche Reaktion bremst.

UM HILFE BITTEN

Wenn eine Führungskraft möchte, dass ihre Leute kommen und um Hilfe bitten, ist es wichtig, dass sie dies auch selbst tut. Um Hilfe zu bitten, bringt mehrere gute Dinge mit sich. Es gibt dem anderen die Freiheit, zu entscheiden, ob er oder sie helfen will. Das ist engagierend, weil der andere sich anerkannt und wertvoll fühlt. Es erhöht das Vertrauen, weil wir uns dort, wo wir Sicherheit spüren, wohl fühlen. Sicherheit entsteht unter anderem dadurch, dass wir wissen, dass wir Hilfe bekommen, wenn wir nicht wissen, was wir tun sollen.

Dies sind übergeordnete Richtlinien, allerdings werden Sie hin und wieder unsicher werden, wie Sie diese Dialogprinzipien handhaben sollen. Wenn das passiert, dann sagen Sie, dass Sie Zweifel haben, und dass Sie Zeit zum Nachdenken benötigen. Verschieben Sie die Diskussion und die Entscheidung und kommen Sie darauf zurück. Der Zweifel ist ja Ihre Wirklichkeit. Sie haben Zweifel, finden aber vielleicht, dass Sie sich als eine Führungskraft geben sollten, die Tatkraft an den Tag legt. Das Problem dabei ist aber, dass Sie sich selbst im Stich lassen, weil Sie das eine spüren und etwas anderes tun. Alle am Tisch können spüren, wenn Sie Zweifel haben. Die Leute wissen und bemerken immer viel mehr, als man selbst glaubt. In einer Millisekunde registrieren unsere Sinne, wenn eine wichtige andere Person in unserer Umgebung Zweifel hat, und wir nehmen das Gefühl wahr und spüren es in uns selbst.

Daher gilt: Ehrlich währt am längsten – aber schütten Sie sich nicht aus, wenn Sie es mit Affekten zu tun haben und nicht mit integrierten Gefühlen. So jemand benötigt einen Container oder einen Rahmen, in dem es Raum für einen Prozess der Selbsteinsicht gibt, und bei diesem Prozess kann es schon mal ein paar Runden im Ring geben. Es ist wichtig, die Botschaften dieses Buchs nicht zu übertreiben. Es hat seinen Preis, persönlicher zu werden und aus sich selbst heraus zu sprechen, und zwar dergestalt, dass man sich zeitweise verletzbarer und offener fühlt. Ich finde, man sollte nicht mehr tun als das, wozu man bereit ist. Machen Sie einen Schritt nach dem anderen.

Wir haben alle das Bedürfnis in uns, zusammenzuarbeiten, und zwar schon seit unserer Kindheit. Trotzdem kann der anerkennende Dialog anfangs oft künstlich, untrainiert und ungelenk wirken. Das kann auch nicht anders sein, wenn Sie diese Teile von sich selbst nur selten genutzt haben. Das Gesagte wird als etwas Angelerntes herauskommen, und das ist ja nicht besonders authentisch. Im Vergleich zu einem eher mechanischen Ansatz besteht jedoch Hoffnung. Wenn Sie sagen, dass Sie etwas üben, was neu für Sie ist, so wird es wieder authentisch, und es wird im Laufe der Zeit besser werden, wenn es nach und nach integriert wird. Mit integriert meine ich, dass Sie sich Ihrer eigenen Gefühle und Bedürfnisse bewusst werden und die Sprache finden, sie auszudrücken, so dass Sie aus sich selbst heraus handeln.

Eines Tages werden Sie vielleicht entdecken, dass Sie ohne die folgenden Prinzipien nicht mehr führen können: persönlich sein, ein Definieren der Wahrheit vermeiden, Anerkennung schaffen, nach Gleichwertigkeit streben, sich selbst suchen, Kritik vermeiden und sich trauen, andere um Hilfe zu bitten. Das alles sind Prinzipien, die in eine Veränderung münden. Dadurch ergeben sich neue Möglichkeiten für ein Leben, das den Fokus auf die Chancen sich entwickelnder Beziehung legt.

Prozessführung

Es sind der Kontakt, der Dialog und der Prozess, die sich entwickelnde Beziehungen schaffen. Die eigentliche Reise anzuführen, ist ebenso wichtig wie das Ziel zu erreichen. Das ist eine zentrale Erkenntnis des selbstwertbasierten Führens. Die eher selbstwertorientierte Prozessführung stützt sich zu gleichen Teilen auf folgende zwei Dimensionen:

- Inhalt – das Ziel, die Lösung und das Ergebnis

- Prozess – der Weg, das Gefühl, die Werte, die tieferen persönlichen Bedürfnisse, der Dialog und der Kontakt

Oder anders gesagt: Ergebnis ist gleich Inhalt, und Beziehung ist gleich Prozess. Das neue daran ist nicht die Unterscheidung, sondern dass der prozessuale Aspekt ebenso wichtig ist wie der inhaltliche. Die Führungskraft muss ein Gleichgewicht finden, bei dem sie diese Tatsache im Blick behält.

Wenn Sie als Führungskraft von den Kollegen in Ihrer Führungsgruppe herausgefordert worden sind und spüren können, dass Sie dabei sind, eine Abwehrhaltung einzunehmen, ist der Prozess das Problem. Das Problem leitet sich oft davon ab,

> Es geht darum, in der Gruppe eine Atmosphäre zu schaffen, in der man in den Gesprächen und Diskussionen eine Entwicklung statt eines Abbaus oder eines „Parkens" spürt.

wie der Prozess stattfindet und von dem, was zwischen den Zeilen steht. Hier ist es wichtig, innezuhalten und sich anzusehen, was für den Kontaktabbruch, den Zorn, die Kritik, das Zurückziehen und den Abstand verantwortlich ist.

Das ist ein „Time-Out", das von der Führungskraft zeitlich festgelegt werden muss. In einigen Situationen muss das Time-Out genommen werden, während der abbauende oder der sich entwickelnde Prozess in der Gruppe stattfindet, und in anderen Situationen muss man die Sache im Anschluss wieder in den Griff bekommen. Es geht darum, in der Gruppe eine Atmosphäre zu schaffen, in der man in den Gesprächen und Diskussionen eine Entwicklung statt eines Abbaus oder eines „Parkens" spürt. Wenn die Atmosphäre gestört oder von Misstönen geprägt ist, muss in der Regel über den Prozess gesprochen werden. Es geht um die Art und Weise, wie die Dinge getan werden. Ich weiß, dass ich diese Pointe die ganze Zeit wiederhole, doch erfahrungsgemäß liegt hier der Hund begraben. Es ist nicht leicht, eine anerkennende und Kontakt erzeugende Prozessführung zu etablieren, auch wenn wir rational wissen, was wir tun müssen.

Ein den Prozess förderndes Verhalten der Führungskraft bedeutet, zu spüren, was in den Beziehungen passiert, und persönlich bereit zu sein, zu intervenieren und das, was passiert, zu bearbeiten. Das bedeutet nicht, dass die Führungskraft ein voll ausgebildeter Coach oder Prozessführer sein muss, doch die Führungskraft unserer Zeit muss in diese Richtung gehen. Die Führungskraft muss ihr Führen dahingehend erweitern, dass sie das entwickelnde Führen von Beziehungen in ihre Arbeit mit einbezieht.

Der Führungskraft kann die Prozessführung schwer fallen, wenn sie selbst ein Teil des Problems ist. Hier ist es wichtig, die eigenen Einschränkungen zu erkennen und sich Hilfe von außen zu holen – entweder aus der Gruppe oder von einem externen Prozessberater. Andererseits ist es von zentraler Bedeutung, zu verstehen, dass eine Führungskraft und ein Prozessführer immer ein Teil der Gruppe und damit des Systems sind. Gitte Haslebo schreibt in ihrem Buch „Beziehungen in Organisationen" unter anderem über die systemische Konfliktintervention als Methode:

> *Wenn die Atmosphäre gestört oder von Misstönen geprägt ist, muss über den Prozess gesprochen werden.*

Der Mediator kann nichts am System ändern, kann aber mit ihm interagieren, so dass ein neues System gebildet wird. Der Begriff ‚Interventionen' soll somit nicht als eine Beeinflussung von außen auf ein bestimmtes Ziel hin verstanden werden, sondern als eine Störung des Systems von innen, bei der das Ergebnis der Störung ungewiss ist, das aber für eine Bewegung in der gewünschten Richtung sorgt.[10]

---

10 G. Haslebo – 2004

Die Führungskraft, die mithilfe des Prozesses arbeitet, ist daher immer auch selbst ein Teil des Prozessualen und hat die Möglichkeit, das System zu beeinflussen. Dabei besteht eine gewisse Unsicherheit in Bezug auf die Richtung, die dieser Einfluss nimmt, und er kann auch unerwartet die Richtung wechseln, was wiederum das Beziehungsmuster der Gruppe beeinflusst.

Wir haben als Menschen unterschiedliche Fähigkeiten, und manchen fällt diese Art von Praxis leichter als anderen. Das sich Entwickelnde im Menschen kann von Natur aus vorhanden sein, es kann aber auch etwas sein, was aufgebaut und unterstützt werden muss. Einige von uns müssen daher härter trainieren als andere, um sich den neuen Führungsstil anzueignen.

Es gibt grundsätzlich zwei Formen, Entwicklung zu unterstützen:

• Den Prozess anregen

• Den Prozess anführen

Wenn die Führungskraft ein Teil des Konflikts ist, ist es vielleicht von Vorteil, wenn sich der Betreffende auf eine Rolle zurückzieht, bei der er durch Anregung statt durch Prozessführung unterstützt. Häufig werden beide Formen eingesetzt, wenn die Gruppe sich hin zum sich Entwickelnden bewegt, aber es geht auch ohne die eigentliche Prozessführung, und zwar mithilfe sogenannter „Selbstführung". Selbstführung entsteht, wenn alle in der Gruppe zum Prozessmuster beitragen, den Prozess unterstützen und eine Führungsverantwortung für den Prozess übernehmen. Es kann ein schönes Erlebnis sein, Teil einer sich selbst führenden Gruppe in der sich entwickelnden Beziehung zu sein.

Es ist ein schönes Erlebnis, weil alle etwas beitragen und Führungsrollen einnehmen, was wiederum ein ausgeprägtes Maß an Verantwortung für einander und für sich selbst schafft. Das ist aber ein Phänomen, das in der Wirtschaft in seiner reinen Form nicht oft zu sehen ist. Sich entwickelnde Führungsgruppen und Teams können jedoch die Anzahl der Unternehmen mit Selbstführung durchaus erhöhen, was kein Ziel an sich ist, sondern aus der sich entwickelnden Praxis entsteht. Mit anderen Worten, der Bedarf an Führung im sich Entwickelnden verringert sich in dem Maße wie die sich entwickelnde Praxis dafür sorgt, dass die Eigenverantwortung wächst. Selbstführung kann jedoch Beziehungs- und Ergebnisführung niemals überflüssig machen, sondern höchstens den Bedarf verringern.

Beispiele für Faktoren, die eine sich entwickelnde Annäherung an den jeweils anderen in der Beziehung unterstützen, sind:

- Die eigene Position im Verhältnis zu anderen sichtbar machen.

- Persönliche Wünsche und Bedürfnisse äußern.

- Dazu ermutigen, dass andere eigene Bedürfnisse, Wünsche und Träume formulieren und danach streben, sie zu realisieren, sowie den Versuch anerkennen, wenn das misslingt.

- „Sehen", wenn andere auf der Grundlage dessen handeln, was Sie nachfragen, und sie dafür anerkennen.

- Konfrontieren, indem man persönlich absagt, widerspricht und Uneinigkeit ausdrückt, ohne den anderen durch Kritik oder Angriffe „verkehrt zu machen".

- Sich selbst „sehen", wo es schwer fällt, das in Worte zu fassen, was in Beziehung zu „den wichtigen anderen" oder der Gruppe schwierig ist.

- Nachforschen, ob andere verloren gegangen sind und nach einem Konflikt die Motivation verloren haben, und nachfragen, wie sie sich fühlen.

- Um Hilfe bitten und Hilfe anbieten, wenn es erforderlich ist.

Diese kleinen Dinge erzeugen nachahmenswerte Beispiele. Indem man beginnt, sich als man selbst, aus einem Selbstsein heraus zu äußern, kann man ein kleines Zahnrad in Bewegung setzen, das wiederum ein größeres aktiviert, das schließlich die gesamte Gruppe in Gang setzt. Es geht um das, was die Pop-Ikone Michael Jackson besingt, aber selbst nicht schafft – den Mann im Spiegel zu sehen, raus zu gehen und etwas zu bewirken.

Manchmal reicht die Unterstützung nicht aus. Wenn wir in einer abbauenden Situation feststecken, kann Anregung eine zu geringe Beeinflussung des Systems sein. Dann braucht es einen gezielteren und besser gesteuerten Einsatz. Das bedeutet nicht, dass der einzelne seine Versuche, Unterstützung zu leisten, einstellen soll. Die Schaffung eines sich entwickelnden Beziehungsmusters kommt nie von einem Mann allein. Es ist ein wechselseitiger Beziehungsprozess, der es erforderlich macht, dass sich mehrere gleichzeitig bewegen.

Wenn es brenzlig wird, zeugt es von Stärke, wenn die Führungskraft die Rolle des Prozessführers einnimmt. Hier ist die Führungskraft nicht nur eine unterstützende Kraft, sondern auch eine steuernde Kraft, die sich ans Tischende setzt. Prozessführung mit dem Ziel der Optimierung der Zusammenarbeit und der Schaffung von Selbstwert in der Gruppe basiert auf vier grundlegenden Fertigkeiten:

- Aufmerksamkeit. Eine geschärfte Aufmerksamkeit darauf, was passiert, während es passiert.

- Kontakt zum anderen und zu den Signalen, die gesendet werden.

- Kontakt zu sich selbst. Selbstgefühl verstanden als Fähigkeit, sich selbst zu registrieren.

- Rückmeldende entwickelnde Handlungen. Einsicht in entwickelnde Intervention umsetzen.

Sie werden sicherlich das Selbstwertbasierte in dieser Beschreibung wiedererkennen. Ein Selbstwertfundament ist die Grundlage für gutes prozessführendes Verhalten. Es hilft, wenn die Führungskraft Unterstützung leisten und eventuellem Widerstand etwas entgegensetzen kann, ohne selbst anzugreifen. Andererseits ist es nicht so, dass die Prozessführung nicht auch von Menschen mit einem geringer entwickelten Selbstwert verwaltet werden könnte. Sicher ist jedoch, dass dies häufig die Effektivität verringert, weil eigene Muster und unpräzises Selbstgefühl den Effekt bei den Interventionen schmälern.

Wir alle haben unterschiedliche Kompetenzen als Prozessführer. Ein Beispiel dafür, was besondere Kompetenzen erzeugen kann, sind Menschen, die aufgrund ihrer Kindheit eine geschärfte Aufmerksamkeit für Stimmungen haben. Das kann das Heruntergespielte, das Ungesagte und das Abbauende im Prozess sein. Diese Menschen haben auf diesen Gebieten besondere Fähigkeiten, weil sie sie früh im Leben trainiert haben. Sie waren gezwungen, in Undeutlichkeit umherzutasten und zu interpretieren. Das muss jedoch nicht dazu führen, dass dieselben Menschen gute Prozessführer sind, dafür müssten sie zugleich gelernt haben, aus dem heraus zu handeln, was sie registrieren. Tatsächlich reicht es nicht aus zu handeln, das Handeln muss außerdem noch entwickelnd sein.

Wichtig ist nicht, jedes Mal richtig zu treffen, sondern sich zu trauen, es zu versuchen. Das ändert nichts daran, dass natürlich eine gewisse Treffsicherheit vorliegen muss. Die Präzisierung erfolgt durch das Trainieren des eigenen Sinnessystems sowie durch das Üben von Rückmeldung, Reaktion und

Konfrontation auf der Basis dessen, was sich im Kraftfeld meldet. Um unsere Intervention zeitlich am besten abstimmen zu können, sind wir optimalerweise bewusst präsent in dem, was passiert, und zwar während es passiert. Es geht darum, die Aufmerksamkeit auf das Jetzt zu richten, und nicht mit dem beschäftigt zu sein, was gerade geschehen ist, was gestern geschah oder was vielleicht morgen geschehen wird.

Wenn Aufmerksamkeit nicht trainiert und fokussiert wird, gehen die kleinen Zeichen, Signale und Ausrufe unbemerkt vorüber. Das macht es demjenigen, der die Signale aussendet, schwerer, Vertrauen in den Prozess zu haben und sich darauf einzulassen, er selbst zu sein. Es bremst, weil er sich nicht abgeholt und anerkannt fühlt.

Das sich entwickelnde und anerkennende Erlebnis basiert darauf, dass in der Beziehung eine Bestätigung des anderen stattfindet, und zwar genau in dem Augenblick, in dem das Bedürfnis nach Anerkennung am stärksten präsent ist. Wir können nicht berechnen, wann eine Öffnung entsteht, durch die wir den anderen sehen können. Wir können die Aufmerksamkeit in uns selbst schärfen und zuhören und so die Absicht haben, den anderen zu sehen, doch der Augenblick selbst entsteht im Jetzt. In diesem Augenblick erzeugt unsere Rückmeldung im anderen die Begegnung und die Aufmerksamkeit auf sich selbst. Die Rückmeldung wird in uns als eine Reaktion auf das, was wir bemerken, aktiviert. Diese Bestätigung des anderen ist, wie gesagt, ein wesentlicher Punkt für die Selbstwertentwicklung. Sie wird leicht verpasst, wenn der Prozessführer gedanklich bei dem ist, was passiert ist, oder bei dem, was passieren wird. Allerdings kann die verpasste Möglichkeit manchmal neu erschaffen werden, indem man da weiter macht, wo man aufgehört hat und zurückkehrt und das ausdrückt, was man übersehen hat. Voraussetzung hierfür ist jedoch, dass man als Prozessführer bemerkt hat, dass etwas geschehen ist, und damit zu der Erkenntnis kommt, dass man etwas übersehen haben muss.

Um so etwas bemerken zu können, muss der Prozessführer über eine „Jetzt-Aufmerksamkeit" verfügen. Das sich im Prozess Entwickelnde erfordert volle Aufmerksamkeit von so vielen wie möglich, weil das die Wahrscheinlichkeit erhöht, dass der eine das mitbekommt, was der andere übersieht.

Übungen in Jetzt -Aufmerksamkeit:

• Versuchen Sie, darauf zu achten, was Ihre Aufmerksamkeit erregt und Ihr Interesse weckt.

- Reagieren Sie auf das, was Sie aufmerksam werden lässt, und geben Sie Rückmeldung durch Anerkennung oder persönlich unterstützende Aussagen.

- Versuchen Sie, darauf zu achten, was Sie unaufmerksam werden lässt. Was lässt Sie abschweifen?

- Sagen Sie etwas über das, was Ihr „Verschwinden" aktiviert. In dem Augenblick, in dem Sie Ihren eigenen Rückzug registrieren, sind Sie wieder präsent.

Vergessen Sie nicht, dass Jetzt-Orientierung auch bedeuten kann, über Zukunft oder Vergangenheit nachzudenken oder zu sprechen. Das muss aber als bewusste Entscheidung geschehen und darf sich nicht als unbewusste Ablenkung einschleichen. Genau besehen ist es Unsinn, zu sagen, dass wir uns nicht im Jetzt befinden. Physisch sind wir immer im Jetzt, aber wir können gedanklich abwesend sein.

Zu lernen, persönlich präsent zu sein, ist ein Prozess, der in der Literatur zum Thema Selbstentwicklung ausführlich beschrieben wird und der zu den zentralen Gedanken bei der Meditation gehört. Aufmerksamkeit als fokussierte Präsenz ist eine Praxis, die durch mentales Training, Yoga und Meditation eingeübt und geschärft werden kann. Die Aufmerksamkeit in der Beziehung mit all den vielen Störungen und Sinneseindrücken unterscheidet sich jedoch von der meditativen. Es ist daher ratsam, das Training mit einer Gewichtung hin zum Beziehungsaspekt zu kombinieren.

Es gibt sechs Ansätze, die nach unserer Meinung für die Führungskraft von Relevanz sind, die Prozessführung ausüben möchte:

- Nutzen Sie das Kraftfeld als Prozessrahmen, so wie es in diesem Kapitel beschrieben ist. Bringen Sie jeden Einzelnen dazu, das, was antreibt, und das, was hemmt, in Worte zu fassen. Sorgen Sie für themenbezogene Prozessführung und erzeugen Sie Erlebnisse, gesehen, gehört und anerkannt zu werden.

- Finden Sie das aussagekräftigste Prozessphänomen, das sich in der Beziehung abspielt. Es geht darum, das Hauptmuster oder das Phänomen zu identifizieren, das dem Kontakt und einer sich entwickelnden Rückmeldung am meisten im Weg steht. Finden Sie das sich Entwickelnde, das Hemmende und das Bewahrende. Es geht darum, das sich wiederholende Muster in der Beziehungsform zu erkennen. Die sich wiederholende Form kann schwer zu sehen sein. Noch schwieriger ist es, das Muster zu sehen, wenn man selbst ein zentraler Teil davon ist. Hier kann es von Vorteil sein, alle in der Gruppe zu Wort kommen zu lassen – eine Runde zu machen, in der sich alle darüber aussprechen, was aus ihrer Sicht passiert. Dabei erzählt jeder, was er als abbauend erlebt, während der Rest der Gruppe zuhören und zu verstehen versuchen muss. Das Verstehen kann anschließend durch klärende Fragen vertieft werden, so dass sich alle gehört und dadurch anerkannt fühlen. Daraufhin kann man als Prozessführer versuchen, zusammenzufassen und etwas darüber zu sagen, was man als das Hauptproblem im Prozess ansieht. Sich des Gruppenmusters bewusst zu sein, vergrößert an sich schon die Einsicht und den Kontakt in den Beziehungen, weil Störungen häufiger entdeckt werden. Das Muster wird daher an Stärke abnehmen.

• Streben Sie danach, die Positionen in der Gruppe sichtbar zu machen. Wenn etwas auf dem Spiel steht, tendieren wir dazu, zu argumentieren und Bilder der Positionen der anderen zu erzeugen und diese zu unserer Position in Relation zu setzen. Die Wahrnehmung der verschiedenen Standpunkte und Rollen, die den Gruppenmitgliedern zugeteilt werden, beseitigt die Anspannung. Die Rollen werden dadurch aufgedeckt, dass man offene Fragen stellt oder Äußerungen von sich gibt, die zum Erforschen der eigenen Position einladen. Wer ist beobachtend, wer ist der Kontrollierende, wer ist Initiator, wer rottet sich zusammen, wer ist Opfer und wer ist der Schurke? Das Klären der Positionen hilft dabei, sich von den anderen zu unterscheiden und die anderen zu sehen.

• Versuchen Sie, deutlich zu machen, was die Gruppe im Hier und Jetzt ist, und die Aufmerksamkeit darauf zu lenken, was ist, und nicht darauf, was sein sollte, oder auf das, was man in der Gruppe am liebsten sähe. Es geht darum, auszusprechen, wie die Jetzt-Situation der Gruppe aussieht. Ein Beispiel kann eine Kündigungsrunde sein, bei der viele Führungskräfte versuchen, über das zu sprechen, was die Zukunft bringen wird, wenn die Kündigungsrunde überstanden ist. Versuchen Sie stattdessen, sie dazu zu bringen, in Worte zu fassen, was mit ihnen hier und jetzt passiert. Das ist wichtig für den Selbstwert, doch es stärkt auch das Selbstgefühl, so dass sie in Folge auch Kontakt schaffen können, wenn sie Leuten kündigen müssen. Das verursacht weniger problematische Fälle, weil die Begegnung mit dem anderen besser wird, bewirkt aber auch, dass die Führungskraft selbst unbeschadet durch den Prozess kommt.

• Ein vierter wichtiger Ansatz ist, hinter das Gesagte zu schauen und nach den Bedürfnissen zu suchen. Das wurde in diesem Buch bereits gesagt, wird hier aber wiederholt. Es ist gute Praxis, zuzuhören und zu versuchen, den anderen zu verstehen und so beim anderen das zu sehen, was hinter der Handlung steckt. Wenn der Kontakt manchmal trotzdem unterbrochen wird, sollte man sich vielleicht daran erinnern, dass es immer zwei Personen braucht, um eine Abwehrhaltung zu aktivieren. Diesen Ansatz können wir nutzen, wenn wir einen negativen Stimmungswechsel oder einen Kontaktabbruch in der Gruppe registrieren. Als Prozessführer müssen wir einen Blick in uns selbst und in den anderen werfen und der Absicht nachgehen. Wir müssen versuchen zu sehen, wo wir definieren, kritisieren oder angreifen. Es kann notwendig sein, dass uns bei diesem Prozess ein wenig auf die Sprünge geholfen wird. Wenn wir mit Hilfe von Reflexion und Dialog aufdecken, wo im Gespräch der Kontakt abgebrochen wurde, und dies anschließend äußern, passiert häufig etwas Entwickelndes. Der andere fühlt sich gesehen und spürt eigenes Selbstgefühl und eigene Selbstwertschätzung. Dafür braucht man den Glauben, der den anderen davon überzeugt, dass wir die Beziehung wollen, doch dieser Glaube bleibt nur bestehen, wenn wir dafür sorgen, uns selbst im Prozess nicht zu verlieren.

- Setzen Sie die Dialog- und Rückmeldungsansätze ein, die in diesem Kapitel beschrieben sind. Was der Beziehungsarbeit am meisten hilft, ist, wenn der Einzelne Kontakt und sich entwickelnde Rückmeldung erlebt.

Diese Ansätze erfordern Übung und eine empirische Einsicht in die abbauenden und sich entwickelnden Muster. Innerhalb der Prozessführung gibt es verschiedene Schulen – von der konsultativen über die systemische bis hin zur narrativen Schule. Es werden viele passende Kurse und Ausbildungen von kürzerer oder längerer Dauer angeboten. Mit Ausbildungen meine ich Fortbildungen, die die Führungskraft oder den talentierten Prozessunterstützer in der Gruppe qualifizieren, so dass das fachliche Niveau der Führungskraft angehoben wird. Das ist eine Entwicklung, die überall stattfindet. Führungskräfte bilden sich in steigendem Maß im Bereich Prozessführung, persönliche Entwicklung, Coaching sowie Individual- und Gruppenpsychologie fort.

Externes Coaching und externe Prozessführung

Wie bereits erwähnt, ist es ein Kennzeichen der sich entwickelnden Gruppe, dass sie sich selbst und die eigenen Muster herausfordert. Am besten funktioniert das, wenn man regelmäßig einen erfahrenen externen Coach oder

Prozessführer eine Gruppenüberprüfung durchführen lässt. Es nützt allen, wenn hin und wieder das sich Entwickelnde unterstützt und das Abbauende und Bewahrende bewusst gemacht wird.

Eine solche externe Konsultation ist nicht der Person oder der Gruppe vorbehalten, die schlecht funktioniert. Allerdings wird oft im Bewahrenden und Abbauenden offensichtlich, dass Hilfe von außen gebraucht wird.

Das, was man engagierte Selbstentwicklung nennt, muss damit beginnen, dass man Ziel und Zweck formuliert – ein Ziel, das gemeinsam festgelegt wird. Ein definierter Zweck und eine Abstimmung von Erwartungen sind die Voraussetzung dafür, den Effekt der stattfindenden Entwicklungs- und Prozessarbeit bewerten zu können. Es ist wichtig, die Brauchbarkeit der Berater zu bewerten, die man für die Aufgabe einsetzt. Das bedeutet nicht, dass man als Prozessführer nach jeder Sitzung messbare, konkrete Ergebnisse vorweisen können muss. Das ist nicht immer möglich, wenn man mit Menschen, Gefühlen und Beziehungen arbeitet. Ein guter Gruppencoach muss sich meiner Ansicht nach die Freiheit nehmen, die Person oder die Gruppe auch mal scheitern zu lassen. Es kann daher Sitzungen geben, bei denen nichts oder verhältnismäßig wenig pas-

Ein wichtiger Ansatz ist, hinter das Gesagte zu schauen und nach den Bedürfnissen zu suchen.

siert. Beispielsweise können anscheinend unfruchtbare Sitzungen notwendig sein, damit ein Gruppenmitglied vortritt und für sich selbst Verantwortung übernimmt und diese nicht mehr der Autorität zuschiebt.

Auf der anderen Seite ist es wichtig, dass das Individuum, die Gruppe und die Führungskraft Hoffnung spüren, wenn sie mit einem externen Prozessführer arbeiten. Nach vier, fünf Sitzungen müssen sich die Beziehungen spürbar verbessert haben. Die Sitzungen müssen evaluiert werden, damit der Prozessführer ein Feedback darauf bekommt, was wirkt und was nicht wirkt. Das ist aus mehreren Gründen wichtig. Jedes Mitglied der Gruppe erfährt so, was für andere wirkt. Zugleich erhöht es die Erkenntnis, was man erreichen möchte, was für jeden Einzelnen entwickelnd und schöpferisch ist und was man selbst der Beziehung bieten kann.

Je mehr Verantwortung der Einzelne für den sich entwickelnden Gruppenprozess übernimmt, desto einfacher ist die Arbeit für den Prozessführer. Aufgabe des Prozessführers ist es, in das gesamte Kraftfeld zu treten und eine Unterstützung und eine Prozessführung zu beginnen, die dafür sorgen, dass Bewegung in die Beziehungen kommt. Er muss den Glauben an etwas Besseres, Neugier und Interesse wecken. Der Prozessführer muss versuchen, die Rückmeldung zu stärken, das Selbstgefühl zu schärfen und Erlebnisse von Kontakt zu unterstützen. Die Gruppenführung muss unterstützen, dass die

Werte, Bedürfnisse und Eigenarten des Einzelnen gesehen werden. Die Werte des Einzelnen unterstützt man in erster Linie durch kurze Interventionen und Konfrontationen und dadurch, dass man die Gruppe daran arbeiten lässt, auf der Grundlage dessen, was jede einzelne Person hemmt und antreibt, Kontakt und Rückmeldung zueinander zu schaffen.

Über das Führen von Gruppenprozessen sind viele Bücher geschrieben worden. Für mich ist es wichtig, beim Arbeiten mit Menschen und Beziehungen nicht auf einer richtigen und einer falschen Herangehensweise zu bestehen. Ich habe meinen Hintergrund, meinen Ansatz und meinen Glauben, und dasselbe gilt für diejenigen, mit denen ich zusammenarbeite. Ich weiß jedoch, dass viele Wege zum Ziel führen, und es ist nicht immer die konkrete Methode wichtig, sondern dass der Prozessführer für Kontakt und Engagement sorgt.

> Für mich ist es wichtig, beim Arbeiten mit Menschen und Beziehungen nicht auf einer richtigen und einer falschen Herangehensweise zu bestehen.

Es geht, wie bereits erwähnt, um den selbstwertbasierten Ansatz auch für den externen Berater. Bei diesem Ansatz muss der Prozessführer auch den Menschen in sich selbst zeigen. Wir als professionelle Unterstützer müssen uns trauen, uns selbst einzubringen. Wir müssen einen intakten Willen haben, Fragen stellen, uns persönlich äußern, konfrontieren, aber auch unterstützen, anerkennen und auf den Einzelnen aufpassen, damit Vertrauen entsteht.

Wenn Sie darüber nachdenken, externe Prozessberater einzubinden, sollten Sie daher nicht nur schauen, wer ein Produkt und einen Prozess anzubieten hat, sondern auch, wer sich traut, genau diesen Prozess auch zu verlassen – wer sich traut, die PowerPoint-Präsentationen und die geplanten Übungen sein zu lassen und sich auf das einzulassen, was hier und jetzt passiert, wenn genau das in der Situation erforderlich ist.

Das erfordert Erfahrung und das Vertrauen in das, was man als Berater spürt und sieht.

Die Qualität eines externen Prozessführers ist abhängig von Ausbildung, Wissen, Erfahrung, Selbsteinsicht und Lebenserfahrung. Die wirklich guten Prozessführer sind häufig kluge Frauen oder Männer mit einem hohen fachlichen Ballast und einer tiefen Selbsteinsicht – Menschen, die schon einiges erlebt haben und die wissen, dass sie nicht immer recht haben, die aber an ihrem Recht festhalten, ihre Meinung bis zu dem Tag zu haben, an dem sie klüger werden und so ihre Meinung ändern. Diese Menschen haben Selbstwert, und von denen gibt es nicht so viele, wie benötigt werden. Wenn Sie weniger Glück haben und einen Coach bekommen, der sich hinter der Methode versteckt, dann müssen Sie vielleicht selbst Verantwortung übernehmen und das sich Entwickelnde in den Prozess einbringen, statt Inhalt und Person anzugreifen. Versuchen Sie, selbst unterstützend zu wirken, indem Sie persönlich auftreten und sagen, was für Sie wichtig ist. Das führt in der Regel dazu, dass der Coach aus seinem Versteck kommt und entsprechend besser für Sie wird.

Zusammenfassung

In diesem Kapitel haben wir den Möglichkeitsraum und das Kraftfeld als praktische Ansätze für das selbstwertbasierte Führen beschrieben. Das Kapitel beginnt mit der Darstellung der Auswirkungen, die es hat, wenn man beim eigenen Führen auf drei Stufen arbeitet – Moral, Fokus und Entwicklung. Moral hat damit zu tun, Glaube und Hoffnung zu schaffen. Fokus bedeutet, dass man durch den Gedanken arbeitet und ein rationales Ziel schafft, das zu veränderter Handlung führt. Entwicklung behandelt die zwischenmenschliche Entwicklung. Hier sprechen die Führungskraft und der Mitarbeiter darüber, wie der Mitarbeiter die Dinge tut. Es geht darum, etwas über sich selbst im Prozess zu lernen. Entwicklung als Führungsbereich hat weniger werkzeugbasierte Methoden, weil der Kontakt dadurch erzeugt wird, dass man durch sich selbst arbeitet und sich selbst als Werkzeug einsetzt.

Die Führungsansätze, die in diesem Kapitel skizziert sind, nehmen ihren Ausgangspunkt im persönlichen Führungsstil und das Selbstsein als Dreh- und Angelpunkt.

• Der Möglichkeitsraum ist eine Begegnung, bei der man, nachdem man sich die vorhandenen Möglichkeiten angesehen hat, mit dem Herzen auswählt oder ablehnt. Der Möglichkeitsraum ist eine Beantwortung der Fragen „Wer bin ich?" und „Wer bist du?", „Was können wir?" und „Was wollen wir zusammen?". Das ist eine Begegnung, bei der sich die Mitglieder einer Gruppe anschauen und bewerten, ob sie als Menschen gemeinsame Werte und ein gemeinsames Verständnis darüber haben, wie ihr Zusammensein aussehen soll. Ohne diese frühe Abstimmung besteht die Gefahr, dass das persönliche Potenzial nie zur Entfaltung kommt und ein Potenzial bleibt. Eine solche Begegnung ist eine persönliche Bestätigung des „Warum gerade ich?".

• Das Kraftfeld ist das Hauptwerkzeug der sich entwickelnden Beziehung. Es bezeichnet alle in der Gruppe wirkenden Antriebskräfte in Relation zu den Bremskräften – diese Kräfte erzeugen in ihrer Gesamtheit ein Spannungsfeld. Die Bremskräfte freizusetzen, löst Antriebskraft und Initiative aus. Das Kraftfeld enthält also das kollektive Potenzial für Engagement. Im Kraftfeld holt man sich einen Großteil der persönlichen Kraft, und das Kraftfeldmuster entscheidet, ob der Einzelne sich entwickelt oder abgebaut wird und ob der Selbstwert gesteigert oder verringert wird. Man könnte sagen, dass das Kraftfeld den gesamten Selbstwert der Gruppe enthält – einen Selbstwert, dessen Stärkung oder Schwächung Konsequenzen für das Erzielen von Ergebnissen hat.

Die sich entwickelnde Zusammenarbeit im Kraftfeld ist durch eine Reihe von Führungspraktiken gekennzeichnet, die hier kurz zusammengefasst sind:

- Rückmeldungsführung bedeutet, damit zu beginnen, aufeinander zu reagieren. Man kann fast alles zueinander sagen, doch die Frage ist, wie es aufgenommen wird. Der erste Schritt ist daher, sich einzubringen, weil wir ohne Rückmeldung die Möglichkeit zur Navigation verlieren. Der nächste Schritt ist, aus dem zu lernen, was man empfängt.

- Wertebasiertes Führen handelt von dem Ausgangspunkt, von dem aus wir uns einbringen. Je fundierter wir bei unseren eigenen Werten sind, desto größer ist die Chance, dass die Botschaft als authentisch und dadurch glaubwürdig aufgenommen wird. Der wertebasierte Führungsstil macht die Führungskraft zu einer deutlichen Person.

- Dialog- oder Kontaktführung ist das, was bestimmt, ob der Kanal, über den die Botschaft gesendet wird, offen oder geschlossen ist. Es geht um die Art und Weise, wie wir die Dinge sagen. Hier können wir eine Feineinstellung unserer Rückmeldung vornehmen, so dass sie empfangen werden kann.

- Prozessführung ist eine Methode, den Kanal zu öffnen und zu üben, auf der passenden Frequenz zu senden. Prozessführung ist eine Disziplin, bei der die Führungskraft die Verantwortung für den Prozess in der Beziehung übernimmt. So wird die Entwicklung der Gruppe unterstützt. Das Führen der Gruppe zielt darauf ab, das Bewahrende und das Abbauende herauszufordern und das sich entwickelnde Beziehungsmuster zu unterstützen. Dieser Ansatz stärkt den Selbstwert in jedem Einzelnen.

- Externes Coaching beziehungsweise externe Prozessführung ist eine gute Sache. Die Gruppe regelmäßig durchchecken zu lassen, ist entwicklungsfördernd. Der externe Beistand kann eine Hilfe dabei sein, das sich entwickelnde Muster in der Gruppe zu unterstützen. Wenn die Bremskräfte zu groß sind,

kann es sein, dass eine externe Hilfestellung die einzige Möglichkeit für eine
Auflösung ist.

Ansatz	Auswirkung
Führen des Möglichkeitsraums	Löst Motivation aus
Führen des Kraftfelds	Löst sich entwickelnde Beziehungen aus
Führen durch Rückmeldung	Löst Präzisierung aus
Wertebasiertes Führen	Entfaltet die Eigenart
Führen durch Dialog	Löst Kontakt aus
Prozessführung	Löst Potenzial aus und setzt Konflikte frei
Externes Coaching/Prozessführung	Entfaltet oben genannte Effekte je nach Bedarf
Gesamteffekt: Persönliches Engagement und engagierte Persönlichkeiten	

Abb. 11-1: Auswirkungen selbstwertbasierter Führung

Das sich Entwickelnde muss in Gang gesetzt und bewahrt werden, doch
wenn es erst etabliert ist, lässt es sich kaum aufhalten. Es tendiert dazu, sich
selbst wiederherzustellen. Sein Lied ist: „Einmal Musketier, immer Musketier
– einer für alle, alle für einen." Wir sind nichts ohne den Kontakt, die Spiegelung und die Rückmeldung vom anderen, jedenfalls nicht sehr lange. Ohne
die sich entwickelnde Konfrontation bleiben wir ein Potenzial.

Kapitel 6

Selbstwertbasiertes Führen und das Erzielen von Ergebnissen

Soll das Unternehmen seine eigene Welt erfinden, oder soll es die Welt so verstehen, wie sie ist, und sich ihr anpassen? Die Frage greift die theoretische Unterscheidung zwischen „Inside Out" und „Outside In" auf – eine Diskussion, die im Bereich der Innovations- und Marketingdisziplin Tradition hat. Das Argument lautet, dass es nicht hilft, einfach nur die eigenen Kunden zu fragen, was sie haben möchten. Wenn wir historisch gesehen nur auf dieser Basis agiert hätten, gäbe es heute weder den PC noch das Mobiltelefon.

In den wirklich Ergebnisse erzielenden Unternehmen treffen sich die marktorientierten mit den produkt- und produktionsentwickelnden Kräften. Kundenanforderungen treffen auf Produktionsanforderungen, Produktentwicklung trifft auf Vertrieb. Diese Elemente erzeugen ein Spannungsfeld. Sie sind die Hauptkräfte des Unternehmens, und hier entsteht auch der Möglichkeitsraum. Das Unternehmen hat viele Kraftfelder gleichzeitig, und sie alle sind ausschlaggebend für die Ergebnisse, die das Unternehmen erzielt. Je entwickelnder der Beziehungsansatz ist, desto höher ist die Kräfteübertragung von jedem einzelnen Zahnrad.

Abb. 12: Die Kraftfelder des Unternehmens

Die Wertschöpfungskette unterscheidet sich von Unternehmen zu Unternehmen. In einigen Unternehmen gehören Produktion und Logistik zu den bedeutenden Einheiten, und in anderen sind sie weniger wichtig. Die oberste Führungsgruppe ist ein Kraftfeld für sich, in dem jedes einzelne „Interesse" des Unternehmens von Produktion und Logistik bis hin zu Vertrieb und Marketing gleich vertreten ist. Die Interessen werden von Führungskräften verwaltet, die jeweils ihren Verantwortungsbereich haben. Die Führungsgruppe ist somit im Optimalfall ein zusammenarbeitendes Team, das permanent die Antriebskräfte des Unternehmens widerspiegelt. Das führt zu Zusammenstößen und erzeugt Energie. Wenn diese Dynamik beschädigt wird oder hemmend beziehungsweise bewahrend wird, findet bei dem Erzielen von Ergebnissen ein Abbau statt.

Das Unternehmen kann, wie erwähnt, natürlich Ergebnisse erzielen, ohne sich entwickelnde Beziehungen und effektive Kraftfelder zu haben, doch das ist so, als würde man in einem Auto mit sechs Zylindern fahren und nur drei nutzen. Wenn alle sechs Zylinder für die Motorleistung genutzt werden, erhöht sich das Erzielen von Ergebnissen, und parallel dazu bekommt das Unternehmen gut funktionierende, engagierte Leute, die fortlaufend Leistungen erbringen können.

Selbstwertbasiertes Führen und die Kundenbeziehung

Die Gefahr bei einer zu starken Fokussierung auf das, was von innen kommt, ist eine Selbstbezogenheit, die dazu führt, dass man als Unternehmen die Orientierung in Hinblick auf die Marktanforderungen und das Wohl des Kunden verliert. Es muss daher betont werden, dass das von innen gesteuerte Unternehmen seinem Kunden genau so begegnen muss, wie die Führungskraft ihrem Mitarbeiter begegnen sollte. Der Kunde muss sich gesehen und dadurch anerkannt fühlen. Das erzeugt Vertrauen und Loyalität und trägt dazu bei, dass der Kunde das Unternehmen mit entwickelt.

Die Abbildung 13 zeigt die beiden Seiten des Führens: ergebnisorientiertes und beziehungsorientiertes Führen. Letzteres kennen wir auf Kundenseite als CRM (Customer Relationship Management), KAM (Key Account Management) und so weiter. Das Unternehmen erzielt externe und interne Ergebnisse, so wie es externe und interne Beziehungen hat.

Ergebnis- und beziehungsorientiertes Führen sind in steigendem Maß voneinander abhängig. Sie sind voneinander abhängig, weil wir uns weg von physischen Produkten hin zu Dienstleistungen, Wissen und Erlebnissen bewegen. Dieser Übergang verstärkt die Notwendigkeit von Kontakt zum Kunden, bietet aber auch mehr Möglichkeiten für den Kunden, Kontakt zum Unternehmen zu bekommen. Die kontaktvolle und erlebnisorientierte Begegnung mit dem Kunden ist nur machbar, wenn sich der Mitarbeiter von innen kommend nach außen bewegt. Der Kunde möchte nicht nur das Produkt haben, sondern auch eine Beziehung, die dafür sorgt, dass das Produkt oder die

Leistung wirkt und einen Effekt erzeugt. Etwas bei dem anderen wirken zu lassen, erfordert eine engere Beziehung.

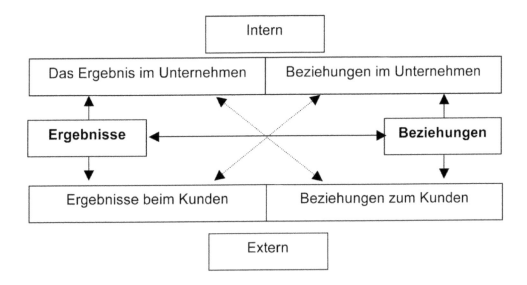

Abb. 13: B & E Beziehungen und Ergebnisse – intern und extern

Die Versuche des Unternehmens, Ergebnisse für den Kunden zu erzielen, können daher als eine Bewegung gesehen werden, die davon wegführt, Verkäufe zu erzielen, physische Waren zu übergeben und Transaktionen durchzuführen, und sich in Richtung einer eigentlichen Zusammenarbeit bewegt – eine Bewegung weg von dem Fokus auf Transaktion, wie er in der Industriegesellschaft vorherrschte, hin zu dem Bedürfnis der Informations- und Wissensgesellschaft nach Beziehung.

Es mag ausreichen, sich mit einem transaktionsorientierten Ansatz zu seinem Kunden zu begnügen, wenn der Kunde nichts anderes fordert. Das hinterlässt jedoch ein ungenutztes Potenzial. Oder anders gesagt: Immer mehr Transaktionen setzen gegenseitige Beziehungen voraus, wenn auf beiden Seiten umfassende Ergebnisse erzielt werden sollen.

Wenn wir einander näher kommen, steigt das Risiko für Abbau, aber auch das Potenzial für Entwicklung. Entscheidend für den Ausgang ist in der Kundenbeziehung nicht nur der Mitarbeiter, sondern in ebenso hohem Maß das Unternehmen, das hinter dem Mitarbeiter steht. Damit diese doppelte Begegnung entwickelnd wird, muss der Mitarbeiter in der Begegnung als integer und vertrauenerweckend erlebt werden. Als integer wird der Mitarbeiter nur erlebt, wenn das Unternehmen hinter ihm als zusammenarbeitende Einheit funktioniert, die an den Kunden verlässliche Signale und Leistungen sendet. Ein solches Erleben von Authentizität verbessert die Möglichkeit von Kontakt, entwickelnder Rückmeldung und Vertrauen.

Gilmore und Pine, die Autoren der Bücher „The Experience Economy und Authenticity: What Consumers Really Want", heben vier wesentliche Faktoren hervor, die das Kaufverhalten der Kunden beeinflussen: die Ware, die Verfügbarkeit der Leistung, der Preis, die Qualität und Authentizität.[1]

Sie schreiben Folgendes: "We believe that authenticity flows from these two principles of thought and action. Being true to your own self and being who you say you are to others."

Übertragen auf das Unternehmen bedeutet das, dass das Unternehmen es selbst sein und ausgehend von dem, als was es sich selbst bezeichnet, handeln muss. Hier geht es darum, was beim Ergebnisse erzielenden Führen wirkt. Es wirkt, Ziele zu setzen und die Organisation nach diesen auszurichten, so dass alle in dieselbe Richtung zu gehen beginnen. Der Kunde nimmt wahr, dass die Mitarbeiter in dem Unternehmen die gleiche Sache wollen. Natürlich wird es immer auch Sonderinteressen und Zusammenstöße geben. Die Fähigkeit, aus diesen Interessenskonflikten das Beste herauszuholen und durch sie zusammenzuarbeiten, bestimmt, ob das Unternehmen authentisch wirkt.

Soll das Unternehmen seine eigene Welt erfinden, oder soll es die Welt so verstehen, wie sie ist, und sich ihr anpassen?

Das Authentische deckt beim Kunden ein Bedürfnis ab, das oben an der Spitze der Bedürfnispyramide steht – ein Bedürfnis nach gefühlsmäßigen Erlebnissen, die engagierend und entwickelnd wirken, und nach etwas, das wir als ein Streben hin zum Echten in uns selbst verstehen, indem wir eine Beziehung zu etwas Echtem haben. Dieses Erlebnis gibt uns ein Gefühl von Sicherheit, und gleichzeitig erhöht dies die Chance, dass wir das bekommen, was wir gerne haben möchten – Rückmeldung, Kontakt und Anerkennung.

Die engagierte Einzelhändlerin

Wir haben einmal mit einem der besten Einzelhandelsunternehmen Europas gearbeitet – einem Unternehmen, das eine Reihe von Ladenketten betrieb und darin extrem erfolgreich war.

In einem Workshop für Filialleiter aus ganz Nordeuropa wurden die Ergebnisse der Geschäfte durchgegangen. Die besten Zahlen legte eine sehr zu-

---

1 J.H. Gilmore und B.J. Pine II – 2007

rückhaltende junge Frau vor. Sie fiel mir sofort auf, weil sie so anders als die anderen aussah. Die anderen Frauen hatten sehr viel Make Up aufgetragen und waren toll gekleidet. Sie war eher neutral und versuchte nicht, sich herauszuheben. Es wirkte fast, als ob sie gegen Äußerlichkeiten protestierte.

Sie verkaufte, auch wenn die Kollektion nicht die richtige war. All die anderen Frauen verkauften nur, wenn die Modefarben und die Kollektion den Markttrend trafen. Sie erklärte ihren Erfolg damit, dass ihr Personal ständig den Kunden suchte und eine Art beratenden Dialog führte. Sie brachte die Kunden dazu, etwas in den Waren zu sehen, die in den Regalen lagen, hörte aber auch zu und besorgte schnell die Waren, die der Kunde nachfragte.

Die anderen Filialleiterinnen tendierten dazu, die ganze Zeit den Fehler in der Kollektion zu sehen. Wenn die Ware nicht perfekt war, konnten sie nicht verkaufen. Sie hatten nicht den Mut, zum Kunden zu gehen und zu versuchen, ihn herauszufordern und zu inspirieren. Die Ablehnung oder die Angst vor Ablehnung durch den Kunden hemmte sie. Die hervorragend verkaufende Filialleiterin sah das anders. Ihr Team entwickelte sich dadurch, dass es auf Herausforderungen beim Kunden traf. Das Team arbeitete bewusst damit, den Kunden aufzusuchen und zu versuchen, ihn zu verstehen und zu inspirieren. Die Arbeit begann für diese Frau bei der Beziehung, die sie zu ihrem Personal hatte, und bei der Art und Weise, wie sie arbeiteten. Das Wichtigste war nicht, dem Kunden die Ware zu verkaufen, sondern zu versuchen, dem Kunden zu helfen. Dies war ein Fokus auf die Beziehung zum Kunden statt ausschließlich auf Ergebnisse.

> In den wirklich Ergebnisse erzielenden Unternehmen treffen sich die marktorientierten mit den produkt- und produktionsentwickelnden Kräften.

Dieses Beispiel macht deutlich, dass die Filialleiterin mit der besten Leistung sehr ergebnisorientiert, gleichzeitig aber auch beziehungs- und prozessorientiert war. Diese Worte kannte sie zwar gar nicht, sie wurden aber die ganze Zeit deutlich, wenn sie von dem Ansatz erzählte, wie sie ihre Läden betrieb.

Die abbauende Kundenbeziehung

Viel zu viele Führungskräfte sind viel zu sehr auf das Ergebnis fokussiert und vergessen, dass das Ergebnis häufig vom Prozess oder von der Beziehung abhängt. Das Transaktionsorientierte bleibt an unseren Führungsmustern kleben. Viele Unternehmen haben sich nicht klar gemacht, was sie eigentlich wollen. Sie streben danach, Ergebnisse zu erzielen, und messen den Gewinn, vergessen aber, dass es neben dem Fokus auf Ergebnisse noch die Beziehung gibt: "All too often, the client becomes a competitor for things the professional wants (money, challenge, or control), not a partner in getting them."

Das Zitat stammt aus einem Artikel von David Maister mit dem Titel „Do you really want relationships".[2]

Das ist ein vielsagender Titel, weil das Schaffen einer Kundenbeziehung ein Stück Arbeit ist, nicht nur mit dem Kunden, sondern auch mit sich selbst und dem Unternehmen, zu dem man gehört. Diese Arbeit wird bei der Jagd nach dem schnell erzielten Ergebnis oft übersprungen.

Häufig begegnen wir Unternehmen, die auf der Grundlage schlechter Beziehungen Geschäfte betreiben. Das gilt sowohl für den Business-to-Business- als auch für den Business-to-Consumer-Bereich. Die schlechten Beziehungen bauen Potenzial innerhalb des Unternehmen ab und enttäuschen und frustrieren außerhalb. Ich sehe das Bewahrende und Abbauende oftmals darin, dass man sich an Vereinbarungen und Verträge hält, ohne eigentlich miteinander darüber gesprochen zu haben, wie man zusammenarbeiten möchte – ohne Kenntnisse aufgebaut, Erwartungen abgestimmt, Möglichkeiten betrachtet und bewertet zu haben, ob in der Transaktion etwas steckt, das für beide Seiten einen Sinn ergibt.

> *Das Authentische deckt beim Kunden ein Bedürfnis ab, das oben an der Spitze der Bedürfnispyramide steht – eine Beziehung zu etwas Echtem haben.*

Misstrauen statt Vertrauen

Ich erlebte einmal einen Konflikt, bei dem ein IT-Unternehmen sich mit einem Kunden festgefahren hatte. Der Kunde war der Ansicht, nicht das bekommen zu haben, was ihm versprochen worden war. Die Beschuldigungen flogen kreuz und quer über den Tisch und verwiesen ständig auf die Vergangenheit. Beim IT-Lieferanten war alles Engagement wie weggeblasen. Der Key Account Manager konnte seine Leute nur mit Mühe und Not zur Teilnahme an den Leitungsgruppenbesprechungen zwingen. Der Kunde war wütend und war die ganze Zeit dabei, die Schuldfrage zu stellen und zu kritisieren. Der Lieferant beugte den Kopf und versuchte sich zu verteidigen.

Eigentlich war es traurig, denn während des Prozesses hatte man viel Nützliches gelernt. Beide Seiten hatten Fehler gemacht, und beide waren mit verschiedenen und nicht abgestimmten Erwartungen in das Projekt eingestie-

---

2 D. Maister – 2005

gen. Eigentlich waren die Parteien erst jetzt bereit und hatten den notwendigen Einblick, um eine Zusammenarbeit beginnen zu können.

Sie mussten eine Wahl treffen zwischen Gerichtsverfahren, Bußgeldern und Konfrontation oder der Entscheidung, einen Strich unter die Sache zu ziehen. Sie wählten Letzteres. Sie vereinbarten, das, was sie durchgemacht hatten, als Phase 1 zu betrachten. Beide Seiten hatten ihr Lehrgeld bezahlt. Phase 2 sollte eine Zusammenarbeit werden.

Wenn wir vergessen, über den Prozess zu sprechen, und uns darauf konzentrieren, über das Ergebnis zu sprechen, werden wir vom anderen schnell frustriert – und zwar deshalb, weil wir uns nicht die Zeit genommen haben, einander kennenzulernen. Wir verstehen die Bedürfnisse und den Ansatz des anderen nicht.

Stattdessen eskaliert die Situation in einem Kampf auf dem Feld der Argumentation – einem Kampf darum, Recht zu bekommen und richtig zu sein, statt einer Zusammenarbeit, um Lösungen zu finden und Möglichkeiten zu schaffen.

Das Abbauende beginnt oft bei einer bewahrenden Kundenbeziehung, in der das Unternehmen seine Einschränkungen und Bedingungen nicht deutlich gemacht hat. Plötzlich wird man abbauend als Abwehrhaltung gegen eine erlebte Kränkung der Integrität. Ich erlebe, dass viele an einer Kundenbeziehung festhalten, weil sie Angst vor der Konfrontation haben. Die Führungskraft hat auf kurze Sicht Angst, den Kunden zu verlieren, doch auf lange Sicht ist dies kostspielig. Die Beziehung wird zu teuer. Wir strecken uns zu sehr für den Kunden, und der Mitarbeiter verliert Motivation, Engagement und Tatkraft, was Spuren in der Kultur hinterlässt.

... ein Fokus auf die Beziehung zum Kunden statt ausschließlich auf Ergebnisse

Wir begegnen vielen Führungskräften und Mitarbeitern, die täglich in bewahrenden oder abbauenden Kundenbeziehungen arbeiten. Das erzeugt Angst, Stress und Demotivation. Es schwächt und blockiert das Potenzial. Wenn wir uns nicht als diejenigen zeigen, die wir sind, und wir nicht als wir selbst oder als das Unternehmen, das wir sind, gefragt sind, steigt das Risiko, dass wir uns selbst abbauen. Wir werden uns selbst gegenüber undeutlich und werden dem anderen gegenüber ausgelöscht. Doch noch schlimmer ist, dass die lebenspendende Anerkennung ausbleibt. Selbstvertrauen und Selbstwert werden auf beiden Seiten abgebaut. Der abbauende Ansatz ist immer ein Resultat eines Führungsdiskurses im eigenen Unternehmen.

Hemmende Leistung

Wir sollten einmal einen Thementag in einem Einzelhandelsunternehmen veranstalten. Die Geschäftskette lebte in einem intensiven täglichen Wettbewerb. Sie begegnete jeden Tag Kunden, die Produkte verglichen, nach Rabatten fragten und Service verlangten. In der Branche glichen sich die Produkte sehr, und die größte Differenzierung lag in der Begegnung und der Beratung, die der Verkäufer anbieten konnte.

Es war deutlich, dass die Führungskräfte einst selbst Ergebnisse erzielende Verkäufer gewesen waren. Mit ihren Zielen, Messungen und Belohnungen appellierten sie an das Selbstvertrauen im Mitarbeiter. Es wurde laut geschrien und geschimpft, es wurde gelobt und hervorgehoben. Manchmal waren Puls und Stimmung ganz oben, manchmal waren sie völlig am Boden.

Als ich später in ein paar der Geschäften Mäuschen spielte, verlief die Bedienung der Kunden immer auf genau dieselbe Weise. Kunden, die positiv waren und kaufen wollten, erhielten Hilfe und Service. Diejenigen, die eher kritisch und problematisch waren, wurden ignoriert oder es wurde mit ihnen geschimpft. Die Hälfte der Kunden verließ das Geschäft mit einem guten Erlebnis, die andere Hälfte ging, um nie mehr wiederzukommen.

Das Unternehmen formt seine Mitarbeiter, und die Muster wiederholen sich extern. Wenn man selbst eine konstante Bestätigung braucht, fällt es einem schwer, dem eher anspruchsvollen Kunden zu begegnen. Es ist schwer, dem Kunden zuzuhören und zu versuchen, sich in den Kunden hineinzuversetzen. Gleichzeitig wird der kritische Kunde, dem man nicht entgegenkommt und den man nicht ernst nimmt, seinen inneren Kritiker nicht loswerden und seinen Willen zur Zusammenarbeit nicht entfalten. Wer muss den ersten Schritt tun und versuchen, das Abbauende zu durchbrechen? Das kann nur derjenige sein, der die Hauptverantwortung für die Beziehung hat – der kundenverantwortliche Mitarbeiter und letzten Endes die Führungskraft.

Die sich entwickelnde Kundenzusammenarbeit

In Beziehungen wirkt nichts so stark, wie gesehen und anerkannt – man kann auch sagen, entdeckt – zu werden. Gesehen zu werden bedeutet, dass der Finger auf das eigene Bedürfnis gelegt wird. Wenn man als Kunde spürt, dass man Schwächen hat, dass diese aber nicht ausgenutzt werden, sondern Abhilfe geschaffen wird, dann fühlt man sich anerkannt.

Ein positiv überraschter Kunde

Ich traf einmal einen Versicherungsdirektor. Er hatte veranlasst, dass seine Leute alle Kunden durchgehen sollten, um diejenigen herauszufinden, die Geld bei Produkten sparen konnten, die sie im Unternehmen bereits gekauft hatten. Ich dachte: Guter Witz – es gibt wohl niemanden, der seinen Kunden erzählt, dass sie das Produkt, das sie gekauft haben, jetzt billiger bekommen können. Ich persönlich habe keine Ahnung, was meine Versicherung im Verhältnis zu anderen Produkten auf dem Markt kostet. Ich schaffe es ganz einfach nie, mir diese anzusehen, und ich verschließe stattdessen meine Augen und hoffe das Beste.

Eines Tages wurde ich dann plötzlich von meiner Versicherungsgesellschaft angerufen, und eine junge Frau erzählte mir, dass sie all meine Versicherungen durchgegangen sei. Sie stellte mir ein paar Fragen und erklärte mir hinterher, dass sie meine Versicherungen aufgrund meiner Bedürfnisse durchgerechnet habe.

Das Ergebnis war, dass ein paar Änderungen vorgenommen werden mussten, und dass ich bei einigen der vorhandenen Policen zu viel bezahlte. Ich erhielt ein neues Paket und sparte jährlich im Vergleich zu dem, was ich zuvor bezahlt hatte, 1000 dänische Kronen, das entspricht etwa 135 Euro.

Darüber freute ich mich so, dass ich schwor, nie mehr die Versicherungsgesellschaft zu wechseln.

Weg von der Form von Geschäft, bei dem es darum geht, den anderen auszunutzen, und hin zu einem Geschäft, das als gegenseitige Bereicherung gesehen wird.

Dieser Fall beschreibt ein Win-Win-Szenario. Solche Ansätze werden in einem großen Teil der derzeitigen Bestsellerliteratur beschrieben.[3] Wenn der Kunde gewinnt, gewinnt das Unternehmen Loyalität und langfristige Ertragsfähigkeit. Das ist eine Bewegung weg von der Form von Geschäft, bei der es darum geht, den anderen auszunutzen, und hin zu einem Geschäft, das als gegenseitige Bereicherung gesehen wird. Fundamental gesehen geht es wieder um Beziehungen, die Seite an Seite mit Ergebnissen stehen.

Das Unternehmen in dem oben genannten Beispiel möchte etwas geben, um etwas zu bekommen. Was es haben möchte, ist Loyalität und damit langfristige Ertragsfähigkeit. Der Kunde spürt, dass er nicht nur für seine Fähigkeit, bezahlen zu können, gesehen wird. Das ist eine Bewegung hin zur Wertegrundlage – ein gegenseitiges Abdecken tieferer Bedürfnisse, und das wird dadurch widergespiegelt, dass Werte wie Vertrauen und Glaubwürdigkeit in

3 M.E.P. Seligman 2002 und S. R. Covey – 1992

die Beziehung gebracht werden. Das entstehende Gefühl kann man am besten als ein Gefühl der Freude und der Dankbarkeit beschreiben – ein Gefühl, anerkannt zu werden.

Die eher vertrauensbasierte Form ist ein Kundenansatz, der emotional und persönlich ist, und der die Beziehung betrifft. Es handelt sich um eine Beziehung, die sich unterscheidet von dem, was man in den meisten Kundenbeziehungen erlebt. Wir sehen hier zwei Kundenansätze, die Seite an Seite existieren. Wir können den einen als den alten und den anderen als den neuen bezeichnen.

Die alte Auffassung vom Kunden ist:

*   dass der Kunde rational ist und seine Prioritäten immer aus dem Rationalen heraus setzt.

*   dass der Kunde erhaben ist und immer Recht hat.

*   dass der Kunde nach Eigenoptimierung strebt.

*   dass der Kunde danach strebt, ein Produkt oder eine Leistung zu erhalten.

Die neue Auffassung vom Kunden ist:

*   dass der Kunde rational und emotional ist und seine Prioritäten sowohl aus dem Gedanken als auch aus dem Gefühl heraus setzt.

*   dass der Kunde gleichwertig ist und gesehen und gehört werden muss.

*   dass der Kunde häufig die Zusammenarbeit anstrebt.

*   dass der Kunde danach strebt, seine Bedürfnisse abgedeckt zu bekommen, sowie danach, Erlebnisse und Anerkennung zu erhalten.

Das Neue daran ist, dass von beiden Seiten her Forderungen gestellt werden, und dass das Verhältnis gegenseitiger und gleichwertiger ist. Um diese Bewegung richtig verstehen zu können, müssen wir uns die Beziehung ansehen. Auch das Selbstverständnis des Kundenmitarbeiters und das Verständnis des Kunden gegenüber dem Kundenmitarbeiter macht eine Veränderung durch:

Die alte Auffassung vom Kundenmitarbeiter ist:

- dass der Mitarbeiter rational ist und seine Prioritäten immer aus dem Rationalen heraus setzt.

- dass der Mitarbeiter sich selbst kompromittieren und dem Kunden immer recht geben muss.

- dass der Mitarbeiter nach der Optimierung des Unternehmens strebt.

- dass der Mitarbeiter danach strebt, dem Kunden ein Produkt oder eine Leistung auf den Markt zu werfen.

Die neue Auffassung vom Kundenmitarbeiter ist:

- dass der Mitarbeiter rational und emotional ist und seine Prioritäten aus beidem heraus setzt.

- dass der Mitarbeiter eine Gleichwertigkeit sucht, und dass beide Parteien gesehen und gehört werden müssen.

- dass der Mitarbeiter die Zusammenarbeit anstrebt.

- dass der Mitarbeiter danach strebt, Erlebnisse und Anerkennung und eine gegenseitige Abdeckung von Bedürfnissen zu schaffen.

In der alten Kundenauffassung muss der Mitarbeiter den Kunden bedienen. Das wird häufig zu einer Art von untertänigen Beziehung, bei der der Kunde auf Händen und Füßen getragen werden muss. Dies passiert jedoch nur selten, weil es niemand schafft, sich tagaus und tagein auf diese Weise anzupassen. Die hieraus abgeleitete Konsequenz ist, dass beide Parteien enttäuscht werden. Die Erwartung war ja der großartige Service, doch stattdessen war der Mitarbeiter dem nicht gewachsen. Der Mitarbeiter ist von sich selbst enttäuscht, und der Kunde ist enttäuscht vom Mitarbeiter, vom Produkt und vom Unternehmen.

Beim neuen, eher gleichwertigen Kundenansatz wird auf beiden Seiten der Beziehung Energie und Engagement freigesetzt. Der Kunde trifft auf einen

Mitarbeiter, der seinen Ausgangspunkt in sich selbst, seinem Unternehmen und dem, was er sieht, nimmt. Der Kunde kann so sich selbst und seine eigenen Bedürfnisse wiedergeben und kann eine aufrichtige und authentische Rückmeldung geben. Das kann am besten als eine Bewegung vom Kundendienst zur Beratung verstanden werden. Wir können das Wort Kundendienst auch weiterhin verwenden, doch es muss als etwas anderes verstanden werden.

Kundendienst muss ein Erlebnis sein, und das wird es niemals, wenn der eine der „Schmeichelnde" ist und dem anderen „geschmeichelt" werden soll. Das Erlebnis entsteht als Möglichkeit in der Begegnung. Der Schmeichelnde kann die Beziehung nicht entwickeln, sondern höchstens kurzfristig zufriedenstellen. Das fühlt sich auf beiden Seiten unbefriedigend an. Dieser alte Ansatz kann, wie gesagt, in manchen Situationen ausreichen, doch bei den weitaus meisten Begegnungen mit dem Kunden reicht er nicht mehr aus. Was noch schlimmer ist – er ist nicht authentisch und wird daher auch nicht als echt erlebt. Echt wird er erst, wenn die Betreuung des Kunden aus einem Selbstsein entsteht.

Beim neuen, eher gleichwertigen Kundenansatz wird auf beiden Seiten der Beziehung Energie und Engagement freigesetzt.

Das ist Engagement, das ein Erlebnis in der sich entwickelnden Kundenbeziehung erzeugt. Das steckt an und schafft die Bereitschaft zur Zusammenarbeit und zum Kaufen. Engagement in der Beziehung entsteht, wie in diesem Buch gezeigt wurde, durch sich entwickelnden Kontakt und Rückmeldung. Das ist eine neue Form von Kundendienst, die eher eine engagierte Beratung als eine dienende Anpassung ist.

Beratung ist dadurch gekennzeichnet, dass man den anderen aufsucht und fragt, ob man helfen kann. Hilfe bedeutet nicht, zu versuchen, dem Kunden eine Ware aufzudrängen. Hilfe bedeutet, das Bedürfnis zu untersuchen und eine Rückmeldung zu geben, in der sich der Kunde spiegeln kann. Das stellt einen Kontakt her, der als vertrauensvoll und somit als echt gefühlt werden kann. Das ist ein selbstwertbasierter Ansatz zur Kundenführung.

Es kann sein, dass das einfach klingt, aber es ist schwer zu praktizieren. Es erfordert einen sich entwickelnden und selbstwertbasierten Mitarbeiter und eine ebensolche Führung und Organisation – eine gemeinsame Beziehung, die dafür sorgt, dass sie entwickelnd statt bewahrend oder gar abbauend ist.

Das erfordert auch den Mut, Kunden hin und wieder auszusortieren. Einige Kunden sind zu schwer zu sehen, zu schlecht für die Beziehung und fordern zu viel vom Mitarbeiter. Das erfordert bei der Führung die Haltung, dass sie die Beziehung ebenso sehr will wie das Ergebnis – eine Bewegung, die letzten Endes bessere Ergebnisse erzielt.

Zusammenfassung

Nicht nur die Mitarbeiterbeziehung wird positiv beeinflusst, wenn die Führung beginnt, selbstwertbasiert zu führen. Dieser Ansatz erhöht die Qualität in allen Beziehungen des Unternehmens, beginnt aber als eine Bewegung von innen nach außen. Diese Bewegung sollte idealerweise als authentisch und echt abgelesen werden. Sie ist ein Wettbewerbsparameter in einer zunehmend erlebnisorientierten Kundenbeziehung. Wir sprechen von dem Erlebnis, man selbst zu sein, aber auch als derjenige zu handeln, der man zu sein behauptet. Das ist eine Entwicklung, die dem Unternehmen keine andere Wahl lässt, wenn es Spitzenleistungen erbringen will. Das Unternehmen kann nicht länger manipulieren, um so gesehen zu werden, wie es gerne gesehen werden möchte. Es muss das sein, was es zu sein behauptet.

• Die selbstwertbasierte Organisation erzeugt Authentizität. Es entsteht ein Sinn aus der Beziehung, die Seite an Seite mit den Ergebnissen steht. Das ist ein Zugang zueinander, der auf Werten basiert und gegenseitig ist. Dieser Ansatz spiegelt sich in der Kundenbeziehung wider. Es entsteht ein anerkennendes Erlebnis, das sich sinnvoll anfühlt, weil wir das Bedürfnis in uns selbst spüren, wenn wir beim anderen auf etwas Echtes stoßen. Das authentische Unternehmen stellt die Bedürfnisse des Kunden zufrieden, und zwar dadurch, dass sich der Kunde gesehen fühlt, wenn er Produkt und Leistung des Unternehmens kauft.

• Das Unternehmen kommt nicht mehr damit durch, wenn es das Herz des Kunden allein durch Leistung gewinnen möchte. Der von Selbstvertrauen angetriebene Mitarbeiter kann die Bedürfnisse des Kunden nicht aufrichtig abdecken. Der Kunde wird sich all zu häufig übersehen fühlen, weil der Mitarbeiter viel zu sehr versucht, sich selbst und das eigene Unternehmen in den Vordergrund zu stellen, statt zuzuhören, zu beraten und zu versuchen, für den Kunden ein Ergebnis zu erzielen. Der Fokus liegt dann darauf, die eigene Kompetenz zu beweisen, statt die Bedürfnisse des anderen herauszufinden. Der selbstwertbasierte Kundenmitarbeiter hingegen begegnet dem Kunden gleichwertiger und erzeugt ein neues Erlebnis in Form eines beratenden Kundendienstes. Dieser Kundenansatz ist ergiebiger als der fügsame und angepasste Kundendienst früherer Zeiten.

• Die gleichwertigere Kundenbeziehung kann, wenn sie so gestaltet ist, dass sie sich entwickelt, die eher abbauende Kundenbeziehung ablösen. Bei dieser geht es um ein Konkurrieren im Geschäftsleben, das einen Gewinner und einen Verlierer erzeugt. Die neue Kundenbeziehung arbeitet dagegen mit einer Perspektive, die die Zusammenarbeit und ein gegenseitiges Erzielen von Ergebnissen bei beiden Parteien anstrebt. Der Fokus bewegt sich vom Verkauf zur Zusammenarbeit, von der Transaktion zur Beziehung.

- Der neue Beziehungsansatz erzeugt ein Kraftfeld. Das ist sowohl extern als auch intern zu erkennen. Das selbstwertbasierte Unternehmen hat eine einzigartige Entwicklungskraft. Die Organisation sucht gleichzeitig nach Ergebnissen und Entwicklung. Führungskraft und Mitarbeiter regen sich gegenseitig an, die Möglichkeit zu suchen, glauben aber auch daran, dass der Einzelne die Möglichkeit in sich hat. Der Einzelne muss mit dem anderen zusammenstoßen, wenn er mit seinem eigenen Anliegen vorwärtskommen will. Das erzeugt ein mögliches Kraftfeld aus Innovation und Schaffenskraft – ein Kraftfeld, das von Führungskräften geführt werden muss, die Entwicklung unterstützen.

> Bei eher abbauenden Kundenbeziehungen geht es um ein Konkurrieren, das einen Gewinner und einen Verlierer erzeugt.

Kapitel 7

Selbstwertbasiertes Führen und das Umfeld

Der selbstwertbasierte Ansatz ist eine Führungsdisziplin mit einem großen Potenzial. Die Kosten sind enorm, wenn eine Führungskraft nicht selbstwertbasiert führt. Wir haben die Möglichkeit, doch uns fehlt die Präzisierung. Ich bin der Ansicht, dass wir in einer Zeit leben, in der die Sichtweise der Führungskraft auf sich selbst neu definiert wird. Deren Selbstbild wird auch von der Anerkennung beeinflusst, die man dafür bekommt, das zu tun, was von einem breiteren Umfeld als richtig erachtet wird. Dieses Umfeld beeinflusst „die wichtigen anderen" und einen selbst. Wir sind Teil eines kleineren, aber auch eines größeren Systems.

Wenn Jørgen Vig Knudstorp, der Vorstandsvorsitzende von LEGO, im landesweiten dänischen Fernsehen von einer kleineren Depression im Zusammenhang mit seinem „Turnaround" bei LEGO erzählt, dann hat das eine Wirkung. Die Veränderung im Selbstbild der Führungskraft wird unterstützt. Dass Jørgen als eine vor wenigen Jahren noch fast unbekannte Führungskraft das Unternehmensziel erreicht hat, war eine großartige Leistung. Es gelang ihm, LEGO von lebensbedrohenden Verlusten zu einem Gewinn zu führen. Seine Offenheit in Bezug auf seine eigene Person und auf das Erreichen des Ziels wird von denjenigen, die von Führung leben oder durch Führung inspiriert werden, wahrgenommen und beeinflusst sie. Das eröffnet eine Neudefinition dessen, was eigentlich eine erfolgreiche Führungskraft ist.

Wir alle sind von der guten Geschichte der Führungskraft und der Art und Weise, wie sie ihren Erfolg schafft, abhängig. Die Managementliteratur, Zeitungsartikel, Fernsehsendungen und unsere tägliche Interaktion mit regionalen und internationalen Kollegen tragen konstant zur Entwicklung eines Bildes von der heutigen Führungskraft bei. Die amerikanischen Managementmagazine werden weltweit gelesen. Das Internet ist ein Medium, das Artikel im Laufe von Sekunden verbreitet. Die Geschäftswelt ist grenzüberschreitend miteinander verbunden, und die Sichtweise der Führungskraft auf sich selbst wird daher in steigendem Maß davon beeinflusst, wie die Führungskraft im internationalen Umfeld dargestellt wird.

Als Menschen sind wir ein Teil eines internationalen und grenzüberschreitenden Einflussfeldes, aber auch ein Teil eines regionalen Umfeldes. Wir haben immer noch unsere Eigenheiten in Sprache und Nahkultur. Der asiatische

Führungsstil ist anders als der amerikanische, der sich wiederum vom skandinavischen unterscheidet. Der Führungsansatz hängt von der Erziehungskultur ab, in der die Führungskraft aufgewachsen ist, doch auch von der Geschäftskultur, zu der sie selbst und diejenigen, die sie führen soll, gehören. Wir in Skandinavien sind von mindestens drei verschiedenen Führungsbildern beeinflusst: einem international inspirierten Selbstbild, das hauptsächlich von amerikanischen Theoretikern und Führungsikonen dominiert wird, einer europäischen Inspiration und einer lokal-regionalen Tradition und Kultur.

Mehrere der Elemente des selbstwertbasierten Führungsansatzes finden sich im Leadership-Paradigma wieder. Die beiden Ansätze sind nicht gleich, doch die Strömung ist dieselbe – eine Bewegung weg von Kontrolle und hin zu Verantwortung. Es gibt Kräfte, die uns weg von dem durch Leadership geprägten Ansatz und hin zu einer an klassischem Management orientierten Haltung treiben, beziehungsweise zu Systemen, die den Menschen im industriellen Paradigma festhalten. Der Leadership-Ansatz hat sich auf Abwegen befunden, und es gab Zeiten, wo Führungskräfte gedacht haben: „Kann das hier wirklich richtig sein? Sollen wir all das Alte über Bord werfen?" Ein Beispiel ist die „Nah-an-den-Zahlen"-Praxis. Das ist ein Ansatz, der Ergebnisse erzielt, wenn er durchgeführt wird. Irgendwann war der Leadership-Gedanke bei vielen Führungskräften so auf Abwegen, dass etliche der Meinung waren, dass man sein Unternehmen allein dadurch, dass man inspirierend und visionär ist, leiten kann. Diese Auffassung vernachlässigte die eher ausführende und detailorientierte Führung. Missverständnisse sorgen für Verwirrung. Das große Bild der neuen Führungskraft ist verschwommen, und vielen Führungskräften fehlt es an Standpunkten und Unterstützung. Das erzeugt ein unscharfes Führungsbild.

Wir haben vier Aspekte ausgewählt, die unserer Ansicht nach einen besonderen Einfluss auf das selbstwertbasierte Führen und auf das Tempo, mit dem sich die Ansätze verbreiten, haben. Diese Aspekte fördern beziehungsweise bremsen den selbstwertbasierten Führungsansatz in unserer Region:

- Globale Bremskräfte

- Uneinigkeit über Definitionen

- Skandinavische Werte

- Universelle Antriebskräfte

Im folgenden Abschnitt wollen wir die vier Bereiche durchgehen und versuchen, uns stärker bewusst zu machen, welche Kräfte für und welche gegen einen Führungsparadigmenwechsel arbeiten – einen Wechsel, der das Potenzial unterstützt, dem wir gegenüberstehen.

Globale Bremskräfte

Dass der Theoretiker ein großes, ungenutztes Potenzial im arbeitenden Menschen sehen kann und dies mit einer Herausforderung an das Führen verknüpft, ist ein Gedanke, der im Zusammenhang mit einem Bedürfnis entstanden ist. Dieser Gedanke ist als Idee aus der Zeit entstanden, von der wir ein Teil sind. Es ist ein wesentlicher Teil des Leadership-Gedankens, der seinen Ausgangspunkt in einer Kritik des industriellen, rational optimierten Menschenbildes nimmt.

> Die meisten äußern sich viel härter, als sie dann tatsächlich handeln.

In dem berühmten Bestseller „Auf der Suche nach Spitzenleistungen. Was man von den bestgeführten US-Unternehmen lernen kann" aus dem Jahr 1982 schreiben Thomas J. Peters und Robert H. Waterman über die Organisation der damaligen Zeit:

Doch stellen wir fest, dass die meisten Organisationen eine negative Einstellung gegenüber ihren Leuten haben. Sie beschimpfen die Teilnehmer wegen schwacher Leistungen. (Die meisten äußern sich viel härter, als sie dann tatsächlich handeln, aber dieser harte Umgangston schüchtert Menschen dann doch ein.) Sie fordern risikoreiches Handeln ein, bestrafen aber die kleinsten Fehler. Sie wollen Innovationen, aber gleichzeitig töten sie den Siegergeist. Mit ihrer rationalistischen Vorgehensweise entwerfen sie Systeme, die scheinbar darauf ausgerichtet sind, das Selbstbild ihrer Mitarbeiter aus der Welt zu schaffen. Vielleicht beabsichtigen sie das nicht, aber genau das passiert.[1]

Wir arbeiten immer noch mit diesem großen ungenutzten Potenzial, einem Potenzial, das auch Peters und Waterman vor 25 Jahren gesehen haben. In dem vielsagenden Kapitel „Man Waiting for Motivation" listen sie folgende Beobachtungen auf:

- Wir sind alle egozentrisch und lassen uns um des Lobes willen zum Narren machen …

---

1 T.J. Peters and R.H. Waterman – 2006

• „Fühlt es sich gut an?" zählt mehr als „lohnt es sich?" oder „kann ich es beweisen?"

• Als Informationsverarbeiter sind wir zur gleichen Zeit voller Fehler und wunderbar …

• Wir sind Wesen unserer Umgebung, sehr sensibel und empfänglich für Belohnung und Bestrafung von außen. Wir werden auch stark von innen angetrieben, selbst-motiviert …

• Wir tun so, als wären Überzeugungen wichtig, aber Taten sagen mehr als tausend Worte …

Das sind nur Auszüge aus längeren und detaillierteren Sätzen, aber sie machen die Pointe deutlich. Führungstheoretiker wie Peters und Waterman arbeiten seit langem an dem Gedanken, dass Führen aus mehr besteht als dem Ergebnisorientierten, also aus Zielen, Ausführung und Nachfassen. Für mich klingt das einleuchtend und fast schon banal, aber es ist umstritten. Der theoretische Ansatz, der hinter dem Verständnis des Sinnstiftenden in der Beziehung, des Selbstwertunterstützenden und der Kraft steckt, die dies in der Gruppe erzeugt, ist international nicht anerkannt. Dass die Süße der Leistung von der tieferen Qualität des Selbstwerts getrennt werden soll, ist eine konfrontierende These, mit der viele nicht umgehen können. Es macht es nicht leichter, wenn wir sagen, dass die Führungskraft sich viel aktiver einbringen und das sich Entwickelnde in der Beziehung auslösen muss. Das geht weit über das hinaus, was wir traditionell als Einflusssphäre der Führungskraft ansehen. Es erzeugt einen Widerstand, nicht nur in unserer Region, sondern auch im Verhältnis zu vielen rationalen, traditionellen Führungsansätzen. Es gibt viele legitime Gründe für einen Widerstand gegen selbstwertbasiertes Führen als einen Weg voran. Im Folgenden versuche ich, ein paar der Argumente zusammenzufassen:

• Führung muss sich in größerem Maß in psychologische Bereiche begeben, die zuvor verbotenes persönliches Land waren. Führung muss daher zukünftig oft anders stattfinden, und das erfordert „soziale Intelligenz". Der fachlich Fähige und Kompetente ist nicht zwangsläufig die beste Führungskraft. Zusätzlich wird es vielen Führungskräften schwer fallen, das auszuführen, was wir hier beschreiben, weil ihre Kompetenzen in anderen Bereichen der Führungsaufgabe liegen. Sie sind vielleicht durch Spezialistenwissen nach oben gekommen. Es wird nicht ausreichen, in den Bereichen des Führens, die mit Inhalten und Ergebnissen zu tun haben, gut zu sein.

- Häufig wird das Ziel falsch formuliert, in etwa so: „Das starke Gründen auf Selbstwert beim Führen ist gleichzusetzen mit Selbstzufriedenheit", was sowohl in einer von Selbstvertrauen angetriebenen als auch in einer selbstwertbasierten Realität mit Recht unzweckmäßig wirkt.

- Der Topmanager muss davon weg, sich selbst als Ein-Mann-Show mit der Rolle der am Tischende sitzenden Vaterfigur zu sehen. Das Neue ist eine Zusammenarbeit mit einer Führungskraft, die die Hauptverantwortung für das Ergebnis trägt, eng verbunden mit der Qualität des Prozesses, der zu diesem Ergebnis führt. Das ist eine noch engere Zusammenarbeit als die, die das Team von gestern gekennzeichnet hat. Sie ist zeitaufwendig und erfordert persönliches Engagement und Selbstwert.

- Es gibt nur wenige Beispiele für Führungskräfte, die einen selbstwertbasierten Ansatz verfolgen und selbstwertbasiertes Führen im heutigen Geschäftsleben einsetzen. Es gibt daher immer noch nur wenige Vorbilder.

- Das Neue ist nicht ausreichend werkzeugbasiert, was es unhandlich macht. Wir haben zu tun mit persönlicher Kompetenz und mit einem Muster, das nicht in einem Kurzlehrgang erlernbar ist. Das Neue basiert auf persönlicher Entwicklung in Beziehung, was es weniger zugänglich macht.

- Vieles in der bisherigen Kindererziehung und Führung war falsch, wenn man die Perspektiven, die hinter diesem Buch stecken, akzeptiert. Es kann schwer sein, das gegenüber sich selbst zuzugeben. Dieser Standpunkt könnte bedeuten, dass ich selbst Fehler beim Erziehen meiner eigenen Kinder mache, oder dass ich selbst als Kind zu viel vom Falschen abbekommen habe und als Erwachsener das Muster fortsetze.

- Durch die Angst vor dem sich Entwickelnden, durch Verschiedenheit und durch die konfrontierende Rückmeldung werden Abwehrmechanismen aktiviert. Das alles sind Ansätze, die im Verhältnis zum Bewahrenden Konflikte und Spannungen zwischen Menschen auslösen. Der Abwehrmechanismus versucht am bekannten Verständnisrahmen festzuhalten. Viele versuchen, in der Beziehung eine Begegnung mit sich selbst und damit die Möglichkeit, neue Ablehnung oder neue Einsicht zu erfahren, zu vermeiden. Eine solche

Einsicht könnte dazu führen, dass man die Auffassung von sich selbst neu bewerten muss.

Das Neue führt zu Forderungen nach Veränderungen durch die gesamte Hierarchie hindurch. Das gilt auch für das oberste Organ des Unternehmens, den Aufsichtsrat. Hier sind die traditionsgebundenen Rollen und Ansätze oft am zählebigsten. Im Aufsichtsrat finden wir manchmal Leute, die sowohl in Hinsicht auf ihr Alter als auch in Hinsicht auf ihre Führung weit weg von der Wirklichkeit des Unternehmens sind. Das ändert nichts daran, dass Aktionäre und Aufsichtsräte von den Forderungen nach Veränderungen und dem Bedürfnis nach einem neuen Führungsansatz betroffen sind. Wenn das neue selbstwertbasierte Führen im Unternehmen verankert werden soll, erfordert das im Aufsichtsrat eine Bewegung weg davon, hauptsächlich kontrollierend zu sein, und dahingehend, auch engagierend zu werden. Für viele Aufsichtsräte bedeutet dies, sich vom Bewahrenden zum sich Entwickelnden zu bewegen.

Diese Bewegung rückt im Aufsichtsrat die Beziehung in den Mittelpunkt, und das ist für viele auf Aufsichtsratsebene ungewohnt. Das Führen der Beziehung handelt von Gespür und Gefühlen, von Kontakt und Rückmeldung.

Die Aufsichtsratsarbeit wird weniger greifbar und weniger faktenbasiert, was vielen Aufsichtsratsvorsitzenden den Magen umdreht. Das ändert nichts daran, dass die Beziehung und der Prozess als Weg hin zu noch besseren Ergebnissen vom Aufsichtsrat bewertet werden müssen, und zwar deshalb, weil sich ein schlechter Prozess mit einer zeitlichen Verzögerung negativ auf das Erzielen von Ergebnissen auswirkt. Eine Verschlechterung des Ergebnisses kann vermieden werden, wenn das Nachfassen der Prozessqualität in der Führung proaktiver erfolgt.

Es muss betont werden, dass die Qualität der geleisteten Arbeit im Prozess der Zusammenarbeit vor allem der Verantwortung der Führung unterliegt. Das Argument lautet hier, dass der Aufsichtsrat dafür sorgen muss, Einsicht zu erhalten. Der Aufsichtsrat muss Maßnahmen und Effektmessungen weiterverfolgen. Untersuchungen über die Mitarbeiterzufriedenheit müssen ausgeweitet werden, so dass sie nicht nur die Zufriedenheit, sondern auch das Selbstwertbasierte erfassen. Zufriedenheit kann auch Stillstand bedeuten. Vielleicht ist es erforderlich, dass die Aufsichtsräte anders und breiter zusammengesetzt werden – interdisziplinärer und mit mehr Kompetenz für die neuen Fachgebiete. Das ist eine Bewegung, die in Skandinavien bereits im Gange ist.

Ein Topmanager erzählte mir neulich, dass der Aufsichtsrat in seinem Unternehmen weibliche Aufsichtsratsmitglieder sucht und die weichen Werte auf Aufsichtsratsebene mehr in den Mittelpunkt rücken möchte. Frauen werden häufig hervorgehoben als die Lösung, mehr ganzheitliche Orientierung in die Aufsichtsräte zu bringen – was ein Anfang sein kann. Die große Bewegung tritt jedoch erst ein, wenn der Mann beginnt, die Frau in sich zu finden, und die Frau sich traut, dasselbe zu tun.

Auf der globalen Bühne haben wir es mit einer Leadership-Bewegung zu tun, die lange unterwegs gewesen ist und die ihre Schäden erlitten hat, die jedoch immer noch lebt. Diese Strömung der Zeit ist durch viele andere Bereiche wie Philosophie, Psychologie und Soziologie geprägt. Ein solches Führungsbild versucht, durch Inspiration, Motivation und Verantwortung zu engagieren und zu schaffen. Es unterstützt das Selbstwertbasierte und das sich Entwickelnde in der Beziehung. Die Bewegung wird von Unklarheiten und einem Storytelling, dem es an Vorbildern fehlt, aufgehalten. In jedem Einzelnen von uns stecken Bremskräfte, die gegen das Selbstwertbasierte wirken – Kräfte, die man auch in akademischen Kreisen sieht.

Uneinigkeit über Definitionen

Im akademischen Umfeld herrscht keine Einigkeit darüber, ob Selbstwert von Selbstvertrauen unterschieden werden kann. Es gibt kein gleichlautendes Verständnis dafür, wie die menschliche Motivation von der Form der Anerkennung beeinflusst wird, die man gibt und empfängt. Die internationale Literatur über Selbstwert und Selbstvertrauen ist breit und unübersichtlich. Es gibt tausende von verschiedenen Beschreibungen von Selbstwert, teils mit Definitionen, die den gleichen Begriffen unterschiedliche Bedeutungen geben. Auf Englisch heißt Selbstvertrauen „self-confidence" und Selbstgefühl oder Selbstwert wird häufig mit „self-esteem" übersetzt.

Unsere Schlussfolgerung ist deutlich. Die Definitionen für Selbstwert und Selbstvertrauen stimmen im skandinavischen Raum beinahe überein, während der Rest der Welt die Begriffe unterschiedlich definiert. Die Definitionen geben wider, dass man in Schweden, Norwegen und Dänemark eine Unterscheidung zwischen Selbstwert und Selbstvertrauen vornimmt. Wie sich der Selbstwert vom Selbstvertrauen unterscheidet, ist von dem Dänen Jesper Juul gut beschrieben. Es ist ein dänischer Ansatz, der sich anschließend auf die übrigen Länder in der Region ausgebreitet hat. Den Ansatz zur Selbstentwicklung in Beziehungen hat die Norwegerin Anne-Lise Løvlie Schibbye beschrieben.

Die schwedischen Psychologen Marianne Brodin und Ingrid Hylander haben auf schöne Weise die Komponenten des Selbstgefühls beschrieben. Eine solche Unterscheidung zwischen Selbstwert und Selbstvertrauen ist in den englischen und amerikanischen Definitionen nicht erkennbar. Sie schließen die menschliche Leistung und das Vertrauen in eigene Kompetenzen als einen Teil von Selbstwert in dessen Definition mit ein. In den USA ist eine beginnende Tendenz zu erkennen, Selbstwert als einen zusammengesetzten Begriff zu sehen, der aus den beiden Komponenten „worth" und „competence" besteht.[2] Kompetenz und Erreichen durch Leistung sind in einem Großteil der amerikanischen Literatur, die Beschreibungen von Selbstwert und Aufbau von Selbstwert behandelt, durchgängig zu finden. Diese Fokussierung kann auf viele Faktoren zurückgeführt werden, ist jedoch hauptsächlich der überwiegend positiven Haltung der Gesellschaft gegenüber dem Leistungsorientierten zuzuschreiben.

Dieser Fokus lässt uns zögern, uns gegen eine Haltung zu wenden, die vorgibt, dass sich der zentrale Selbstwert weniger um die eigene Leistung und mehr darum dreht, der zu sein, der man nun einmal ist – mit den grundlegenden Antrieben und Bedürfnissen, die man als Mensch hat.

Diese Definitionsunterschiede sind am deutlichsten in Erziehungsmustern, in der Pädagogik und in der Rhetorik, die vorschreibt, was gut für den Menschen ist und was ihn erfolgreich macht, zu erkennen. Es sind Definitionsunterschiede, die die jeweiligen Werte und die unterschiedlichen Kulturen in den Ländern und Regionen widerspiegeln.

Skandinavische Werte

Dass die Definitionen von Selbstwert und Selbstvertrauen in den verschiedenen skandinavischen Ländern eher ähnlich lauten, kann, abgesehen von Jesper Juuls Arbeit, auf eine Tradition in Bezug auf Kultur und Werte zurückgeführt werden. Ich glaube nicht, dass es Zufall ist, dass der Gedanke, das Selbstwertgefühl vom Gefühl von Selbstvertrauen trennen zu müssen, in unserer Region geboren wurde. Ich finde, dass wir in Skandinavien gekennzeichnet sind durch unseren Ansatz zum Menschen und durch eine Sicht auf die Menschheit, die uns in mehrfacher Hinsicht von der Menschenauffassung anderer Regionen der Welt unterscheidet. Der Gedanke, dass wir in Skandi-

---

2 C.J. Mruk – 2006

navien eine Art Vorsprung beim Selbstwertbasierten haben, wird durch seriöse Forschung nicht unterstützt und ist daher auch nicht unbedingt belegbar. Er wird von uns ausschließlich als eine Idee präsentiert und basiert auf dem, was wir in der Praxis erleben.

Was wir beobachten, stammt aus der Arbeit mit skandinavischen Führungsgruppen und mit Führungskräfte-Entwicklungsprogrammen quer durch Norwegen, Schweden und Dänemark.

Das skandinavische Führen

Unsere Beobachtungen stammen von Unternehmen, die alle in den skandinavischen Ländern operieren. Wenn wir Führungskräfte versammeln, kommen die Mitglieder der Gruppe aus Norwegen, Schweden und Dänemark. Wir haben Führungskräfte studiert, wenn sie in Dreiergruppen am Lösen einer Aufgabe arbeiten.

Es besteht eine ausgeprägte Tendenz dahingehend, dass die Gruppenmitglieder dafür sorgen, dass alle in die Zusammenarbeit miteinbezogen werden. Das ist daran erkennbar, dass sie niemanden in der Gruppe „hängen" lassen, auch wenn sich die Person sträubt. Die ressourcenstärksten Personen halten sich zurück und versuchen, andere zu verstehen und aufzusammeln statt sie zurückzulassen und die Leistung allein zu erbringen.

Die ressourcenstärksten Personen halten sich zurück und versuchen, andere zu verstehen und aufzusammeln, statt sie zurückzulassen und die Leistung allein zu erbringen.

Wie schon mehrfach gesagt wurde, kennzeichnen das Soziale und das Gleichwertige vieles von dem, was wir in unserer Praxis bei dem skandinavischen Ansatz zu Zwischenmenschlichkeit erleben.

Die eher schwerfällige Seite der skandinavischen Mentalität führt dazu, dass es uns in vielen Situationen schwer fällt, zu der vollen subjektiven Version der Geschichte zu stehen. Wir probieren hin und wieder einen Ansatz aus, bei dem wir die skandinavische Führungskraft bitten, einen Amerikaner zu spielen. Das bedeutet, an der Geschichte festzuhalten, sich aber auf die andere Seite des Atlantiks zu begeben und zu erzählen.

Die Führungskraft darf nicht lügen, aber sie soll versuchen, sich selbst in den Mittelpunkt zu stellen und zu übertreiben. Das fällt dem skandinavischen Menschen schwer. Das Jantegesetz (du sollst nicht glauben, dass du etwas bist) wurde von einem Norweger zur Welt gebracht, der in Dänemark lebte. Es ist als fester Bestandteil im skandinavischen Bewusstsein verankert. Ein Beispiel könnte Folgendes sein: Es ist eine Tatsache, dass jemand in der Gruppe die Aufgabe ganz allein gelöst hat, doch die Tendenz geht dahin, dass er sagt, wir haben es getan, auch wenn er seine eigene Leistung herunterspielt, indem er sagt, dass die Gruppe die Aufgabe ausgeführt hat.

Sollte er stattdessen auf eine Weise sprechen, bei der er sich selbst mehr gerecht wird, werden ihm die anderen in der Gruppe gar nicht zuhören. Sie schalten ab und sehen weg von dem, was sie als aufdringlich und selbstdarstellend empfinden. Die Anerkennung bleibt aus. In der skandinavischen Kultur kann man sowohl das Selbstwertunterstützende als auch das Selbstwerthemmende beobachten, doch das Gleichwertige in der Beziehung ist auffallend deutlich.

Es geht um das, was fehlt, wenn das Wurzelnetz nicht auf den richtigen Werten und Ansätzen zur Zusammenarbeit aufgebaut ist.

Prahalad und Hamels haben 1990 ihr berühmtes Baummodell in einem Artikel in der Harvard Business Review vorgestellt. Das Modell zeigt einen Baum, bei dem die Früchte in der Baumkrone die Produkte, die Zweige und der Stamm die Fertigkeiten und das Wurzelnetz die Werte im Unternehmen darstellen. Auf die Gesellschaft übertragen sind die Früchte das, was wir produzieren, und was die anderen imitieren können, indem sie das Produkt kaufen und sich anschauen, wie es hergestellt wurde. Die Fertigkeiten können studiert werden, Lehranstalten können ihre Unterrichtsprogramme entwickeln, und Unternehmen können ihr Training erhöhen. Das kann man lernen; doch das, was begründet, was wir sind, ist schwer nachzuahmen. Es geht um das, was fehlt, wenn das Wurzelnetz nicht auf den richtigen Werten und Ansätzen zur Zusammenarbeit aufgebaut ist, und um das, was – wenn es fehlt – der Grund dafür ist, dass es auch dem Produkt und den Fertigkeiten an etwas mangelt.

Vieles deutet darauf hin, dass in der Selbstwert schaffenden Eltern-Kind-Beziehung der Grundstein zu den Werten gelegt wird, die sich später als so entscheidend für das Führen des Menschen ganz oben in der Bedürfnispyramide erweisen. Dieses Muster wird von den Werten in der umgebenden Gesellschaft unterstützt. Das sind Werte, die das Individuum und den Selbstwert fördern, die wir im Kindergarten, in der Schule und am Arbeitsplatz antreffen – Werte, die die Institutionen und Beziehungen prägen, von denen wir ein Teil sind. Das ist ein System aus einer Reihe tiefer Werte, die Rechte, Gleichwertigkeit und ungeschriebene Richtlinien betreffen. Im Folgenden werden wir eine Reihe besonderer Charakteristika der skandinavischen Region zusammenfassen:

Familie

- Erziehungsmuster, die in steigendem Maß die Integrität und Eigenverantwortung des Kindes und damit die Schaffung des Selbstwerts in den Mittelpunkt rücken.

- Erziehung, die davon Abstand nimmt, Kinder zu schlagen. Wir sind in unserer Region weit fortgeschritten, wenn es darum geht, Integrität kränkende Gewalt gegen Kinder zu stoppen.

- Erziehung, die darauf abzielt, nicht mit Worten zu schlagen. Wir sind weit fortgeschritten, wenn es darum geht, Kinder auf pädagogischem Gebiet nicht zu kritisieren oder einzuschüchtern, doch in unserer Elternschaft liegt immer noch ein gutes Stück Weg vor uns. Dasselbe gilt auch zwischen Erwachsenen.

- Flache Autoritätshierarchie mit einem ausgeprägten Maß an Gleichwertigkeit in den Beziehungen in der Familie. Eine Gleichwertigkeit, die Voraussetzung für den Dialog ist.

Gesellschaft

- Eine ausgeprägte Demokratie und eine Tradition des Dialogs.

- Ein Sozialstaat und ein Wohlfahrtsmodell, aus denen sich eine Reihe von mitmenschlichen Werten ableiten, egal ob man politisch rechts oder links steht.

- Soziale Sicherheit, die für die grundlegenden Rahmenbedingungen für die Selbstentfaltung sorgt.

- Hoher Wohlstand über Generationen hinweg, was bewirkt, dass die Bevölkerung weit oben in der Bedürfnispyramide steht. Das bedeutet eine zunehmende Bewegung hin zur Selbstverwirklichung.

- Starke pädagogische und psychologische Kräfte und starke Kräfte im Führungsbereich, die forschen, entwickeln und Standards im Bereich Lernen, Pädagogik und Verständnis von menschlicher Psyche, Beziehung und Motivation setzen.

- Gute Ausbildungen mit einer Volksschule für alle, die bei Kindern in steigendem Maß mit den Themen Lernen in Beziehung, Mobbing und Geselligkeit arbeitet, sowie weiterführende Ausbildungen mit viel Gruppenarbeit, die die Beziehungsfähigkeit trainiert.

- Anerkennung von Rechten. Respekt für individuelle Rechte, was an Gerichten und Rechtsinstanzen erkennbar ist, die das Recht des Individuums sicherstellen.

Kultur

- Hoher Grad an Engagement in der Beziehung. Eine Gleichwertigkeit, die die gesamte Gesellschaft und das politische System prägt.

- Religionsfreiheit. Die Mehrheit hat die Möglichkeit aufgegeben, Erklärungen außerhalb von sich selbst zu suchen und die Erlösung abzuwarten. Religion hat auf die Selbstentfaltung in Skandinavien keinen beschränkenden Effekt.

- Eine soziale Orientierung in Form eines allgemeinen kulturellen und sozialen Verständnisses dafür, dass der Mensch etwas anderes ist und mehr kann, als zu konkurrieren und Geschick an den Tag zu legen.

- Ein kulturelles, soziales und pädagogisches Gegenstück zu einer am Selbstvertrauen orientierten Kultur als Resultat dessen, dass viele der obigen Bedingungen erfüllt sind. Gleichwertigkeit ist nicht gleichbedeutend mit Selbstwert entwickelnden Beziehungen, aber es ist ein fördernder Wert, der es leichter macht, sich in kontaktvollen und vertrauensvollen Augenblicken zu begegnen.

Die skandinavischen Selbstwert unterstützenden Werte sind schwer zu imitieren. Man könnte von einem kollektiven Selbstwert in der großen Gruppe sprechen. Es geht ja nicht nur darum, dass skandinavische Führungskräfte Potenzial haben, sondern auch darum, dass Mitarbeiter es haben, und dass wir nahe daran sind, dieses Potenzial freizusetzen. Wir sind der Ansicht, dass die skandinavische Region die Möglichkeit hat und dass wir das Gruppenselbstbild prägen und schärfen können, wenn die Führungskraft sich traut, Träume zu formulieren und für unterstützendes Führen zu sorgen. Das ist eine Möglichkeit, die in unserer Region im Vergleich zu vielen anderen direkt vor der

Tür liegt. Die hier genannten Argumente skizzieren eine Bewegung hin zu einem potenziellen Wettbewerbsvorteil und erhellen das, was wir in vielen Unternehmen wachsen sehen.

In Skandinavien hat es über eine Reihe von Jahren eine Diskussion darüber gegeben, was das Charakteristische am skandinavischen Führen ist, und ob wir im Vergleich zu anderen geographischen Regionen möglicherweise eine Spitzenposition beim Führen einnehmen. Im ihrem Buch „Wenn sich Wikinger prügeln" schreibt die Journalistin Kirsten Weiss ziemlich deutlich:

‚Made in the USA' ist nicht immer am besten. Doch skandinavische Führungskräfte sind in diesen Jahren ein wenig in amerikanische Führungswerkzeuge verliebt, die behaupten, dass alles gemessen und gewogen werden kann. Es ist ein Paradox, dass skandinavische Führungskräfte auf der einen Seite die skandinavischen Werte hervorheben und auf der anderen Seite sich selbst abwerten, indem sie über den Atlantik blicken. Skandinavische Führungskräfte brauchen eine gründliche und kritische Reflexion über die Werte, auf denen sie ihren Führungsstil aufbauen, meint der norwegische Führungsexperte Bjørn Helge Gundersen, der davor warnt, das soziale Kapital zu vergessen. Er findet, dass das soziale Kapital und die skandinavischen Werte die Innovation vorantreiben. Selbständigkeit und Initiative Raum zu geben, ist in einer Innovationskultur Gold wert, und in Skandinavien haben wir das meiste von dem, was man in einer Wissensgesellschaft benötigt. Doch darauf achten wir überhaupt nicht und bewegen uns unkritisch in eine Richtung, in der die Hysterie des Messens und Wiegens die Innovationskraft abtötet.[3]

In Skandinavien haben wir die Voraussetzungen für eine ausgewogenere Selbstwert- und Selbstvertrauensgrundlage. Das setzt voraus, dass wir uns trauen, uns mit der Einzigartigkeit unserer Beziehungsform zu identifizieren und uns zu ihr zu bekennen, und dass wir mit ihr die Werte-, Erziehungs- und Führungsmuster unserer Region ausbauen.

Dass Skandinavien über eine Form von Wettbewerbsvorteil verfügt, wird unterstützt vom Bestsellerautor Steven R. Covey und vom Microsoft-Chef Steve Ballmer, die beide Skandinavien hervorheben. "I want the whole world to be Danish", sagte Ballmer als Vizechef eines der führenden Unternehmen der Welt, als er 2004 nach der Vision des Unternehmens gefragt wurde. Die Äußerung muss natürlich im Zusammenhang mit der Tatsache gesehen werden, dass Microsoft zum damaligen Zeitpunkt eine größere Investition in Dänemark getätigt hatte und den Aktienmarkt davon überzeugen wollte, dass der dänische Einsatz ernst gemeint war. Es besteht jedoch kein Zweifel daran,

---

3 K. Weiss – 2006

dass wir in Dänemark in diesen Jahren in einer internationalisierten Wirtschaft gut zurechtkommen.

Ob wir gegenwärtig oder zukünftig möglicherweise einen einzigartigen Führungsvorteil im skandinavischen Menschen haben, bleibt wohl eine offene Frage. Mein Bauchgefühl sagt mir, dass wir dabei sind und dass die große Möglichkeit vor uns liegt. Wenn ich der skandinavischen Führungskraft begegne, sehe ich beide Tendenzen. Sie wird angetrieben vom Regionalen, doch die Inspiration kommt auch vom Internationalen. Einige internationale Elemente beinhalten Werte, die unseren regionalen Werten entsprechen, und andere favorisieren einen stärkeren leistungsorientierten Ansatz.

Führung kommt von innen und muss darauf basieren, wer man ist.

Aufgrund von kulturellen Unterschieden wird ein skandinavischer selbstwertbasierter Führungsansatz nicht zwangsläufig motivierend auf einen Franzosen oder einen Amerikaner wirken. Andererseits muss Führung wohl der Kultur angepasst werden, was auch immer das Neue ist. Führung kommt von innen und muss darauf basieren, wer man ist. Das ist es, was Führung authentisch und gut funktionierend macht.

Dadurch wird der Ansatz mehr oder weniger universell. Das ist eine Bewegung, die auch stark in der amerikanischen Managementliteratur erkennbar ist. Die selbstwertbasierte Führungsform fasst in dem Maß Fuß, wie sich die Regionen entwickeln und reif werden. Dies schärft das Bedürfnis für einen Führungsstil, der zu den Menschen passt, die sich auf der obersten Entwicklungsstufe der Bedürfnispyramide befinden, weil Anerkennung und Selbstverwirklichung deren Antriebskräfte sind.

Universelle Antriebskräfte

Das Bedürfnis nach Anerkennung ist universell und eine Antriebskraft, die sich in allen Kulturen findet. Dasselbe gilt für die drei Beziehungsformen. Sie sind in der Beziehung zwischen zwei Menschen und in der Form des Beisammenseins in einer Gesellschaft erkennbar. Das Abbauende ist in der Diktatur erkennbar, und das sich Entwickelnde findet man in einer gut funktionierenden Demokratie. Der entwickelnde Ansatz zwischen Menschen gewinnt an Boden. Historisch gesehen ist es eine lange Reise gewesen, doch das sich Entwickelnde besiegt das Abbauende. Für mich lautet die Frage nicht „ob", sondern eher, „mit welcher Geschwindigkeit".

Die Kräfte beim Führen, die daran arbeiten, das Neue zurückzuhalten, können vielleicht in folgendem Führungsslogan zusammengefasst werden: „Vertrauen ist gut, Kontrolle ist besser."

Dieses verschlissene Zitat ist nicht die Zukunft, doch es ist mit einem Großteil der Gegenwart verwachsen. Wir sind auf dem Weg vom Kontrollparadigma zum Verantwortungsparadigma. Doch das bedeutet nicht, dass es das sich eng an Zahlen orientierende Messen, Nachfassen und Führen nicht mehr geben soll. Es ist nicht so, dass die Führungskräfte der Zukunft nur Verhaltensführungskräfte sein sollen. Wir müssen auf den Teilen vom Alten aufbauen, die wirken. Wir müssen Kontrolle und Vertrauen gleichzeitig haben, weil Kontrolle ein Teil von dem ist, was Vertrauen schafft. Die Führungskraft trägt die Verantwortung und muss daher auch hin und wieder nachsehen, ob die Dinge wie vereinbart laufen. Blindes Vertrauen gibt es nicht. Vertrauen ist niemals blind, es muss gesehen und entwickelt werden, um zu bestehen.

Wir dürfen nicht alles Alte wegwerfen. Wir gewinnen nichts dabei, wenn wir uns nur gegenseitig den Bauch befühlen. Wir müssen uns Ziele setzen, das Erreichen von Zielen honorieren und zu Kompetenzentwicklung ermutigen, so wie wir es beim ergebnisorientierten Führen immer gemacht haben. Im Leistungsmanagement steckt viel Gutes, das seine klare Berechtigung im Neuen hat. Ich denke, dass die meisten Führungskräfte dies bestätigen können.

Natürlich ist es umgekehrt eine Tatsache, dass viele Unternehmen unfassbar viel Zeit auf die Ausarbeitung von Budgets verwenden, um ein Kontrollwerkzeug zu haben, und sich anschließend hauptsächlich nach Budgetzielen, die die Wirklichkeit von gestern spiegeln, richten. Das wirkt auf viele junge Führungskräfte wie ein abgelaufenes mentales Modell.

Ich begegne immer wieder dem Demotivierenden im Systembegrenzenden und Kontrollierenden. Diese Geschichte handelt von Zeitverschwendung und fehlendem Vertrauen, die großen Einfluss auf Motivation und Engagement haben. Andererseits können wir das auf Zuckerbrot und Peitsche aufgebaute System nicht abschwächen, wenn wir nicht den Glauben an etwas Wirksames und Vorwärtsgewandtes haben – wir müssen das Beste vom Alten nehmen und es mit etwas Neuem ausbauen, das weiterentwickelt.

Verantwortlichkeit, Vertrauen und Engagement im Menschen sind das Neue, das den Platz des Alten einnehmen soll – nicht den gesamten Platz, doch mehr vom Platz. Mehr Führungskräfte müssen damit beginnen, einen selbstwertbasierten und entwickelnden Ansatz zu schaffen, der dazu führt, dass sie selbst und andere um sie herum die Punkte Selbstvertrauen und Selbstwert in ihrer Prioritätenliste vertauschen.

Demotivierendes im Systembegrenzenden und Kontrollierenden

Dieses Engagement wird „Blue Oceans" mit neuen mentalen Modellen und größerer Marktkreativität erzeugen.[4] „Blue Oceans" sind Strukturen und Führungsansätze, die neue Methoden, Produkte, Leistungen und Märkte schaffen. Das sind Ansätze, die nicht unmittelbar kopiert werden können, und die den Weg daher nicht mit Leichen pflastern, Ansätze, die statt Sterbende und mühsam Überlebende zu schaffen, lebenspendende, innovative und sich entwickelnde Kulturen erschaffen, Ansätze, die die universellen Wettbewerbsparameter der Zukunft sind, und die daher alle Führungskräfte und Mitarbeiter auf demselben Entwicklungsstadium antreiben.

Zusammenfassung

Die Tür ist geöffnet, und etliche haben sich ihr zugewandt, aber Türen können natürlich auch wieder zugeworfen werden. Es gibt Bremser beim Neuen. Es gibt Führungskräfte, die am eher distanzierten, von Angst geprägten und mechanischen Führen festhalten. Wir können es uns nicht leisten, den neuen, mehr am Selbstwert orientierten Menschen abzubauen. Wir dürfen den Überbringer der Nachricht weder in uns selbst noch im anderen töten. Wir benötigen das Beste von dem, was das Neue in Form von sich entwickelnden und Sinn stiftenden Mustern mit sich bringt. Die Zeit arbeitet dafür, dass die Generationen, die an der Macht sitzen, an Einfluss verlieren.

> Wir benötigen das Beste von dem, was das Neue in Form von sich entwickelnden und Sinn stiftenden Mustern mit sich bringt.

Das geschieht im Takt damit, dass sie sich zur Ruhe setzen oder von jemandem verdrängt werden, der mehr von der neuen Gleichwertigkeit und von dem neuen Selbstwert in sich hat. Es wird ein Druck entstehen, von dem uns die jungen, neuen Mitarbeiter aus den westlichen Volkswirtschaften gerade erst den Anfang gezeigt haben.

Gegensätze treffen aufeinander, und das erzeugt einen Zusammenstoß, aber auch ein Potenzial, das auf mehreren Ebenen erkennbar ist:

• Globale Bremskräfte. Das Potenzial, das wir hier skizzieren, wurde auch von Peters und Waterman in ihrem berühmten Buch „Auf der Suche nach Spitzenleistungen. Was man von den bestgeführten US-Unternehmen lernen kann" aus dem Jahr 1982 benannt. Sie haben andere, weniger psychologische Worte gewählt, doch die Botschaft ist dieselbe. Setzen Sie Potenzial frei, in-

---

4 W.C. Kim und R. Mauborgne – 2005

dem Sie mit Sinn und Beziehung führen. Das Rationale wurde verstanden, doch die Ausführung hinkt hinterher. Es sind Bremskräfte im Spiel, und das globale Selbstbild der Führungskraft bleibt an alten Mustern kleben. Das Bild ist zwar in Umgestaltung begriffen, aber noch nicht erneuert. Dieser Bremseffekt hat Auswirkungen auf die Geschwindigkeit, mit der eine Steigerung des Selbstwerts und eine Selbstentfaltung stattfinden wird.

- Uneinigkeit über Definitionen. Es besteht keine Einigkeit darüber, ob Selbstwert vom Selbstvertrauen unterschieden werden kann. Das ist eine dänische Erfindung, die sich auf das übrige Skandinavien ausgeweitet hat. Wir können eine fehlende internationale Einigkeit bei Sprache und Definitionen erkennen, aufgrund der es schwer ist, ein gemeinsames Bild von der guten Führungskraft zu schaffen. Diese Verschiedenheit lässt sich wohl am besten durch Unterschiede bei den Werten erklären.

- Skandinavische Werte. Es ist vermutlich kein Zufall, dass die Unterscheidung zwischen Selbstwert und Selbstvertrauen als Idee gerade in Skandinavien entstand. Wir sehen eine Reihe von Werten, die in unserer Region das Gleichwertige und das sich Entwickelnde in der Beziehung unterstützen. Wir haben eine Reihe von skandinavisch fundierten Werten, die unsere Art zu reagieren prägen. Das sind Werte, die Grundpfeiler eines Führungsstils werden können, der im Vergleich zu dem, was andere Regionen der Welt auf kurze Sicht aufbringen können, viel entwickelnder ist. Es geht um das Fundament, das wir haben, um einen selbstwertbasierten Führungsstil auszuüben – ein Fundament, das in der Familie angelegt wird, und ein Führungsstil, den der Mensch an der Spitze der Bedürfnispyramide nachfragt und in steigendem Maß nachfragen wird.

- Universelle Antriebskräfte. Das Wichtige ist, nicht den Kopf zu verlieren. Was dieses Buch vorgibt, ist eine Einführung des Gefühls beim Führen, aber keine Abschaffung des Gedankens. Wir müssen auch weiterhin das rational Vernünftige einsetzen. Wir müssen an Ziel, Steuerung und Nachfassen festhalten. Wir müssen auch weiterhin Prozesse optimieren und Systeme schaffen, die das Geschäft unterstützen. Zugleich müssen wir auch Verantwortlichkeit, Vertrauen und Engagement stärken. Die sich entwickelnde Beziehung muss den Platz des Alten einnehmen – nicht den gesamten Platz, doch mehr vom Platz, und gerne den ersten Platz. Diese Tendenz ist im Gange und wird von universellen menschlichen Bedürfnissen unterstützt.

> Die sich entwickelnde Beziehung muss den Platz des Alten einnehmen – nicht den gesamten Platz, doch mehr vom Platz, und gerne den ersten Platz.

Kapitel 8

Die Tür zu einem neuen Führungsstil

Es geht nicht darum, etwas Neues zu erfinden, sondern die Tür zu dem zu finden, was schon die ganze Zeit da war. Vielleicht machen wir es uns viel zu schwer. René, ein Mitautor dieses Buches, liebt es, mit Worten Bilder zu erzeugen. Er erzählt oft die Geschichte von den weisen Männern, die darüber diskutierten, wo sie das Kluge im Menschen verstecken sollten.

Einer sagte: „Wir verstecken es am Grund des Mariannengrabens." Ein anderer sagte: „Nein, lasst es uns auf dem Gipfel des Mount Everest verstecken." Der Dritte sagte: „Nein, lasst es uns in den Menschen selbst stecken, da findet er es nie."

Ich weiß nicht, von wem das Zitat ursprünglich stammt, aber es ist gut. Ich liebe es, weil es etwas über den Bergsteiger auf den Gipfeln erzählt, der darum kämpft, zu spüren, dass er lebt, über das endlose Suchen des Menschen in der Tiefe und über die offensichtliche Leichtigkeit, sich selbst zu finden, wenn man an der richtigen Stelle sucht.

Wir haben in diesem Buch versucht, einen Weg zu weisen – eine Tür zu einem Führungsstil zu zeigen, der engagierender, entwickelnder und motivierender ist. Dieser Weg geht über eine Reihe von Führungsstilen, die gemeinsam zum selbstwertbasierten Führungsstil führen. Zusammengefasst läuft unser Ansatz darauf hinaus, in folgenden fünf Bereichen zu führen:

- Leistung

- Beziehung

- Selbstsein

- Umgebung

- Sinn

Jede der hier genannten Führungsaufgaben muss gleichwertig gewichtet werden. Sie alle sind wichtig, doch das Sinnorientierte tendiert dazu, aus den vier anderen Punkten geschaffen zu werden.

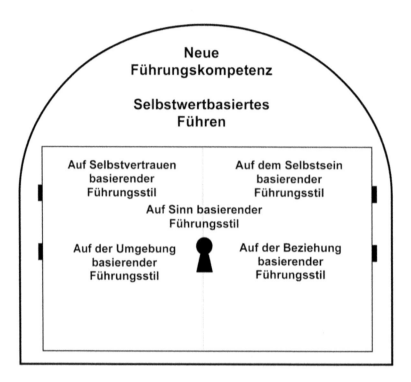

Abb. 14: Die Tür zu einem neuen Führungsstil

Auf der einen Seite der Tür haben wir eine Gewichtung von außen nach innen und auf der anderen Seite von innen nach außen. Das Modell zeigt, dass jede Führungspraxis ihren Anteil an der Entwicklung des selbstwertbasierten Führungsstils hat. Gemeinsam bewirken diese Elemente die Öffnung der Tür. Das Schlüsselloch eröffnet eine Sinnorientierung, die wiederum einen selbstwertbasierten Führungs- und Menschenansatz entwickelt.

Der auf Selbstvertrauen basierende Führungsstil

Führen mit dem Schwerpunkt auf der Zielerreichung ist ein Führungsstil hin zu einer am Selbstvertrauen orientierten Anerkennung. Im besten Fall ist das ein Führungsstil des Wachstumspotenzials, bei dem wir selbst und diejenigen, die wir führen, Anerkennung dafür spüren, wir selbst zu sein und Ziele und Träume zu erreichen. Auf Selbstvertrauen basierendes Führen bedeutet, Rahmenbedingungen und Voraussetzungen dafür zu schaffen, dass optimale Leistungen erbracht werden, und die Süße von Sieg und Lob zu schmecken, aber auch, sich zu trauen, nach einer Niederlage die Betonung auf die Reflexion und die Einsicht in Selbstbeschränkung zu legen.

Die tiefere Freude über die eigene Leistung hängt eng mit dem Selbstsein zusammen, denn wir können Leistung auch erbringen, ohne eigentliche Freude, Begeisterung oder Glück zu empfinden. Es passiert uns allen, dass wir merken, dass wir keine Freude empfinden, wenn wir ein Ziel erreicht haben. Das passiert, wenn wir das Ziel nicht aus uns selbst heraus definiert haben. Wenn wir uns unserem innern „Sollte" anpassen oder unterwerfen und von uns selbst auf Abwege geführt werden. Dies hat eine ganze Reihe von Konsequenzen, die der Einzelne spüren kann, die aber auch die anderen – Kollegen, Kunden, Partner – registrieren.

> Es geht nicht darum, etwas Neues zu erfinden, sondern die Tür zu dem zu finden, was schon die ganze Zeit da war.

Anpassung hat Folgen, die eine Entfaltung und damit Potenzial zurückhalten. Das lässt sich an kleinen Zeichen erkennen, beispielsweise, wenn wir zu viel essen – wenn wir all das Süße essen, um Energie zu bekommen. Diese Energie kommt nicht aus unserem Inneren heraus, weil wir sie nicht erzeugen, sondern stattdessen versuchen, sie zuzuführen. Ein anderes Zeichen kann sein, dass wir vor dem Fernseher hängen und nicht dafür sorgen, entweder richtig auszuruhen oder einen richtigen Dialog zu bekommen. Es kann passieren, dass wir nicht mehr mit anderen sprechen, sondern so ins Blaue reden und Kontakt zu vermeiden versuchen, weil wir uns verstecken wollen. In der Arbeit vertiefen wir uns oft in Aufgaben und Details, was uns die Möglichkeit bietet, keine Stellung beziehen und uns nicht für oder gegen etwas entscheiden zu müssen. Wir verschwinden vor uns selbst. Wenn wir dieses Verschwinden bemerken, muss es registriert und ausgesprochen werden. Unsere Handlungen müssen umgekehrt werden, damit sie wieder das, was wir wollen, und den, der wir sind, widerspiegeln.

Wir können den Menschen nicht mehr dadurch motivieren, dass wir die Messlatte für die Leistung höher hängen. Besser zu werden, löst, wenn wir erst einmal gut sind, keine tiefere Motivation aus. Da ist schon mehr vonnöten, wenn es sinnvoll wirken soll. Was vonnöten ist, ist ein sich entwickelnder Prozess, der eine Selbstaktualisierung erzeugt, bei der wir durch eine Beziehung, die Selbstwert entwickelt, schrittweise immer selbstwertbasierter werden. Hier beginnen wir, uns zu spüren und so eine starke innere Anerkennung auszulösen – eine Anerkennung, die das eigentliche menschliche Engagement antreibt.

Brilliant zu sein, ist für viele Menschen eine große Inspiration. Es kann passieren, dass Ruhm und Fähigkeiten, die zu äußerer Anerkennung führen, der einzige Weg scheinen, etwas zu sein. Ich lese hin und wieder über Jugendliche, die in den Medien als diejenigen hervorgehoben werden, die im Leben nur einen Sinn sehen, wenn sie selbst berühmt werden – wenn sie von außen bestätigt werden und spüren, dass sie durch die Geschichten, die andere über sie erzählen, leben, und wenn diese Geschichten ihnen das Gefühl vermitteln, gut genug zu sein. Das ist eine von außen gesteuerte Anerkennungskultur, die wohl schon immer zum Jungsein und zum Finden der eigenen Identität gehört hat, die aber bei einigen überhand nimmt. Diese Tendenz wird durch die heutigen kulturellen Ikonen aus Sport, Musik und Film verstärkt.

Der hier beschriebene Mensch gehört zu dem aktuellen Storytelling vom erfolgreichen Menschen. Man strebt danach, die Jugend zu verlängern, und viele von uns wollen sich jung halten. Es ist fantastisch, jung, vital und kraftvoll zu sein, aber es ist auch wichtig, weise und erfahren zu sein und in sich selbst zu ruhen. Wieder geht es um Ergebnisse und Beziehungen. Wir benötigen beide Antriebskräfte und können keine eingleisige Leistungskultur fahren, die ausschließlich Fähigkeiten, Individualität und die Tugenden der Jugend anerkennt.

Das Selbstwertbasierte ist ein Teil von uns selbst.

Das erzeugt ein Loch und fehlenden Realitätsbezug zwischen dem, was wir uns wünschen, und dem, was wir sind. Es ist wichtig, dass das heutige Bild des neuen Menschen nicht durch den Hunger nach Berühmtheit und durch die Abwesenheit des Ich im luftleeren Raum verankert wird. Ich verspreche Ihnen, dass es draußen auf dem Arbeitsmarkt viele von den anderen gibt – von denjenigen, die etwas wollen, die es aber auf ihre Weise wollen und die sich nicht den ganzen Weg über kompromittieren wollen, um es zu erreichen. Sie werden immer mehr. Sie wollen etwas gleichwertigeres, doch nicht ohne Rahmen, Ziel und all das, was dafür sorgt, dass wir uns geborgen fühlen.

Das Selbstwertbasierte ist in unserer Zeit ein Teil von uns selbst – von uns, die wir die Führungsmacht in den Händen halten, oder von uns, die wir dabei sind, sie zu übernehmen. Die jungen Menschen, die sich eine gleichwertigere Beziehung wünschen, sprechen uns an, wecken aber gleichzeitig die Angst in uns. Diese Angst entsteht dadurch, dass wir Teile unserer selbst hinter uns lassen müssen – Teile dessen, was unsere Eltern von ihren Eltern erzählt bekamen und was unsere Mentoren von ihren Mentoren erzählt bekamen, all das, was über Generationen hinweg als wesentlich für die Motivation des Menschen angesehen wurde. In Wirklichkeit haben wir eine tiefe Angst davor, das Selbstsein des Menschen freizusetzen.

Wir glauben, dass wir faul und träge davon werden, uns selbst zu wählen. Wir fürchten, dass wir damit aufhören, etwas leisten zu wollen, wenn wir erst einmal anfangen, uns auf einer tieferen Ebene hin zu uns selbst zu orientieren. Warum soll ich überhaupt zur Arbeit gehen, wenn der Kühlschrank voll und genug Geld für den nächsten Monat da ist? Wenn ich meinen eigenen Bedürfnissen folge, werde ich dann jemals wieder Zugeständnisse machen und das tun, was nicht von meinen eigenen Wünschen gesteuert ist?

Wie soll man einer Führungskraft das Neue erklären, wenn sie nie eine andere Form von Führung und Erziehung erlebt hat als das „du musst"?

Ich habe diese Diskussion mit vielen Führungskräften geführt. Einzelne berichten von Natur- und Jägergesellschaften, wo sich die Urbevölkerung weigerte, in Fabriken zur Arbeit zu gehen, wenn es im Meer Fische zu fangen oder im Wald Tiere zu erlegen gab. Sie sagen: „Siehst du – diese Leute hatten Selbstwertgefühl und waren in ihren Beziehungen gut zueinander, bis wir mit unserem Selbstvertrauensparadigma kamen."

Ich fürchte, dass die Mitarbeiter der Zukunft das gleiche wie diese Menschen tun werden, wenn wir nicht Arbeitsplätze schaffen, die eine andere Form von Anerkennung, Lob und Tadel sowie Vergütung bieten. Wie soll man einem Menschen, der noch nie die Farbe rot gesehen hat, erklären, wie rot aussieht? Wie soll man einer Führungskraft das Neue erklären, wenn sie nie eine andere Form von Führung und Erziehung erlebt hat als das „du musst", und wenn sie ihr ganzes Leben lang denselben Führungsansatz praktiziert hat? Ich weiß es nicht, und ich weiß auch nicht, ob man das durch Schreiben schafft.

Was ich aber weiß, ist, dass der Mensch nicht schlapp und träge oder leer und egoistisch zentriert wird, wenn er sich selbst wählt. Es kann schon sein, dass er sich zunächst einmal schlafen legt. Es kann schon sein, dass er sich erst einmal sechs Monate frei nimmt, doch wenn er sich ausgeruht hat, dann kehrt er mit größerer Kraft aus dem Selbstsein zurück. Eine solche Kraft kann der von Selbstvertrauen angetriebene Mensch auf lange Sicht nicht aufbringen. Das ist nicht nur eine leistungsorientierte Kraft, sondern eine ausgewogenere und sehr wirkungsvolle Kraft, die über die Zeit schafft und nicht aufhört zu schaffen.

Das Selbstwertbasierte ist unser einziger Weg, weil die allein auf Selbstvertrauen basierende Antriebskraft den Menschen auf lange Sicht zerstört.

Sie verschleißt uns und macht uns krank. Selbst wenn wir in der von Selbstvertrauen angetriebenen Welt überleben können, so ist diese Haltung beim Führen dennoch unzweckmäßig, weil wir es nicht schaffen werden, dass die anderen auf eine Art und Weise mitmachen, die schöpferisch genug ist. Wir werden von jenen überholt, die mithilfe eines eher schöpferischen, selbstwertbasierten Ansatzes an uns vorbeiziehen.

Bei Leistungen geht es nicht nur darum, zu gewinnen, sondern in ebenso hohem Maß darum, wie wir gewinnen müssen, wenn wir weiterhin über das Potenzial verfügen wollen, das wir brauchen, um gewinnen zu können. Engagement ist ausschlaggebend dafür ist, ob wir es schaffen, zu verlieren und im Anschluss daran wieder von vorne zu beginnen, um diesmal zu gewinnen. Das Engagement entsteht aus dem sich entwickelnden Prozess und nicht allein aus dem Erreichen des Ziels.

Der auf Beziehung basierende Führungsstil

Der Prozess ist von entscheidender Bedeutung für das Ergebnis. Der Prozess hat mit der Qualität der Beziehung zu tun. Die Tür zur Seele wird von innen geöffnet. Wer draußen vor der Tür steht, kann sich nicht einfach reindrängen. Viele von uns haben versucht, sich gewaltsam einen Weg nach drinnen zu verschaffen, aber es half doch nichts. Wir können Leute nicht in den das Selbst entwickelnden Prozess zwingen. Was wir tun können, ist, ihnen dort zu begegnen, wo sie sind, und zu versuchen, uns selbst in unserem Inneren zu öffnen. Das sich Öffnen in der Beziehung erzeugt die Möglichkeit der Öffnung im anderen. Es ergibt keinen Sinn, die Tür zu öffnen, wenn niemand da ist, für den man sie öffnen kann – wenn keine Menschen da sind, zu denen man gerne hinaus möchte. Wir sind abhängig von „den wichtigen anderen" in unserem Leben, aber auch davon, dass sie uns gegenüber eine sich entwickelnde Annäherung wählen.

Wir wissen jetzt, dass die Leistungsfähigkeit von Mitarbeiter und Führungskraft eng mit dem inneren Wohlbefinden der jeweiligen Person verwoben ist. Aus diesem Grund muss die Führungskraft die Begegnung suchen. Das führt das Führen aus dem distanzierteren Führungsparadigma der Vergangenheit heraus. Wir haben es nicht mehr mit einer Subjekt-Objekt-Führungsbeziehung zu tun. Unsere Mitarbeiter sind keine Ressourcen, die wir als Führungskräfte optimieren können. Der stark gewichtete Wissensmitarbeiter gleicht mit zunehmender Kraft die asymmetrische Machtbeziehung aus. Die

> Der Prozess ist von entscheidender Bedeutung für das Ergebnis.

Führungskraft steht bei der Mehrzahl der Begegnungen mit dem Mitarbeiter in einer Subjekt-Subjekt-Beziehung, vorausgesetzt natürlich, dass sie den Mut hat, das anzustreben. Das stellt neue Anforderungen daran, wie die Führungskraft sich selbst einsetzt.

Unser Selbstverständnis entwickelt sich im Zusammenhang mit mentalen und gefühlsmäßigen Interaktionen. Diese Entwicklung findet in steigendem Maß in der Gemeinschaft der Organisation statt und zwar deshalb, weil wir hier einen immer größeren Teil unserer Zeit verbringen. Diese Gewichtung hängt sehr stark damit zusammen, dass wir uns unsere Anerkennung in steigendem Maß durch unsere Arbeit holen. Die von außen kommende Anerkennung steht in einem engen, empfindlichen und gegenseitigen Zusammenhang mit der inneren Anerkennung unserer selbst. Hierin liegt die Möglichkeit, menschliches Wachstum, Engagement und Entfaltung auszulösen.

Wenn zwischen Menschen Kontakt, Rückmeldung und Vertrauen auf der Basis von Selbstwert besteht, ist die Tür offen, dennoch gibt es Menschen, die in der Begegnung zögern. Es gibt Menschen, die aufgegeben haben und sich der Möglichkeit entziehen. Es gibt Menschen, die erst das Ziel erreichen müssen, ehe sie sich selbst die Anerkennung erlauben, die sie sich öffnen lässt. Es gibt Menschen, die die Katalysierung erlebt haben und auf der Schwelle zum Neuen stehen. Es gibt Menschen, denen man begegnen und weiterhelfen muss.

Versuchen Sie, den ersten Schritt nicht vom anderen zu erwarten.

Das beginnt damit, dass die Führungskraft herausfindet, wo sie sich selbst im Verhältnis zu der Tür befindet, dass sie sich den eigenen Leuten vertrauensvoll zuwendet und sich die Beziehungen ansieht und die Qualität abwiegt und dass sie ihr eigenes Leben im Hinblick auf Beziehungen hinterfragt. Was passiert, wenn Sie sich Ihre eigene Familie und die Muster ansehen, die entwickeln, bewahren oder abbauen? Können Sie damit beginnen, Ihre eigenen Anerkennungs- und Dialogformen gegenüber Ihren Kindern und gegenüber Ihrem Ehepartner oder Ihrem Lebensgefährten zu bearbeiten? Wir können nicht mehr nur darüber reden, was wir wollen, ohne es selbst zu tun. Das Authentische handelt davon, das auszuleben, von dem wir sagen, dass wir es wollen. Das ist ein Führungsstil, der die Führungskraft vollständig umgibt und in den Kern unseres selbst dringt, wo die Muster oft am schwersten zu ändern sind.

Meine Hoffnung ist, dass Sie ein Leben anstreben werden, in dem Sie in den Beziehungen, die sie führen, das Schöpferische unterstützen. Versuchen Sie, den ersten Schritt nicht vom anderen zu erwarten. Übernehmen Sie die Verantwortung und versuchen Sie, am anderen das zu tun, was Sie gerne möchten, dass der andere an Ihnen tut. Versuchen Sie nachsichtig zu sein, wenn der andere nicht so reagiert, wie Sie es gerne hätten. Blicken Sie hinter Aussage und Handlung und versuchen Sie, sich selbst Anerkennung für ihre Versuche zu geben. Natürlich gibt es im Leben Zeitpunkte, wo es besser ist, auf sich selbst zu achten, statt es immer wieder zu versuchen. Das kann schmerzhaft sein, aber es sollte erlebt und durchlebt werden, statt dass man es weglegt und zu ignorieren versucht. Man muss das Leben spüren, und das kann man nur, wenn man es lebt.

Wenn man nicht die richtige Rückmeldung bekommt

Ich habe einen Freund und früheren Partner, mit dem ich sehr viel durchgemacht habe. Wir haben viele Jahre zusammengearbeitet, und jetzt sind wir auseinander gegangen. Wir treffen uns hin und wieder und sprechen miteinander über das Leben und unsere Arbeit. Eines Tages erzählte er von neuen Einsichten in sich selbst und von seiner Arbeit daran, sich selbst besser zu verstehen.

Er erzählte mir, dass er an sich selbst Seiten entdeckt hatte, die er nicht mochte, und die er gerne ändern wollte. Ich spürte plötzlich das Gefühl von damals, als ich mir bei ihm genau an diesen Stellen den Kopf angeschlagen hatte, und ich reagierte unangemessen.

Es war das erste Mal seit unserer engen Zusammenarbeit, dass er wieder begann, sich mir anzuvertrauen. Ich bestätigte ihn darin, dass er nicht gut genug war, statt das Gute darin zu unterstützen, dass er Einsicht bekommen hatte und sich traute, davon zu erzählen. Ich begann, ihm davon zu erzählen, wie ich mich selbst gefühlt hatte, wenn ich mich an ihm aufrieb. Ich hätte vermutlich mehr davon gehabt, wenn ich zugehört und zu verstehen versucht hätte, wohin er in seinem Leben gekommen war. Das war bedauerlich, weil er sich verschloss und wieder entzog.

Ich befand mich zu diesem Zeitpunkt an einem Punkt, an dem ich emotional berührt antwortete und der aus den nicht abgeschlossenen Zusammenstößen der Vergangenheit entsprungenen Frustration über sein Verhalten Ausdruck verlieh. Dieses Ungelöste kann der andere spüren, und die Abwehrmechanismen werden aus Reflex aktiviert. Ich musste anschließend zurückkommen und es erneut versuchen. Der Zorn, der noch in mir steckte, wurde ausgesprochen, und dadurch wurde der Weg geebnet für mein Mitgefühl und für meine Motivation, mich auf seine „inneren Ebenen" einzulassen.

Ich habe im Rahmen meiner Möglichkeiten arbeiten müssen, um die Basis dafür zu schaffen, dass wir uns wieder zusammen entwickeln können. Dasselbe hat er getan.

Der entwickelnde Ansatz für die Schaffung von Beziehungen gedeiht am besten mit einem einfühlsamen Gespür für sich selbst und mit der Fähigkeit zu Selbstreflexion und Selbstkorrektur. Was wir hier beschreiben, ist ein schwieriger Ansatz – eine Praxis, die einen persönlich entwickelnden Ansatz zum Leben erfordert, eine Einstellung, die beinhaltet, dass ich als Mensch lernen und mich entwickeln möchte. Ich kann die Sichtweise auf mich selbst ändern. Ich bin es wert. Ohne das Gefühl, dass ich es wert bin, ernst genommen zu werden, wird es kaum geschehen, dass ich nach mir selbst und anderen die Hand ausstrecke.

Der auf dem Selbstsein basierende Führungsstil

Die wichtige Botschaft im selbstwertbasierten Ansatz lautet, sich seiner selbst bewusst zu werden, indem man sich der anderen Menschen bewusst wird. Dass wir die Beziehung hervorheben, erspart dem Einzelnen jedoch nicht den individuellen Prozess. Sie selbst müssen sich dafür entscheiden, die Tür zu öffnen. Es gibt Führungskräfte, die immer noch nicht die unterstützende Kraft in ihrer eigenen Organisation sind, weil sie sich weit weg von der Tür in sich selbst befinden und ihnen immer noch das Gespür dafür fehlt, wo sich der Eingang genau befindet. Sie haben kein ausreichend nuanciertes Selbstgefühl.

Wenn wir gesehen, gehört und anerkannt werden, werden wir uns langsam in einem Prozess öffnen, bei dem wir unseren eigenen Wert fühlen.

Wenn wir gesehen, gehört und anerkannt werden, werden wir uns langsam in einem Prozess öffnen, bei dem wir unseren eigenen Wert fühlen. Wenn wir auf diese Weise offener für uns selbst und vertrauter mit diesem offenen Zugang werden, hören wir mehr zu. Wir hören besser, was andere sagen, und achten zugleich auf unsere eigenen Bedürfnisse, Gefühle und Werte. Wir fangen an, aus uns selbst heraus zu handeln. Unsere Kompetenzen werden genutzt, um mehr von dem zu bekommen, was gut für uns ist. Es erfolgt ein inneres Wachstum, und der Selbstwert unterstützt das Selbstvertrauen. Das Ehrliche, Ganze und Echte tritt hervor. Eine solche Entfaltung verstärkt die weitere Selbstwertentwicklung. Das ist der Prozess, den wir in diesem Buch Selbstsein nennen.

Wenn wir eine innere Rückmeldung erleben und die damit zusammen-hängenden Gefühle spüren, sind wir dabei, aus dem Selbstsein und damit aus unserem Potenzial heraus zu leisten.

Wenn die Leistung in die Aktivität des Selbstseins integriert wird, so er-leben wir eine von innen angetriebene, bedürfnisgesteuerte Kraft. Das Sein ist daher kein Stillstand in dem das Ich entwickelnden Paradigma. Es ist eine Orientierung hin zu sich selbst. Es gibt immer noch ein Können, ein Leisten und ein Tun, aber die Handlungen spiegeln den Wunsch wider, für sich selbst von Wert zu sein und von den eigenen aufrichtigen Bedürfnissen gesteuert zu werden. Es findet eine Öffnung statt für die innere Anerkennung und die Ver-antwortung für sich selbst. Im Selbstsein ist die Tür aufgesperrt, der Eingang ist offen und man hat Weitsicht. Die Rollen wurden fallen gelassen, und die Abschirmung ist unnötig. Der Mensch ist authentisch er selbst. Das Authen-tische ist das, was man nicht rechtfertigen muss, und was an sich gut genug ist.

Das bewirkt einen existenziellen Unterschied hinsichtlich der Qualität des erlebten Lebens, und niemand hat die Wahl, ins Dasein zu treten, so präzise in Worte gefasst wie Sören Kierkegaard in seinem Buch „Entweder – Oder". Calvin. O. Schrag schreibt in seinem Buch „The Self after Postmodernity" über Kierkegaard und andere Autoren, die von Kierkegaards Gedanken inspi-riert sind. Erst durch die Wahl konstituiert sich das Selbst:

Even the richest personality, is nothing before he has chosen himself, and on the other hand even what one might call the poorest personality is everything when he has chosen himself.

Eine derartige innere Anerkennung – alles zu sein und zugleich die von außen kommende Bestätigung zu erhalten, dass das richtig ist – fühlt sich an wie etwas, das man Glück nennen kann. Das solide Glücksgefühl und die innere Harmonie machen Beziehungen leichter, schöpferischer und kontakt-voller.

Wenn wir wirklich anfangen, aus uns selbst heraus zu handeln und die Priorität auf eigene tiefere Bedürfnisse, also auf eine Art Egoismus zu legen, werden wir auch in der Lage sein, anderen auf eine Weise etwas zu geben, die für sie ergiebig ist. Wenn wir uns in der Beziehung opfern und etwas geben, was wir nicht haben, zehren wir uns selbst auf. Das lässt sich meiner Ansicht nach ganz kurz formulieren. Indem wir uns selbst ausleben, erzeugen wir die Kräfte, um für den anderen da zu sein. Wir werden deutlich durch das, was wir wollen. Wir werden nachahmenswert, und andere werden in der Beziehung zu uns inspiriert und öffnen sich.

Man sagt, dass man jemand anderen nicht lieben kann, wenn man sich selbst nicht liebt. Liebe zu sich selbst erkennt man zuallererst daran, dass man sich selbst etwas bedeutet. Es reicht nicht aus, es zu sagen, man muss auch danach handeln. Somit bedeutet Liebe zu sich selbst auch, dass andere einem etwas bedeuten, und dass man liebenswert ist. Es bedarf liebevoller Handlungen, wenn der Selbstwert wachsen soll. Wenn wir beginnen, das eigene Selbstsein auszuleben, können wir Liebe ohne Bedingungen schenken. Wir können geben, ohne etwas dafür haben zu wollen. Das können wir, weil wir bereits aufgrund unserer Sicht auf uns selbst wertvoll sind. Es ist das Gefühl, etwas zu besitzen, das dafür sorgt, dass wir geben können.

Der auf der Umgebung basierende Führungsstil

Eine Bewegung der hier beschriebenen Art findet nur dann statt, wenn der Einzelne anfängt, mehr von dem zu tun, was das Beziehungsfeld entwickelt. Doch einer allein kann es nicht schaffen. Wenn Hunderte beginnen, mehr von demselben zu tun, darüber in ihren Netzwerken zu sprechen und das Selbstwertbasierte in immer mehr Aspekte ihres Lebens miteinzubeziehen, dann wächst ein neues Paradigma heran. Ein kleines Rädchen wirkt auf ein größeres ein, das wiederum andere Zahnräder im System in Bewegung setzt.

Man nennt es „goosing", wenn sich ein paar Gänse in die Luft erheben und zurückkommen, um weitere Artgenossen in die Luft zu bekommen. Beim Anblick dieser Gänse hebt dann eine größere Gruppe ab.

Bildlich gesprochen kann man diese Bewegung mit einer Schar von Wildgänsen vergleichen, die sich im Herbst vor ihrem Zug in Richtung Süden sammeln. Mein Kollege René sagt, dass man es „goosing" nennt, wenn sich ein paar Gänse in die Luft erheben und zurückkommen, um weitere Artgenossen in die Luft zu bekommen. Beim Anblick dieser Gänse hebt dann eine größere Gruppe ab. Das geht so weiter, bis der Großteil der Schar sich auf den Weg gemacht hat.

Für diejenigen, die noch nicht losgeflogen sind, kann der Anblick und die Erzählung der Zurückkommenden ausschlaggebend sein.

Das macht die Katalysierung zu einem zentralen und wichtigen Thema der Führungsaufgabe. Das ist eine Aufgabe mit einem Potenzial für die Entfaltung von Energie und Schaffenskraft, von dessen Dimensionen wir gerade erst den Anfang gesehen haben. Das Risiko des Neuen besteht darin, dass wir vielleicht einen Teil der Schar zurücklassen oder dass der Großteil niemals abhebt und die Möglichkeit verpasst wird.

Wir haben uns in diesem Buch die nahe Beziehung angeschaut, haben die sich entwickelnde Gruppenbeziehung beschrieben, und wir haben die große Gruppe, nämlich die Gesellschaftsbeziehung, im Hinblick darauf beschrieben, wie die Kultur unser Selbstsein beeinflusst. Wir sind Teil einer Sozialisierung, die bewirkt, dass wir das sagen, was wir sagen. Ich gehe so weit zu behaupten, dass dieses Buch ein Produkt seiner Zeit ist, und dass es vor 50 Jahren nicht hätte geschrieben werden können.

Ich werde wie alle anderen von einem Anerkennungsstrom getrieben, und die Zeit diktiert die Erfolgskriterien. Diejenigen, mit denen ich mich vergleiche, und diejenigen, von denen ich anerkannt werden will, orientieren sich inzwischen zweifach. Sie wollen Leistung zeigen und Ergebnisse erzielen, aber sie wollen sich auch als Menschen entwickeln und Sinnhaftigkeit fühlen.

Die heutige Führungskraft weiß, dass sie nichts ohne ihre besten Leute ist. Führungskräfte gehören zu den ressourcenstärksten Personen der Gesellschaft. Das sind Menschen mit intellektuellen Ressourcen, Menschen, die sich Ziele setzen und diese erreichen können. Sie können sich die Welt, die sie haben möchten, vorstellen, und dann können sie sie erschaffen. Das ist ein wichtiger Teil dessen, stark zu sein, und das bringt Hoffnung für den „Goosing-Effekt".

Selbstwertbasiertes Führen hat bereits begonnen. Häufig nimmt es seinen Anfang in der eigenen Familie, greift über auf die eigene Führungsgruppe, das eigene Team, die Organisation und erreicht schließlich den Aufsichtsrat. Es verbreitet sich über Mundpropaganda, durch Vorträge und über Netzwerkgruppen auf Forscher, Autoren und Journalisten.

Vielleicht kommen wir eines Tages so weit, dass es sich über die Medien verbreitet, dass es Einfluss nimmt auf das Führungsparadigma, die Gesellschaft, die Kultur und die Weltordnung, in der wir leben.

Wir sind ein Stück weit vom Menschenbild des industriellen Paradigmas weggekommen. Im Großen und Ganzen arbeiten wir beim Führen jedoch mit denselben Problemstellungen wie vor 25 Jahren. Wir haben die Zukunft noch nicht erreicht, und der Mensch erlebt immer noch Abbauendes und Bewahrendes.

Einzelne haben sich in die Luft erhoben und kommen mit neuen Botschaften zurück. Das Neue ist, dass viele Menschen unserer Zeit das Gleichwertige und sich Entwickelnde in der Beziehung erlebt haben. Das erzeugt neue Bedürfnisse. Es entsteht ein Traum, mehr von dem zu fühlen, was intuitiv richtig erscheint. Neue Stimmen werden laut, die immer mehr Leute dazu bringen, den Kopf zu drehen.

Ich sehe das so, als hätten die Türen der Menschen begonnen, sich zu öffnen, weil eine Forderung nach frischer Luft laut wurde. Diese Forderung bewirkt, dass jede einzelne Führungskraft ihren Führungsstil, ihr Leben und ihre Sinnstiftung unter die Lupe nehmen muss. Die Bewegung ist notwendig, weil es keine andere Möglichkeit gibt, diesem neuen Menschen und dem Teil in uns selbst, der sich in der Begegnung öffnet, zu begegnen.

Vielleicht ist die Zeit, in der wir leben, die interessanteste und erlebnisreichste Zeit der Menschheitsgeschichte – eine Zeit, in der wir die Verantwortung für die Möglichkeit haben, das sich Entwickelnde und damit den Wert in uns selbst zu wählen. In dieser Zeit steht das Unternehmen als die Institution da, durch die der Mensch versucht, große Teile von sich selbst auszuleben. Der Mensch möchte immer mehr von sich selbst realisieren und zwar nicht nur, was die Kompetenzen angeht. Wir möchten unseren Wert spüren und wertvoll sein. Das Führen des Menschen in diesem Prozess ist ein entscheidender Faktor dafür, ob dies gelingt. Das macht das Führen in unserer Zeit zu etwas extrem Sinnvollem.

Gute Führung bedeutet heute, dass jede einzelne Führungskraft ihren Führungsstil, ihr Leben und ihre Sinnstiftung unter die Lupe nehmen muss.

Der auf Sinn basierende Führungsstil

Das Gefühl der Sinnhaftigkeit treibt den Menschen an. Jeder Durchlass hin zu etwas Sinnvollem wird untersucht. Wir befinden uns in einer Zeit, in der die Sinnlosigkeit vorherrscht, weil die alten sinnstiftenden Institutionen nicht mehr passend und anziehend wirken. Der globale Sinnrahmen, der die Wahrheit für den Menschen definiert, befindet sich in Auflösung, und wir haben gesehen, wie er von einer individuelleren, persönlicheren Meinung abgelöst wurde.

Das Suchen nach dem persönlich Sinnvollen durch Ausleben des eigenen Potenzials ist die Anziehungskraft unserer Zeit. Das ist das Tür, auf die so viele zugehen.

Mihaly Csikszentmihalyi hat in seinem Buch „Flow im Beruf. Das Geheimnis des Glücks am Arbeitsplatz", das direkt nach dem sinnlosen Enron-Skandals herauskam, folgendes vielsagendes Zitat eines amerikanischen Vorstandsvorsitzenden angeführt:

Ich wollte schon immer erfolgreich sein. Meine Definition für erfolgreich sein ist: der Welt etwas beizusteuern ... und dabei glücklich zu sein. Du musst das genießen, was du tust. Du wirst nicht gut darin sein, wenn du es nicht genießt. Zweitens musst du das Gefühl haben, dass du etwas Wertvolles beiträgst. Wenn eines dieser Dinge fehlt, mangelt es deiner Arbeit an Sinn.[1]

Etwas aufgrund der eigenen Kompetenzen zu schaffen, erzeugt Gefühle von Wohlbehagen, Freude und Selbstvertrauen. Wenn wir aus diesen Gefühlen heraus etwas schaffen, und zwar basierend auf dem, was sich persönlich wertvoll anfühlt, dann entwickeln wir unseren Selbstwert, was man an sich schon als sinnvoll erlebt. Das stellt die Sinnfrage beim Führen in ein neues Licht. Für die breite Masse von Menschen liegt das Sinnvolle nicht darin, ein bedeutendes Ziel beschrieben zu bekommen. Doch die sich entwickelnde Reise auf das Ziel hin kann sinnvoll werden.

Es sind viele Managementbücher geschrieben worden, die die zentrale Bedeutung dessen hervorheben, dass Führungskräfte einen Sinn verkörpern, der Engagement und Antriebskraft erzeugt. Lars Kolind, früherer Chef von Oticon, erklärt im Buch „The Second Cycle", wie jedes Unternehmen seinen Sinn finden sollte, und zwar parallel zu oder unabhängig von der Vision, der Mission, dem Gewinn und dem Arbeitsplatz.[2] Nach Kolind muss es ein höheres Ziel geben, für das das Unternehmen existieren soll. Er definiert die Mission als das, wonach wir streben sollen, und die Vision als die Richtung, in die das Unternehmen gehen will. Der großen, grauen Masse von Unternehmen in den westlichen Volkswirtschaften fällt es erfahrungsgemäß schwer, einen höheren, motivierenden und schöpferischen Sinn zu finden. Selbst diejenigen, die aus einem humanen Blickwinkel heraus eine sinnvolle Existenz haben, haben Probleme damit, einen motivierenden Sinn zu schaffen, weil Sinn zu etwas geworden ist, was näher am Einzelnen liegt.

Peters und Waterman betonen in ihrem Buch „Auf der Suche nach Spitzenleistungen. Was man von den bestgeführten US-Unternehmen lernen kann" ebenfalls die Unzweckmäßigkeit der Sinnlosigkeit. Sie sagen, der ergiebige Sinn entsteht durch das Bewusstsein, das die Organisation von sich selbst hat und das sie durch die Werte, Geschichten, Mythen und Legenden umsetzt:

Das Bedürfnis nach einem Sinn ist tatsächlich so stark, dass Menschen ein gewisses Maß an Spielraum und Freiheit an jene Institutionen abgeben, die ihnen

---

1 M. Csikszentmihalyi – 2003
2 L. Kolind – 2006

den Sinn liefern. Außerordentliche Firmen zeichnen sich dadurch aus, dass sie eine starke Kultur haben, so stark, dass du ihre Normen entweder annimmst oder aus der Firma aussteigst.

Es ist also sinnvoll für uns, zu einer Gruppe zu gehören, in der wir Zusammengehörigkeit verspüren, indem wir Werte, Geschichten und Zugehörigkeitsverhältnisse teilen. Die starke Organisationskultur ist laut Peters und Waterman sinntragend. Es ist sinnstiftend, sich in Wertegemeinschaften zu befinden, und es gibt uns ein Gefühl von Sicherheit. Es unterstützt unser Selbstwertgefühl, weil wir als die gespiegelt werden, die wir sind.

Wenn wir im Wirtschaftsleben einen breiter gefassten Sinnbegriff als Generator für Antriebskraft erzeugen wollen, müssen wir uns mit der nächsten Ebene der menschlichen Motivation auseinandersetzen. Wir müssen uns von der rationalen Ebene auf die mehr individuelle, gefühlsmäßige, wertebasierte und sogar antriebsbasierte Ebene begeben. Es ist sinnvoll für uns, uns selbst zu wählen und uns selbst mit den vielen positiven Gefühlen anzuerkennen, die das erzeugt. Es entsteht Sinn dabei, Wertschätzung von sich selbst und von dem Mann oder der Frau neben uns zu spüren. Es ist sinnvoll, Selbstwert entwickelnde Beziehungen zu schaffen sowie zu spüren, wie die eigene innere Wertschätzung wächst. Wenn wir in einem Unternehmen arbeiten, das aus Beziehungen besteht, die unsere Selbstwertschätzung unterstützen, und wenn die Werte und Normen des Unternehmens unsere eigenen widerspiegeln, dann fühlt sich dieses Zugehörigkeitsverhältnis sinnvoll an.

Wenn Führung und Mitarbeiter des Unternehmens nicht in der Krise stecken, wenn das Unternehmen nicht ums Überleben kämpft, sondern sich auf einer höheren Ebene der Bedürfnispyramide befindet, ist eine andere Art von Führung gefragt – eine Führung, die, statt zu kürzen, die Dinge zum Wachsen bringen muss und die das sich Entwickelnde, Engagierende und Motivierende schaffen muss. Zum Glück sieht es so aus, als ob in der Geschichte des Kapitalismus erstmals derjenige belohnt wird, der nach menschlichem Wachstum statt nur nach menschlicher Ausführung strebt. Der junge Mensch und der Wissensmitarbeiter sind in steigendem Maß dazu bereit, die Konsequenzen zu ziehen, wenn ihnen eine Führung gegenübersteht, die nicht authentisch, persönlich wertebasiert und Selbstwert entwickelnd wirkt.

Wir als Führungskräfte müssen zur Kenntnis nehmen, dass der Mensch durch abbauende und bewahrende Beziehungsprozesse leidet. Das sorgt für Demotivation, Ungleichgewicht und Krankheit. Die Mission lautet nicht nur, das Potenzial in der Führungskraft selbst und im Mitarbeiter freizusetzen. Es geht auch darum, das Auszehrende und das Aufreibende in einer abbauenden

Arbeit und Zusammenarbeit zu bekämpfen. Der Mensch in der Industrialisierung und der Agrargesellschaft wurde physisch verschlissen, und der Mensch in der Informations- und Wissensgesellschaft wird psychisch verbraucht.

Der Wohlstand macht es Mitarbeitern möglich, nein zu sagen, und es kostet die Unternehmen Kompetenz und investiertes Kapitel, wenn gut ausgebildete und qualifizierte Mitarbeiter und Führungskräfte sich gegen sie entscheiden.

Die sich entwickelnde Form der Zusammenarbeit bietet neue Hoffnung, indem sie das Gefühl als einen unerlässlichen Teil der menschlichen Motivation wiedereinführt. Es geht darum, dass wir für unsere Eigenart akzeptiert und für die Verschiedenheit, die in uns steckt, gesehen und geschätzt werden wollen. Aufgrund unseres Selbstseins spüren wir die Notwendigkeit, zu sein und Sicherheit in schöpferischen und herausfordernden Rahmenbedingungen zu erleben. Die sich entwickelnde Zusammenarbeit, in der wir aus uns selbst heraus im Kontakt zu anderen reagieren, befreit uns vom Gefühl der Isolation, was die Angst dämpft.

Wir haben zusammengearbeitet, seit wir Kinder waren, und wir haben in der Zusammenarbeit unsere äußere und innere Anerkennung als die Nahrung gesucht, die wir neben der Ernährung des Körpers benötigen. Eine solche Antriebskraft ist bei all denen zu finden, die in der Kindheit nicht vollständig kaputt gemacht worden sind. Es ist sinnvoll zusammenzuarbeiten, wenn die Zusammenarbeit sich entwickelnd ist. Das erzeugt positive Gefühle – Flow und das Gefühl, lebendig zu sein. Es gibt eine Bewegung weg von dem berühmten Satz der alten griechischen Philosophen: „Ich denke, also bin ich", in der Kierkegaard'schen Version: „Ich wähle, also bin ich" – hin zu einer Anschauung, die mit Beziehung verknüpft ist: „Wir interagieren, also sind wir."[3]

Das verschiebt den Fokus von der starken Führungskraft, die den Menschen durch Visionen, Leistung und Stimulationen des Selbstvertrauens vorwärts führen kann, hin zu der starken Führungskraft, die ersteres kann, doch in ebenso hohem Maß darauf fokussiert ist, den Drang zu einer wertschöpfenden und sich entwickelnden Zusammenarbeit auszulösen.

Das ist es, was für die Entwicklung des Menschen sorgt, statt nur für das Bewahren oder gar den Abbau – was echte Loyalität schafft, weil es Gefühle von Sicherheit und Anerkennung weckt.

Das ist ein Prozess, der auf einer Führungsspitze basieren muss, die entwickelnd und wertebasiert mit sich selbst und den eigenen Handlungen arbeitet. Die Führungskraft muss losgehen und die Gefühle und Gedanken gewinnen, weil das zur beherzten und lustbetonten Ausführung führt. Doch das ist

3 C.O. Schrag – 1997

nicht der einzige Grund. Noch wichtiger ist, dass das die Schöpfungskraft des Menschen und damit das volle Potenzial als eine Möglichkeit für den Menschen selbst auslöst.

Wir glauben an einen Sinnbegriff, bei dem die Führung die Hauptverantwortung für den sich in Beziehungen entwickelnden Prozess übernimmt und eine Organisationskultur schafft, die sowohl das menschliche Bedürfnis nach Selbstwert als auch nach Selbstvertrauen anerkennt. Es muss in höherem Maß eine ausgewogene Kultur geschaffen werden, und das Selbstwertbasierte muss mit dem auf dem Selbstvertrauen Basierenden den Platz tauschen.

Das geschieht nicht, indem man sich darauf beschränkt, die Kultur in sich selbst zu schaffen, sondern indem man hinausgeht und das Selbstwertbasierte und das sich Entwickelnde im Kraftfeld aufbaut und unterstützt. Es gibt keine gemeinsame Verantwortung, auch wenn der Mitarbeiter einen Teil der Verantwortung trägt. Es gibt hauptsächlich die Führungsverantwortung.

Wenn die Verantwortung übernommen wird, dann färbt das auf den Umgangston ab, es ist spürbar im Ton und im Dialog, in der Argumentation und in dem, was dazwischen ist. In diesen Botschaften steckt nichts Mystisches oder Kompliziertes. Es sind einfache menschliche Ansätze, die wirken. Es ist harte Arbeit, doch ihre Wirkung lässt sich in der Zusammenarbeit erkennen. Es erzeugt Energie und Engagement, und es führt zu sich entwickelnden Zusammenstößen, die gemeinsam mit der sich entwickelnden Zusammenarbeit Ideen und Innovation erzeugen. Es entwickelt die Fähigkeit des Menschen weiter, empathisch, zuhörend, verantwortlich, direkt und ehrlich zu sein.

Der entwickelnde, selbstwertbasierte Ansatz wird der wichtigste Wettbewerbsparameter des Unternehmens in der Wissens- und Informationswirtschaft. Die entsprechende Führungskultur sorgt dafür, dass das Unternehmen die besten Gehirne anziehen, halten und weiterentwickeln kann. Das erzeugt Ringe im Wasser, die sich bis hin zu den Kunden, Partnern und Lieferanten ausbreiten. Ihre Kunden sind nicht das Wichtigste, sondern Sie selbst. Ohne Sie und Ihr Engagement gibt es keinen auf Qualität basierenden Kundendienst.

Meine Kollegen und ich sagen bisweilen, wenn wir emotional erregt sind und die Dinge auf die Spitze getrieben werden, dass die Kultur die Strategie in die Tasche steckt. In dieser Aussage steckt die Wahrheit, dass die kompetente und sich entwickelnde Führungsgruppe sehr wohl Geschäfte machen kann. Es ist nicht schwierig, mit einem Unternehmen Geschäfte zu machen, wenn die Kompetenzen stimmen. Schwierig ist es in Wirklichkeit, Geschäfte machen zu wollen und andere dazu zu bringen, sich aufrichtig dafür zu engagieren.

Das sich Entwickelnde erzielt Ergebnisse, was wiederum mehr Entwicklung Nahrung gibt. Das führt zu einem besseren Menschenleben, es wird mit nach Hause in die Familie getragen, es unterstützt sich entwickelnde Eltern- und Partnerschaftsbeziehungen, was wiederum die Schaffung eines Menschen mit mehr Selbstwertgefühl fördert. Die Bewegung verläuft in beide Richtungen – sowohl vom Privaten zum Beruflichen als auch umgekehrt.

Martin E.P. Seligman schreibt in seinem Buch „Der Glücksfaktor: warum Optimisten länger leben" über eine Diskussion mit anderen Gelehrten, bei der seine Schlussfolgerung darin bestand, dass wir an der Schwelle zu einer Ära aus guten Gefühlen stehen:

Positive Emotionen sind Teil eines sensorischen Systems, das uns aufmerksam macht auf potenzielle Win-Win-Situationen. Darüber hinaus bauen sie ein Tätigkeitsrepertoire und eine Denkweise auf, die beständige intellektuelle und soziale Ressourcen erschaffen.

Positive Gefühle und Glücksgefühle sind in den Augen vieler das einzige, was wir als sinnvoll akzeptieren, nachdem der erhabene Sinn den Menschen verlassen hat. Glück ist jedoch eng mit Leiden verbunden, und das Gefühl von Wohlbehagen kann es nicht geben, wenn es nicht auch das Gefühl von Unbehagen gibt. Es ist daher ebenso sinnvoll, die Mühen des Lebens zu erleben wie das Glück selbst. Ohne Trauer und Schmerz hätte das Glück nicht seine Anziehungskraft.

Das ändert nichts daran, dass alle, die den Schmerz gespürt haben, in ihrem Leben am liebsten Freude erfahren und dass sie spüren möchten, dass sie sich positiv entwickeln.

Ich bin der Ansicht, dass die Grundlage für ein beständigeres Glücksgefühl der selbstwertbasierte Mensch ist. Das Selbstwertgefühl wird als Glücksgefühl registriert. Es zieht uns an, wenn wir dieses Gefühl im anderen spüren.

Die Unterstützung des Selbstwerts ist daher eine sinnvolle Herausforderung für das Führen. Sie ist eine Tür, die wir uns trauen sollten, zu öffnen – eine Tür, die zu uns selbst und zur Qualität in der Beziehung zum anderen führt. Das ist ein sinnvoller Prozess, den wir als fundamentalen Antrieb für den modernen, von Wissen geprägten, gleichwertigen und sich selbst verwirklichenden Menschen sehen.

LITERATURLISTE

Alrø, H. und Kristiansen, M. Dialog og magt i organisationer, 2005
Andersen, F. Selvledelse – selvet på arbejde, 2006
Andersen, K. Kierkegaard og ledelse, 2006
Andersen, L.S. Magt og autoritet i ledelse, 2007
Axelson, B.L. und Thylefors, I. Arbejdsgruppens psykologi, 2003

Beck, A.T., Freeman, A., Davis, D.D. and Associates. Cognitive Therapy of Personality
    Disorders, 2004
Beck, A.T. Love Is Never Enough, 1988
Bossidy, L. und Charan, R. Execution, 2002
Botton, A.D. Status angst, 2007
Boyatzis, R. und McKee, A. mit Goleman, D. Resonant lederskab, 2006
Brabender, V.A., Fallon, A.E. und Smolar, A.I. Essentials of Group Therapy, 2004
Branden, N. The Psychology of Self-Esteem, 2001
Brodin, M. und Hylander, I. Selvfølelse – at forstå sig selv og andre, 2002

Collins, J. Built to Last, 2001
Collins, J. Good to Great, 2001
Cooperrider, D.L. og Whitney, D. Appreciative Inquiry, 2005
Covey, S.R. Syv gode vaner, 1992
Covey, S.R. The 8th Habit, 2004
Csikszentmihalyi, M. Flow – optimaloplevelsens psykologi, 1989
Csikszentmihalyi, M. Good Business, 2003
Cutler, H.C. Kunsten at leve lykkeligt, 2003

Dahl, A.A. und Dalsegg, A. Charmør og tyran, 2006
Dahl, O.V. Coaching og kunsten at leve, 2006
Downey, M. Effective Coaching, 2002

Emler, N. Self-esteem – The Costs and Causes of Low Self-worth, 2001
Epstein, S. Constructive Thinking, 1998
Erikson, E.H. Barnet og samfundet, 1971

Flaherty, J. Coaching – at udvikle kompetencer, 1998

Florida, R. The Rise of the Creative Class, 2002

Frankl, V.E. Psykologi og eksistens, 1973

Free, M.L. Cognitive Therapy in Groups, 2007

Gilmore, J.H. und Pine II, B.J. Authenticity – What Consumers Really Want, 2007

Goffee, R. und Jones, G. "Managing Authenticity – The Paradox of Great Leadership", Harvard Business Review: 2005.

Goffee, R. "Leading Clever People", Harvard Business Review: 2007.

Goldsmith, M. und Lyons, L. Coaching for Leadership, 2006

Goleman, D. Følelsernes intelligens, 1995

Goleman, D. Social intelligens – den nye viden om menneskelige beziehunger, 2006

Goleman, D. "What Makes a Leader", Harvard Business Review: 2004

Grønkjær, P. Fri og uafhængig – om mænds forhold til selvet og til kvines, 1997

Hamel, G. Competing for the Future, 1996

Hamel, G. The Future of Management, 2007

Hammerich, E. und Frydensberg, K. Konflikt og Kontakt – om at forstå og håndtere konflikter, 2006

Hart, S. Betydningen af samhørighed – om neuroaffektiv udviklingspsykologi, 2006

Haslebo, G. Beziehunger i organisationer – en verden til forskel, 2004

Hastrup, H. Gestaltterapi – indføring i gestaltterapiens grundbegreber, 1999

Heap, K. Gruppemetode inden for social-og sundhedsområdet, 2005

Hein, T. und Kjerulf, S. Handlekraft, 2007

Helth, P. und Kirkeby, O.F. Menneske og leder – bliv den du er, 2007

Hillgaard, L., Keiser, L. und Ravn, L. Sorg og krise, 2002

Honneth, A. Behovet for anerkendelse, 2003

Hornstrup, C. u. a. Systemisk ledelse – den refleksive praktiker, 2006

Huszczo, G.E. Tools for Team Excellence, 1996

Jacobsen, K. mads@novo.dk, 2000

Jensen, H. und Juul, J. Beziehungskompetence, 2002

Jerlang, E. Udviklingspsykologiske teorier, 2006 Juul, J. Familierådgivning – perspektiv og proces, 1988

Kanter, R.M. Confidence, 2004

Katchenbach, J.R. und Smith, D.K. The Wisdom of Teams, 1999

Kempler, W. Experiential. Psychotherapy Within Families, 1981

Kierkegaard, S. Samlede værker – bind 2 & 3 (Enten – Eller), 1994

Kierkegaard, S. Samlede værker – bind 5 & 6 (Begrebet angst m.m.), 1994

Kim, W.C. und Mauborgne, R. Blue Ocean Strategy, 2005

Kinlaw, D.C. Coaching for Commitment – Managerial Strategies for Obtaining Superior Performance, 1989

Kirkeby, O.F. Begivenhedsledelse og handlekraft, 2006

Kolind, L. The Second Cycle, 2006

Kongsbak, H. "Tanker fra et hyttefad – en guide til at skabe positiv udvikling i din organisation", (2007) http://www.resonans.dk/tankerfraethyttefad.pdf

Larsen, G. und Geuken, T. "Rock'n'Roll Leadership", (2007), der Artikel ist unter www.psycces.dk zu finden, Login ist erforderlich.

Lewin, K. Field Theory in Social Science, 1951

Lewin, K. Resolving Social Conflicts: Field Theory in Social Science, 2006

Lindenfield, G. Større selvværd, 1995

Ludeman, K. und Erlandson, E. Alfahan-syndromet – ledelse og coaching af stærke personligheder, 2007

Lumbye, J. Her og nu – klassiske og nye gestaltterapeutiske tekster, 1974

Lund, M.A. Konsultationsarbejde og supervision, 2006

Lybecker, S. Innovatismer, 2007

Maister, D. "Are We In This Together? The Preconditions for Strategy", (2007) http://davidmaister.com/articles/4/103/1/

Maister, D. "Do you Really Want Beziehungships?" (2005) http://davidmaister.com/articles/2/80/

Maslow, A.H. Motivation and Personality, 1954

Maslow, A.H. Towards a Psychology of Being, 1968

McGraw, P. Livsstrategier, 2001

Mintzberg, H. The Rise and Fall of Strategic Planning, 2000

Molly-Søholm, T. u. a. Lederen som teamcoach, 2007

Mruk, C.J. Self-Esteem Research, Theory and Practice – Towards a Positive Psychology of Self-Esteem, 2006

Naranjo, C. The One Quest, 1972

Nielse, V. und Leick, N. Den nødvendige smerte, 2002

Nielsen, K.S. und Haslebo, G. Konsultation i organisationer – hvordan mennesker skaber ny mening, 2003

Nørretranders, T. Det generøse menneske, 2002

O'Neill, M. Executive Coaching with Backbone and Heart, 2000

Obholzer, A. und Roberts, V.Z. Det ubevidste på arbejde – fra arbejdspres til arbejdsglæde, 2003

Oesterich, I.H. Tankens kraft – kognitiv terapi i klinisk praksis, 2004
Oestrich, I.H. und Johansen, F. Kognitiv coaching, 2006

Paludan-Müller, L. Arbejds-, organisations-og ledelsespsykologi, 2004
Perls, F., Goodman, P. und Hefferline, R.F. Grundbog i gestaltterapi, 1951
Peters, T.J. und Waterman Jr., R.H. In Search of Excellence, 1982
Prahalad, C.K. und Hamel, G. "Core Competence", harvard Business Review: 1990

Quinn, R.E. "Moments of Greatness – Entering the Fundamental State of Leadership",
    Harvard Business Review: 2005

Ridderstråle, J. und Nordström, K. Funky business, 2000
Robbins, A. Awaken the Giant, 1991
Rosenberg, M.B. Ikkevoldelig kommunikation, 2005

Schibbye, A.L. Beziehunger – et dialektisk perspektiv, 2006
Schrag, C.O. The Self after Postmodernity, 1997
Segal, Z.V., Williams, J.M.G. und Teasdale, J.D. Mindfulness-Based Cognitive Therapy
    for Depression, 2002
Seligman, M.E.P. Authentic Happiness, 2002
Senge, P.M. The Fifth Discipline – The Art & Practice of Learning Organizations, 1990
Senge, P., Scharmer, C.O., Jaworski, J. und Flowers, B.S. Presence, 2004
Slater, R. 29 Leadership Secrets from Jack Welch, 2003
Smith, A. The Theory of Moral Sentiments, 1759
Spinelli, E. Terapi – magt og mystifikation, 1994
Stelter, R. Coaching – læring og udvikling, 2002
Stern, D.N. Det nuværende øjeblik, 2004
Stern, D.N. The first beziehungship, 2002
Storch, J. und Molly-Søholm, T. Teambaserede organisationer i praksis – ledelse og
    udvikling af team, 2005
Storr, A. The Essential Jung – Selected Writings, 1983
Søholm, T.M. u. a. Ledelsesbaseret coaching, 2006

Taylor, C. Modernitetens ubehag – autenticitet og etik, 2005
Thorgaard, L. Empatiens bevarelse i beziehungsbehandling i psykiatrien, 2006
Tolle, E. Nuets kraft, 2000
Törnblom, M. Självkänsla nu! 2005

Watts, A. Become What You Are, 1995

Welch, J. mit S. Welch. Winning, 2005

Wheatley, M.J. Leadership and The New Science, 2006

White, M. Narrativ praksis, 2006

White, M. Narrativ teori, 2006

Whitworth, L., Kimsey-House, H. und Sandahl, P. Co-Active Coaching, 1998

Yalom, I.D. Eksistentiel psykoterapi, 2003

Yalom, I.D. Terapiens essens, 2002

Yalom, I.D. Theory and Practice of Group Psychotherapy, 2005

Zachariae, B. Stresskompetence, 2007

Lightning Source UK Ltd.
Milton Keynes UK
UKHW052006280919
350608UK00005BA/164/P